Joachim Lege
»Politeia

ARTIBUS
INGENIIS
J·C·B·
M·
1·8·0·1

Joachim Lege

»Politeía«

Ein Abenteuer mit Platon

Mohr Siebeck

Joachim Lege, geboren 1957; altsprachliches Gymnasium Katharineum zu Lübeck; Studium der Rechtswissenschaften in Bielefeld und Freiburg im Breisgau; Rechtsanwalt in Freiburg; Wissenschaftlicher Assistent in Erlangen; 1995 Promotion; 1997 Habilitation; 1998–2003 Professor an der TU Dresden; seit 2003 Inhaber des Lehrstuhls für Öffentliches Recht, Verfassungsgeschichte, Rechts- und Staatsphilosophie an der Universität Greifswald.

ISBN 978-3-16-152680-0

Die Deutsche Nationalbibliothek verzeichnet diese Publikation in der Deutschen Nationalbibliographie; detaillierte bibliographische Daten sind im Internet über *http://dnb.dnb.de* abrufbar.

© 2013 Mohr Siebeck Tübingen. www.mohr.de

Das Buch wurde von Computersatz Staiger in Rottenburg/N. aus der Stempel Garamond gesetzt, von Gulde Druck in Tübingen auf alterungsbeständiges Werkdruckpapier gedruckt und von der Buchbinderei Nädele in Nehren gebunden.

für Pelle

Inhalt

Vorwort XIII

Zu den griechischen Wörtern und Textpassagen ... XVII

Prolog 1

Erstes Buch

1. Kapitel: Reichtum und Gerechtigkeit 7

2. Kapitel: Was Freund und Feind gebührt 10

3. Kapitel: Das Recht als Herrschaftsinstrument 14

4. Kapitel: Wer ist besser dran?
Der Gerechte oder der Ungerechte? 18

Zweites Buch

5. Kapitel: Der Gipfel der Ungerechtigkeit
und die Leiden des Gerechten 24

6. Kapitel: Auch die Götter (wenn es sie gibt)
mögen die Ungerechten 28

7. Kapitel: Die Gerechtigkeit in der Miniatur-
Pólis – als Gedankenmodell 31

8. Kapitel: Die Wächter (phýlakes) – wie sie sein
sollten; und über ihre Erziehung 37

Drittes Buch

9. Kapitel: Erziehung der Wächter (Fortsetzung) –
bitte ohne Horrorgeschichten! 42

10. Kapitel: Erziehung der Wächter (Fortsetzung) –
Literatur; Musik; und die Liebe zum Schönen 46

11. Kapitel: Erziehung der Wächter (Fortsetzung) –
Sport; und etwas zu Ärzten und Richtern 55

12. Kapitel: Die Wächter – Herrscher und Truppe;
Auswahl und Lebensweise 60

Viertes Buch

13. Kapitel: Die Pólis als Ganzes – ihr Glück,
ihre Gefährdung, ihre Gesetze 67

14. Kapitel: Die Gerechtigkeit in der Pólis –
wenn jeder das Seine tut 75

15. Kapitel: Die Gerechtigkeit im Einzelmenschen –
drei Abteilungen der Seele 85

16. Kapitel: Gerechtigkeit und Ungerechtigkeit
im Einzelmenschen 90

Fünftes Buch

17. Kapitel: Wächter und Wächterinnen:
Gleichstellung der Frau 97

18. Kapitel: Wächter, Wächterinnen, Wächterkinder:
keine festen Bindungen! 103

19. Kapitel: Das höchste Gut der Pólis:
Gemeinschaft; und ein Exkurs zum Kriegsrecht 108

20. Kapitel: Philosophen an die Macht!
Aber was ist ein Philosoph? 114

Sechstes Buch

21. Kapitel: Die Natur der wahren Philosophen –
und warum sie verkannt werden 123

22. Kapitel: Falsche und verdorbene Philosophen –
und die Rolle der öffentlichen Meinung 128

23. Kapitel: Wie man die Menschen vom Wert
der wahren Philosophen überzeugt 134

24. Kapitel: Vollendung der Philosophen:
die Idee des Guten und die übrigen »Ideen« 139

Siebentes Buch

25. Kapitel: Das Höhlengleichnis – und was aus ihm
für die Philosophen folgt 152

26. Kapitel: Der Lehrplan für die höhere Bildung (I):
Arithmetik, Geometrie, »Stereometrie« 159

27. Kapitel: Der Lehrplan (II): Astronomie,
Musiktheorie, Logik (»Dialektik«) 163

28. Kapitel: Der Zeitplan für die höhere Bildung –
Geduld, Geduld, Geduld! 171

Achtes Buch

29. Kapitel: Verfassungswandel –
von der Aristokratie zur Timokratie 178

30. Kapitel: Verfassungswandel –
von der Timokratie zur Oligarchie 183

31. Kapitel: Verfassungswandel –
von der Oligarchie zur Demokratie 188

32. Kapitel: Verfassungswandel –
von der Demokratie zur Tyrannis 196

Neuntes Buch

33. Kapitel: Der tyrannische Mensch 204

34. Kapitel: Die fünf Verfassungen –
und Menschentypen – auf der Skala des Glücks (I) ... 209

35. Kapitel: Die Glücksskala (II) – Freude,
Ruhe und Schmerz 216

36. Kapitel: Der gerechte Mensch – dargestellt als
Fabeltier 222

Zehntes Buch

37. Kapitel: Verbannung der Dichter –
oder: drei Sofas, und Homer ist ein Versager 227

38. Kapitel: Medienkritik: Warum die Unterhaltungsindustrie schädlich ist 234

39. Kapitel: Die Belohnung der Gerechten –
und warum die Seele unsterblich ist 241

40. Kapitel: Auf ein Neues! Die Seelenwanderung
zwischen Gericht und Los 247

Epilog 257

Vorwort

Dies ist ein Buch, das Spaß machen soll, aber auch Mühe machen wird.

Es ist ganz anders geworden als geplant. Geplant hatte ich eine kurze Nacherzählung von Platons »Politeía« – das ist das wohl wichtigste Buch der europäischen Philosophie überhaupt. Eine Nacherzählung, wie sie etwa Erich Kästner für den »Don Quichotte« von Miguel de Cervantes geliefert hat oder für »Gullivers Reisen« von Jonathan Swift. Kindgerecht und schnell zu lesen. So dass alle die »Politeía« so kennen können, wie man Grimms Märchen kennt.

Von Anfang an hatte ich auch vor, Anachronismen einzubauen, also Dinge, die gar nicht in die Zeit passen, in der Platons Buch spielt, das heißt, in das alte Griechenland. Zum Beispiel: Wenn Platon von Pferden spricht, kann man heute von Autos sprechen. Auf diese Idee gekommen bin ich durch das Buch »Der König auf Camelot« von T. H. White. Das ist eine Neuinterpretation der mittelalterlichen Artus-Sage, in der, zum Beispiel, ein fahrender Ritter eine Brille trägt. (Das Buch hat übrigens J. K. Rowling und ihre »Harry Potter«-Bücher stark beeinflusst.) Mit diesen Anachronismen wollte ich, wenn man so will, Abstand und Nähe schaffen: einerseits ironische Distanz zum alten Text, andererseits größere Vertrautheit mit den Dingen und Fragen, um die es damals wie heute geht.

All dies ist nicht wirklich aufgegangen (bei T. H. White übrigens auch nicht). Herausgekommen ist vielmehr ein Buch, das jeden Leser/jede Leserin immer wieder verstimmen wird. Es gibt schrecklich flapsige Passagen, gerade so, als wollte ich mich mit einem Szene-Jargon anbiedern. Es gibt ziemlich seriöse Neu-Interpretationen von Platons Gedankengängen, gerade so, als schriebe ich für professionelle Philosophen. Es gibt schließlich immer wieder Seitenblicke auf das, was wir heute unter Staat und Recht verstehen, gerade so, als schriebe ich für Juristen. (Ich bin Jurist.) Aber Platons Buch heißt nun einmal »Politeía« – wörtlich: die Verfassung des Staates – und im Untertitel: »Oder über das Gerechte«. Und da ist in der heutigen Zeit denn doch manches anders als im alten Griechenland.

Kurz: Ich sitze mit diesem Buch zwischen allen Stühlen.

Aber vielleicht ist das ganz gut so. Ich will ja »den Leser/die Leserin« dort abholen, wo er oder sie heute steht. Und das sind in einer bunten, pluralistischen Gesellschaft nun einmal sehr verschiedene Standpunkte mit sehr verschiedenen »Empfängerhorizonten«. Das ist immer wieder schockierend, und vielleicht habe ich dies in meinem Buch nachempfinden wollen.

Und daher ist es, statt einer Nacherzählung, am Ende ein Abenteuer geworden – ein Abenteuer mit Platon. Denn ein Abenteuer (von mittelhochdeutsch *aventiure*) ist etwas, bei dem man nicht weiß, was einem zustoßen wird (lateinisch *advenire*), wenn man sich erst einmal auf den Weg gemacht hat. Man weiß auch nicht, wie das Ergebnis aussehen wird. Eben so ist es mir mit Platons Politeía ergangen. (Die Internet-Enzyklopädie wikipedia definiert Abenteuer übrigens wie folgt: eine »risikoreiche Unternehmung«, die »sich stark vom Alltag unterscheidet«.)

* * *

Aber im Grunde ist ja schon Platons Buch, als solches, ein Abenteuer. Es ist ein langes Gespräch, in dem eine lange und gewundene Gedankenreise unternommen wird, eine Gedankenreise rund um den Begriff Gerechtigkeit. Ich habe versucht, diesen Weg in meinem Buch in 40 Kapitel zu untergliedern, mit Überschriften, die möglichst schnell klar machen sollen, welches die Stationen sind. Vielleicht ist schon dies ein respektabler Ertrag meines Buches.

Was Platons Buch angeht, so ist man am Ende geneigt zu sagen: Der Weg war das Ziel. Denn wir Menschen – Platon spricht von unseren Seelen (griechisch *psychaí*) – sind letztlich nirgends für immer zu Hause.

Ein Wort noch zum Titel: Platons Buch heißt »Politeía«. Meist wird dies mit »Der Staat« übersetzt, aber das ist falsch. »Politeía« bedeutet, wie schon gesagt: Verfassung des Staates, meist sogar: gute Verfassung. Man muss allerdings wissen, dass es Platon in der Hauptsache gar nicht um den Staat geht, sondern um den Menschen: um *seine* Gerechtigkeit, um *seine* gute Verfassung, um *seine* psychische Gesundheit, *sein* Wohlergehen (griechisch *eũ práttein*).

* * *

Friedrich Nietzsche hat seinem »Zarathustra« den Untertitel gegeben »Ein Buch für Alle und Keinen«.

Und Ludwig Wittgenstein schreibt im Vorwort seiner »Philosophischen Untersuchungen«: »Ich hätte gern ein gutes Buch hervorgebracht. Es ist nicht so ausgefallen; aber die Zeit ist vorbei, in der es von mir verbessert werden könnte.«

Was dieses Buch betrifft, so ist es ganz anders geworden als ich wollte. Ich wünschte mir, dass man es trotzdem mit Vergnügen liest.

Greifswald, im Juni 2012   J. L.

P.S. Gerade erfahre ich, dass der französische Philosoph Alain Badiou ebenfalls eine Art Nacherzählung von „Platons ‚Staat'" vorgelegt hat. Er will sogar, wie man liest, in Hollywood Platons Leben verfilmen lassen. Ich hätte nicht gedacht, dass ich mit „meinem" Platon so auf der Höhe der Zeit sein werde …

Greifswald, im Juni 2013   J. L.

Zu den griechischen Wörtern
und Textpassagen

Ich habe häufig in Klammern hinzugefügt, wie der Text im Griechischen lautet – allerdings nicht in griechischen Buchstaben, sondern in einer Lautumschreibung. Für sie gilt im Grundsatz: Aussprache wie im Deutschen; Betonung dort, wo der Akzent steht. Im Einzelnen:

Aussprache der einzelnen Laute

a	kurzes »a« (Alpha)
ā	langes »a« (ebenfalls Alpha)
ai	»ai« wie im Deutschen (im Griechischen Alpha und Iota)
āᵢ	langes »a« (das »i« wird nicht mitgesprochen; im Griechischen wird es unter das Alpha geschrieben, daher sogenanntes Iota subscriptum)
au	»au« wie im Deutschen (im Griechischen geschrieben Alpha und Ypsilon)
e	kurzes »ä« (Epsilon)
ē	langes »ä« (Eta)
ei	nicht »ei«, sondern »ej« wie englisch »hey« (im Griechischen: Epsilon und Iota)
ēᵢ	langes »ä« (das »i« wird nicht mitgesprochen; im Griechischen wird es unter das Eta geschrieben, daher sogenanntes Iota subscriptum)
eu	»eu« wie im Deutschen (geschrieben Epsilon und Ypsilon)
sch	wird getrennt »s-ch« gesprochen, nicht wie deutsch »sch« oder englisch »sh«; also zum Beispiel »S-chääma«, nicht »Schema«

o	kurzes »o« (Omikron)
ō	langes »o« (Omega)
ōᵢ	langes »o« (das »i« wird nicht mitgesprochen; im Griechischen wird es unter das Omega geschrieben, daher sogenanntes Iota subscriptum)
ou	langes »u« (im Griechischen geschrieben Omikron und Ypsilon)
y	wie im Deutschen »ü« (meist kurz)

Akzente

Im Griechischen gibt es drei Akzente: den Akut ´, den Gravis ` und den Zirkumflex ˜. Alle geben an, auf welcher Silbe ein Wort zu betonen ist.

Wann welcher Akzent gesetzt wird, ist kompliziert geregelt (es hängt unter anderem davon ab, ob der Vokal lang oder kurz ist). In unserer Lautumschrift bedeuten:

| á, é, í, ó, ý | kurz und betont |
| à, è, ì, ò, ỳ | kurz und betont |

| ā́, ḗ, ṓ | lang und betont |
| ā̀, ḕ, ṑ | lang und betont |

| ã, ẽ, ĩ, õ, ỹ | lang und betont |
| ãᵢ, ẽᵢ, õᵢ | lang und betont; das »i« wird nicht mitgesprochen (im Griechischen wird es unter das Alpha, Eta oder Omega geschrieben, sogenanntes Iota subscriptum) |

Bei den Doppellauten steht der Akzent auf dem zweiten Buchstaben. Je nachdem, was folgt, kann es ein Akut ´, Gravis ` oder Zirkumflex ˜ sein. Für die Aussprache macht das keinen Unterschied:

aí, aì, aῖ	betontes »ai«
aú, aù, aῦ	betontes »au«
eí, eì, eῖ	betontes »ej« wie englisch »hey«
	(nicht wie deutsch »ei«)
eú, eù, eῦ	betontes »eu«
oí, oì, oῖ	betontes »oi«
oú, où, oῦ	betontes »u«

Prolog

Der Typ dort hinten, dort an dem kleinen Tisch, mit dem Espresso vor sich und um sich herum fünf, sechs junge Leute, ja, das ist wirklich ein – »Typ«[1]. Etwas Besonderes. Aber auch wieder so, dass man sagt: So etwas Ähnliches hat man schon mal gesehen. Und so etwas wird es auch wieder geben. Der ist das, was er ist, sozusagen von Beruf.

Eigentlich sieht er nicht gerade toll aus. Eher klein, eher rundlich, eher alt. Knubbelnase, Glatze mit grauem Haarkranz, wallender Vollbart. Aber die wachen Augen, die Lachfalten, die leicht spöttische Haltung! Er redet viel, aber er bindet die jungen Leute auch immer wieder ein – es ist ein Gespräch, ein Dialog, kein Vortrag wie von einem Professor. Und er scheint witzig zu sein, die jungen Leute lachen oft.

Das Sakko, das der Typ trägt, ist ein bisschen rustikal. Überhaupt: Der Haufen dort wirkt nicht ungepflegt, aber lässig. Sie diskutieren irgendetwas, diskutieren es lebendig, mit Ernsthaftigkeit und Spaß.

* * *

Und jetzt drehen wir die Uhr einmal zweieinhalbtausend Jahre zurück. Es gab noch keinen Espresso und keine englischen Sakkos. Die Geschichte spielt auch nicht hier, sondern in Griechenland, in Athen. Athen war damals eine große, reiche, mächtige Stadt, die das gesamte nordöstliche Mittelmeer unter Kontrolle hatte – vor allem den Seehandel. Und

---

[1] Griechisch *týpos* bedeutet wörtlich: Schlag, Hieb.

sie war auch führend im Bereich der »Kultur« – vom Theater bis zum Bildungswesen.

Aber Athen hatte auch dauernd Ärger. Es gab ständig Krieg mit anderen griechischen Städten, vor allem gegen Sparta (am Ende hat Sparta gewonnen). Ab und zu gab es auch innenpolitisch Streit. Athen ist eigentlich eine alte Demokratie, anders als Sparta (dort herrscht, und dies schon sehr lange, eine Art Militäradel). Aber auch in Athen haben, vor allem nach dem Kriegsende, Adlige oder Gruppen von Adligen versucht, die Herrschaft über die Stadt an sich zu reißen. Es konnte sich aber am Ende keiner dauerhaft etablieren.

Die alte Verfassung Athens ist, wie gesagt, eine Demokratie, aber nicht genauso, wie wir sie heute kennen. Es gibt zum Beispiel keine politische Gleichheit, sondern die Bürger sind in vier Klassen eingeteilt, und zwar nach ihrem Vermögen. Je nach Klasse hat man unterschiedlichen Zugang zu politischen Ämtern. Allerdings gibt es durchaus Angelegenheiten, bei denen Bürger aller Klassen die gleiche Stimme haben, zum Beispiel in der Volksversammlung oder auch – das ist sehr anders als heute – bei Gerichtsprozessen.

* * *

Der Typ, von dem vorhin die Rede war, heißt Sokrates. Er ist um die 60 Jahre alt. Von Beruf ist er eigentlich Steinmetz und Bildhauer, also ein Handwerker. Wahrscheinlich hat er an den berühmten Tempeln auf der Akropolis, zu denen die Touristen noch heute strömen, mitgewerkelt.

Gesellschaftlich betrachtet, ist Sokrates ein Bürger Athens. Er gehört allerdings nur in die zweitunterste Klasse, also zu denjenigen mit geringem Vermögen. Erstaunlicherweise tut dies seinem Selbstwertgefühl keinerlei Abbruch, eher im Gegenteil: Sokrates glaubt nämlich ganz offensichtlich nicht, dass jemand nur deshalb, weil er reich ist oder politisch einflussreich – was im damaligen Athen, wie gesagt, meist Hand in Hand ging –, dass jemand schon deshalb in wichtigen Fragen besser Bescheid wüsste als ein einfacher Bürger wie er.

Sokrates hat deshalb seinen Beruf mehr und mehr aufgegeben. Ehrlich gesagt, ist mir nicht klar, wie er sich das finanziell leisten kann, und man sagt auch, dass seine Frau – sie heißt Xanthippe – nicht sehr begeistert davon ist. Klar ist jedenfalls: Spätestens mit 40 Jahren hat Sokrates begonnen, »politisch tätig zu werden« – allerdings gerade nicht als »Politiker« in einem staatlichen Amt (griechisch *pólis* – mit kurzem o – heißt beides: Stadt und Staat[2]). Sondern eher subversiv: als ein »Bürger« (griechisch *polítēs*), der im wahrsten Sinn des Wortes auf die Straße geht und die Politiker dort, in aller Öffentlichkeit, in Diskussionen verwickelt. Oft machen die Politiker (oder Leute, die es werden wollen) dabei keine gute Figur, und das macht Sokrates bei den Mächtigen nicht gerade beliebt.

Umso mehr bei den jungen Leuten. Die finden es super, dass jemand dem Establishment auf den Zahn fühlt. Die finden es gut, dass er diese Leute blamiert, dass er all ihr Reden von »Werten« und »Gemeinwohl« und »Moral« als Phrasen entlarvt. Sie eifern ihm sogar nach – was ihn wiederum bei den Politikern nicht beliebter macht. Es gibt Leute, die

---

[2] Am genauesten würde man übersetzen: »Stadt, die zugleich ein Kleinstaat ist«, so wie Hamburg oder Bremen. Eine Stadt, die nicht zugleich Staat ist, heißt auf Griechisch *astý*, und *astý* heißt auch die »Hauptstadt« einer Pólis – insbesondere etwa die »Stadt« Athen gegenüber dem Hafen Piraios und den sonstigen »Vororten«.

würden Sokrates am liebsten anklagen: wegen Verderbens der Jugend, wegen Missachtung der Moral oder wegen was auch immer. Hauptsache, der Typ kommt weg.

Ich glaube, die jungen Leute – es sind übrigens viele gerade aus den höheren Klassen dabei, viele junge »Adlige« – diese jungen Leute mögen Sokrates, glaube ich, weil sie ihm abnehmen, dass er das, was er tut, aus innerster Überzeugung und ohne jeden Eigennutz tut. Sokrates hat keine politischen Ambitionen in dem Sinn, dass er ein Staatsamt, zum Beispiel einen Ministerposten, erstrebt. Sokrates hat zudem im Krieg seinen Mann gestanden, er hat seinen Kopf für seinen Staat, für Athen, hingehalten. Und nun will er nicht, dass irgendwelche korrupten Dummköpfe aus dem, was er verteidigt hat, einen Müllhaufen machen: einen Laden, der nur noch dazu da ist, dass einige sich profilieren oder bereichern. Und sich dabei auch noch als moralische Elite fühlen.

* * *

Heute war Sokrates nicht »politisch tätig«, sondern er hat einen Ausflug gemacht mit einem der jungen Leute, einem gewissen Glaukon. Die beiden sind nach Piraios gegangen, das ist der Hafen Athens (und das ist er übrigens auch noch heute, zweieinhalbtausend Jahre später). In Piraios haben Sokrates und Glaukon an einem religiösen Volksfest teilgenommen zu Ehren einer Göttin namens Bendis. Das Fest wurde in diesem Jahr zum ersten Mal gefeiert, entsprechend neugierig waren die Leute. Vermutlich haben Sokrates und Glaukon zuerst einen Gottesdienst besucht (den man sich auch wieder anders vorstellen muss als heutige Gottesdienste). Danach haben sie wohl noch etwas gegessen, und nun sind sie auf dem Weg zurück nach Athen, etwa acht Kilometer, natürlich wieder zu Fuß.

Aber Sokrates und Glaukon kommen nicht bis nach Athen. Sie werden vielmehr schon kurz hinter Piraios eingeholt und abgefangen von drei weiteren jungen Leuten – und damit beginnt dieses Buch.

Erstes Buch

Die drei jungen Leute, die Sokrates und Glaukon hinterhergelaufen sind, heißen Polemarchos, Nikeratos und Adeimantos. Es sind ebenfalls Athener.

Polemarchos (der Name bedeutet wörtlich: Kriegsherr) ist der Anführer. Sein Vater hat in Piraios sein Haus – und unter Haus, griechisch *oíkos*, muss man sich etwas Großes vorstellen: Dort wohnt ein ganzer Familien-Clan, mit Bediensteten und Sklaven und allem drum und dran. In dieses Haus seines Vaters will Polemarchos nun den Sokrates zum Abendessen einladen. Deshalb hat er Sokrates und Glaukon einen Boten hinterhergeschickt und kommt selbst mit zwei Begleitern nach.

Der erste Begleiter, er heißt Nikeratos, ist ein eher unauffälliger junger Mann, der nicht viel sagt. Der zweite, Adeimantos, ist ein jüngerer Bruder von Glaukon, dem Begleiter des Sokrates. Adeimantos und Glaukon haben übrigens noch einen weiteren Bruder, einen gewissen Platon. Dieser Platon ist unter den vielen Sokrates-Fans der allergrößte. Er schreibt sogar manche der Diskussionen, die Sokrates führt, hinterher aus dem Gedächtnis auf. Aber heute ist Platon nicht mit dabei.

1. Kapitel
Reichtum und Gerechtigkeit
Dialogpartner: Képhalos (der Vater des Gastgebers)
Buch I 1 bis 5

Sokrates und Glaukon werden also abgefangen von Polemarchos, Nikeratos und Adeimantos. Man muss sich den
Dialog sehr scherzhaft vorstellen: Sokrates tut zunächst so,
als wolle er sich nicht nötigen lassen, nach Piraios zurück-
zukehren. Dann aber gibt er der Übermacht nach – und
insbesondere dem Argument, man könne sich nach dem
Abendessen noch einmal zum Fest der Göttin Bendis be-
geben. Geplant ist nämlich ein sportlicher Wettbewerb, ein
Fackel-Staffel-Rennen zu Pferd, und darauf sind alle neugierig.

Im Haus des Képhalos angekommen, also des Vaters des
Polemarchos, ist Képhalos gar nicht sehr überrascht von
dem Besuch. Es ist, wie gesagt, ein großes Haus, und die
Söhne bringen offenbar häufig unangemeldet Gäste mit.
(Die Arbeit mit den Gästen haben sowieso nur die Sklaven.)

* * *

Képhalos begrüßt Sokrates durchaus erfreut – »lange
nicht gesehen!« –, er hat aber nur Zeit für einen kurzen
Small-Talk. Er ist nämlich schon auf dem Weg zu einem
Abendopfer, das er, als Hausherr, für den ganzen Clan ab-
halten muss. (Dabei werden die Ahnen beschworen, und
man verschüttet etwas Wein oder verbrennt etwas Fleisch
und Gemüse, damit sie dort, wo sie nach dem Tod wohnen,
gut verpflegt sind.)

Auch das Gespräch zwischen Képhalos und Sokrates muss man sich scherzhaft vorstellen: Man frotzelt, man nimmt sich gegenseitig auf den Arm. Sokrates beginnt: In der Tat, man habe sich lange nicht gesehen. Ja, wir sind alle ein bisschen älter geworden. Und bei dieser Gelegenheit: »Sag einmal, Képhalos, was ich dich schon lange fragen wollte: Ist es eigentlich eine große Last, ein alter Mann zu sein?«

Képhalos – er wird gar nicht viel älter gewesen sein als Sokrates, vielleicht 70, während Sokrates Anfang 60 war – Képhalos also kontert die Unhöflichkeit mit demselben Spott: »Eine Last? Nein, ich kann nicht klagen. Zum einen muss man sich keine Sorgen mehr um die Liebe machen. Es fehlt einem auch gar nichts, wenn man mit einer Frau nicht mehr so viel Spaß haben kann wie als junger Kerl. Doch, doch, das ist so, und Sophokles, unser großer Theatermann, sieht es genauso. Er hat sogar gesagt, er fühle sich wie von einer Bestie befreit.« (Die Stücke des Sophokles, zum Beispiel »Antígone« oder »König Ödipus«, werden heute noch, zweieinhalbtausend Jahre später, gespielt.)

»Aber vor allem«, sagt Képhalos, »kann ich nicht klagen, weil mein Familien-Clan mich auch als alten Mann respektvoll behandelt. Ich muss mich nicht, wie andere Alte in ihren Familien, herumkommandieren lassen oder gar die Reste essen. Nein, hier behandeln mich alle mit Respekt, und keiner würde es wagen, mich zu demütigen.«

* * *

Jetzt ist Sokrates wieder dran, und er wirft ein: Ob dies nicht daran liege, dass Képhalos reich genug sei, um sich nichts sagen zu lassen?

Aber Képhalos ist schlagfertig: »Ach Sokrates, der Reichtum würde mir doch gar nichts nützen, wenn ich nicht vernünftig damit umzugehen wüsste. Weißt du, zu Themistokles, unserem berühmten Feldherrn, ist einmal ein Mann von der kleinen Kykladeninsel Sérifos gekommen und hat genörgelt: ›Du bist doch gar nicht durch eigene Tüchtigkeit berühmt geworden, sondern nur durch deine Stadt Athen.‹ Darauf Themistokles: »Gut, dann wäre ich also als jemand von Sérifos nicht berühmt geworden. Aber du auch nicht als Athener.«

Sokrates grinst – gut gegeben! –, fragt aber gleich weiter: »Jetzt einmal im Ernst, Képhalos: Was meinst Du eigentlich, wenn du sagst: ›vernünftig mit dem Reichtum umgehen‹? Oder fragen wir gleich so herum: Was ist eigentlich der größte Vorteil von Reichtum? Denn dass Reichtum an sich noch kein Vorteil ist, zeigen alle diejenigen, die damit nicht umgehen können und ihr Geld am Ende verprassen, verjubeln, verspekulieren.«

Képhalos überlegt kurz und antwortet dann: »Weißt du, Sokrates, gerade wenn man an das Alter denkt, wenn man es geschafft hat, seinen Reichtum oder sagen wir: seinen Wohlstand bis ins Alter zu erhalten – aber man kann dann gar nicht mehr so viel damit anfangen, weil man eigentlich schon alles hat – also: Der größte Vorteil von Reichtum besteht meiner Meinung nach darin, dass man guten Gewissens sterben kann. Man kann alles, was man bekommen hat, zurückgeben, und muss niemandem etwas schuldig bleiben. Man konnte allen gerecht werden und stirbt als ein gerechter Mann.«

* * *

Irgendwie hat Sokrates jetzt Blut geleckt. Was meint Képhalos nun wieder mit ›gerecht‹? Er hakt nach: »Hmm, Képhalos, da muss ich einmal nachfragen. Du meinst offenbar: Gerechtigkeit (oder gerecht sein) heißt, niemandem etwas schuldig zu bleiben und das, was man empfangen hat, zurückzugeben. Wie beurteilst du dann aber folgenden Fall: Jemand gibt mir eine Pistole zu Verwahrung, fällt danach in Wahnsinn und will sie zurückhaben. Muss ich sie ihm zurückgeben, auch wenn er Amok laufen wird?« (Natürlich gab es zu Sokrates' Zeit noch keine Pistolen. Aber wer würde mir heute schon ein Schwert zur Verwahrung geben? Wohl nur jemand, der ohnehin ein bisschen verrückt ist.)

Képhalos hat nun offenbar genug. Außerdem hat er ja noch etwas vor, und so kann er sich entschuldigen: Das Abendopfer wartet.

2. Kapitel
Was Freund und Feind gebührt
Dialogpartner: Polemarchos (der Gastgeber)
Buch I 6 bis 9

Sokrates bleibt also zurück mit den jungen Leuten: mit Polemarchos, dem Sohn des Hausherrn Képhalos, mit Glaukon und Adeimantos, den Brüdern Platons, und mit Nikeratos, der nicht viel sagt. Und ich habe ganz vergessen zu erzählen, dass noch fünf weitere meist junge Männer hinzugekommen sind. Sie hatten im Haus auf die Rückkehr des Polemarchos, mit Sokrates und Glaukon im Schlepptau, gewartet. Zwei von ihnen sind Brüder des Polemarchos und Söhne des Képhalos, sie heißen Lysias und Enthydemos. Die drei anderen sind zu Besuch: ein weiterer junger Athener namens Kleitophon; ein gewisser Charmantides aus Paiania, das ist ein Dorf, das zu Athen gehört. Und schließlich ein gewisser Thrasymachos aus Chalkedon – das ist das heutige Kadiköy, ein Stadtteil auf der asiatischen Seite Istanbuls. Dieser Thrasymachos fällt etwas aus dem Rahmen: Er ist schon um die 50 und ein erfolgreicher Unternehmer im Bildungssektor.

Insgesamt also zehn Personen: neun meist junge Männer plus Sokrates. So viele Personen, wie dieses Buch Bücher hat. (Es ist etwas merkwürdig, aber man unterteilt tatsächlich Platons Buch »Politeía« in zehn einzelne Bücher; sozusagen das »Buch« im engeren Sinn in zehn »Bücher« im weiteren Sinn.)

* * *

Wie auch immer: Képhalos ist fort, aber die Frage danach, was Gerechtigkeit ist (gerecht sein bedeutet), steht noch im Raum. Und das Argument des Sokrates: Es sei doch wohl nicht gerecht, jemandem eine Waffe zurückzugeben, wenn er damit Amok laufen will. Also könne folgende Definition von Gerechtigkeit nicht richtig sein: zurückgeben, was man empfangen hat, und auch einem Wahnsinnigen immer die Wahrheit sagen.

Dagegen protestiert nun Polemarchos, der Sohn des Hausherrn: »Doch, doch, die Definition stimmt im Wesentlichen schon! Immerhin hat kein geringerer als Simonides gesagt: Gerechtigkeit heißt, jedem das zu geben, was man ihm schuldig ist.« (Simonides war ein Dichter, der etwa hundert Jahre zuvor gelebt hatte.)

Nun ja, Sokrates ist davon wenig beeindruckt. Und er hakt nach: Was schuldet man denn wem? Wonach bemessen sich die Schulden, die man bei jemand anderem hat? Oder fragen wir anders herum: Wonach bemisst sich das, was jemand von uns fordern darf? Was er sozusagen verdient hat?

Polemarchos gerät ein bisschen ins Schwimmen, aber er schlägt sich tapfer: Man schuldet seinen Freunden, ihnen Gutes zu tun und nichts Böses. Dagegen schuldet man seinen Feinden, ihnen nicht Gutes, sondern Böses zu tun, weil sie uns ja ebenfalls Böses getan haben.

* * *

Tja. Das ist gar keine schlechte Definition. Sokrates hat denn auch durchaus Mühe, ihr etwas entgegenzuhalten. Er versucht es zunächst wie folgt:

»Hm, Polemarchos, wenn ich dich richtig verstehe, ist Gerechtigkeit also eine Art Kunst (griechisch *téchnē*, daher das Wort Technik) – die Kunst, den Freunden Gutes zu tun und den Feinden Böses. Und so, wie die ärztliche Kunst darin besteht, dem kranken Körper die Arznei zu geben, die er braucht, so besteht die Gerechtigkeit darin, jedem das zu geben, was ihm gebührt – dem Freunde dies, dem Feinde jenes.«

»Aber dann,« fährt Sokrates fort, »scheint mir die Gerechtigkeit jedenfalls keine besonders große Kunst zu sein. Wenn du zum Beispiel ein Pferd kaufen willst, solltest du nicht jemanden mitnehmen, der weiß, dass man dem Pferdehändler geben soll, was ihm gebührt. Sondern besser jemanden, der etwas von Pferden versteht und deshalb weiß, *wie viel* dem Händler gebührt. Oder wenn du dein Geld arbeiten lassen willst: Dann nützt dir ein Vermögensberater gar nichts, der nur weiß, dass er dir zurückgeben muss, was dir gebührt; sondern nur einer, der es gut für dich anlegt. Kurz: Gerechtigkeit ist ziemlich nutzlos, sie hat keinen eigenen Mehrwert, oder?«

Der arme Polemarchos hat dem wenig entgegenzusetzen, daher legt Sokrates noch eins drauf: Gerechtigkeit ist nicht nur eine nutzlose, unbrauchbare Kunst. Sie wird vielmehr erst dann brauchbar, wenn man sie nicht gebraucht! Wenn man sich zum Beispiel ein Winzermesser geliehen hat, dann nützt einem dieses Messer nur solange, wie man die Gerechtigkeit *nicht* gebraucht, das heißt, das Messer *nicht* zurückgibt!

* * *

Ich muss gestehen: Das ist irgendwie ein Tick zuviel. Das ist ziemlich sophistisch. Das ist ein Verdrehen von Worten. Irgendwie hat Sokrates heute noch nicht seine wahre Form erreicht, irgendwie ist das alles nicht richtig seriös. Vielleicht will er nur ein bisschen herumblödeln? Oder reitet ihn, wie man so sagt, der Teufel? Der *diábolos*, wie es auf Griechisch heißt? (Ganz wörtlich übersetzt ist *diábolos* derjenige, der alles durcheinanderwirft.)

Und es wird auch nicht besser. Sokrates macht weiter mit dem Haarespalten: Wenn Gerechtigkeit heißt, dem Freund Gutes zu tun – wie liegt dann der Fall, dass der Freund sich im Nachhinein als Feind herausstellt? Wenn er uns zum Beispiel getäuscht hat? Haben wir dann gerecht oder ungerecht gehandelt, als wir ihm Gutes taten?

Polemarchos ist nun völlig verwirrt. Und er korrigiert brav seine Definition von Gerechtigkeit: Gerecht ist es nur, wenn man dem echten Freund Gutes tut und dem echten Feind schadet.

Aber selbst das reicht Sokrates noch nicht: Darf man wirklich sagen, es sei gerecht, jemandem Schaden zuzufügen? Ist ein Schaden nicht immer – ungerecht? Sozusagen definitionsgemäß? Denn das Gerechte ist ein Unterfall des Guten, und das Gute besteht doch offenbar darin, niemandem zu schaden?

3. Kapitel
Das Recht als Herrschaftsinstrument
Dialogpartner: Thrasymachos (der Sophist),
Polemarchos (der Gastgeber),
Kleitophon (ein junger Athener)
Buch I 10 bis 15

In diesem Moment platzt Thrasymachos der Kragen. Er ist von Sokrates' Auftritt ganz offensichtlich genervt, genervt, genervt. Wobei ich jetzt, im Nachhinein, jetzt, wo ich die Dinge noch einmal Revue passieren lasse, denke: Vielleicht hat Sokrates gerade ihn provozieren wollen. Denn Thrasymachos ist von Beruf – Sophist. Das heißt, er bringt Leuten bei, wie man argumentiert, wie man in Diskussionen die Oberhand gewinnt und behält. Und er verdient damit gutes Geld. Es gibt viele wie ihn, die von überall her nach Athen gekommen sind.

Thrasymachos also, er ist wie gesagt um die 50 Jahre alt, stürzt sich, wie Sokrates später ironisch sagen wird, wie ein wütender Wolf auf ihn und Polemarchos: »Was eiert ihr hier so miteinander herum, ohne zu einem klaren Ergebnis zu kommen? Und du, Sokrates, warum fragst du immer nur andere aus, mit deiner berühmten Ironie, und versuchst nicht selbst einmal, eine vernünftige Antwort zu finden?

Und komm mir ja nicht mit irgendwelchen leeren Floskeln wie: Gerechtigkeit sei Angemessenheit oder pflichtgemäßes Handeln oder so!«

»Ja womit denn dann?«, fragt Sokrates. »Wenn Du mir von vornherein Antworten verbietest, dann kannst du doch gleich selbst mit deinem großartigen Wissen kommen.« »Okay«, sagt Thrasymachos, »aber nur, wenn du für den Unterricht zahlst!« Darauf lässt sich Sokrates natürlich nicht ein, obwohl Glaukon und seine Freunde ihm das Geld gegeben hätten. Und Thrasymachos ist an diesem Tag, wie man zu seiner Ehrenrettung sagen kann, auch nicht wirklich scharf auf Geld.

* * *

Vielmehr möchte Thrasymachos nur allzu gern seine eigene Idee vorstellen und mit ihr glänzen, mit seiner These zur Gerechtigkeit, die da lautet: »Das Gerechte (*tò díkaion*) ist nichts anderes als das, was dem Stärkeren zum Vorteil gereicht«.

Aber der Beifall bleibt aus.

Und Sokrates' erste Antwort ist, gelinde gesagt, frech: »Thrasymachos, ich verstehe dich nicht ganz. Denn du meinst doch sicherlich nicht, Gerechtigkeit sei so etwas wie Rindersteaks – Steaks, denn sie sind stärkeren Leuten, als wir es sind, nützlich: Bodybuildern, Boxern …?«

Nein, das meint Thrasymachos natürlich nicht, und er muss dann doch über die Frechheit lachen. Und erläutert dann:

»Sokrates, es ist doch ganz klar. In allen Póleis (das ist die Mehrzahl von Pólis) gibt es eine Regierung, einen Souverän (*tò archón* oder auch *hè arché*), sei es nun im Einzelnen eine Tyrannis, eine Demokratie oder eine Aristokratie.« (Ja, Thrasymachos sagt wirklich »Tyrannis«, meint damit aber schlicht eine Alleinherrschaft, nicht auch das, was wir heute Diktatur nennen, also eine Schreckensherrschaft.) »Und wer«, fährt Thrasymachis fort, »macht in der Pólis die Gesetze? Der Souverän! Und natürlich macht der Souverän nur Gesetze, die ihm selbst vorteilhaft (*symphéron*) sind! Also in der Demokratie demokratische, in der Tyrannis tyrannische und so weiter. Und wer die Gesetze übertritt, sagen sie, handelt ungerecht und wird bestraft. Also ist Gerechtigkeit das, was dem Herrscher, dem Souverän, dem Stärkeren also, von Vorteil ist.«

In einem Wort: Die sogenannte Gerechtigkeit ist nichts anderes als ein Herrschaftsinstrument. (Nicht zuletzt Karl Marx hat dies aufgegriffen.)

* * *

Es fällt Sokrates erstaunlich leicht, diese These zu widerlegen.

Im ersten Schritt greift er wieder zu dem »falscher Freund/wahrer Freund«-Argument. »Hm, Thrasymachos«, sagt er, »die Herrschenden, der Souverän, das sind am Ende doch alles Menschen, nicht wahr? Und Menschen sind fehlbar. Kann es also nicht geschehen, dass den Herrschenden ein Fehler unterläuft und sie ein Gesetz erlassen, das ihnen gerade nicht nützt, sondern sogar schadet? Was passiert aber dann? Wenn dann die Untertanen das Gesetz befolgen, handeln sie nur auf den ersten Blick gerecht – auf den zweiten Blick aber nicht mehr! Sondern ganz im Gegenteil ungerecht! Denn sie schaden den Herrschenden beziehungsweise Stärkeren!«

»Was bist du bloß für ein Wortverdreher (*sykophántēs*)«, entgegnet Thrasymachos – und tappt dann prompt in die Falle, weil er sich wie folgt aus der Schlinge ziehen will: »Streng genommen, *kann* der Herrscher (*árchōn*), insofern er Herrscher ist (*kath' hóson árchōn estín*) – das heißt als Souverän –, gar keinen Fehler machen! Wenn er einen Fehler macht, ist er nämlich in Wahrheit gar nicht mehr der Stärkere, dem das Gesetz nützt! Und handelt eben deshalb auch nicht mehr als wahrer Herrscher, als Herrscher im genauesten Sinn des Wortes!«

(Spätere Zeiten haben formuliert: *The king can do no wrong.* Und im absolutistischen Staat konnte der Fürst »als solcher« nicht vor Gericht verklagt werden. Verklagt werden musste eine Art Ersatzperson, die seine Fehler wenigstens finanziell ausbügeln konnte: der sog. Fiskus. Noch schlimmer: Im 19. Jahrhundert konnten auch die Beamten »als solche«, das heißt im Amt, keine Fehler machen. Machten sie trotzdem Fehler, wurden sie selbst auf Schadenersatz verklagt – nicht der Staat, dem sie dienten! – Übrigens: Auch der Papst ist unfehlbar nur dann, wenn er *ex cathedra* spricht, das heißt: im kirchlichen Lehramt.)

* * *

Wahrer Herrscher! Herrscher im genauesten (*akribéstatos*) Sinn des Wortes! Das ist nun die Steilvorlage für Sokrates:

»Sag mir, Thrasymachos, was ist denn für dich der, sagen wir, Arzt (*iātrós*) im genauesten Sinn des Wortes? Ist er jemand, der für sich selbst Geschäfte macht (*chrēmatistés*), oder ist er ein Pfleger (*therapeútēs*) der Kranken?«

»Nun«, muss Thrasymachos zugeben, »der Arzt als solcher ist ein Pfleger der Kranken.«

»So dass das, was er als solcher tut, gerade nicht ihm selbst nützlich ist, sondern anderen? Ja sogar, da es Kranke sind, den Schwächeren?«

Auch das muss Thrasymachos zugeben – und auch die Folgerungen: Letztlich dienen alle »Künste« (*téchnai*) – die des Arztes, die des Steuermanns und so fort – *unmittelbar* nicht dem »Künstler« selbst, sondern den Menschen, die auf ihn angewiesen sind; und erst mittelbar profitiert auch der »Künstler« (*technítēs*) davon.

Und so muss es dann wohl auch mit der »Kunst« (*téchnē*) der »Herrscher als solcher« sein, das heißt mit der Gerechtigkeit: Unmittelbar dient sie gerade nicht ihnen selbst, sondern den Untertanen, den Schwächeren, den Beherrschten.

Womit Thrasymachos' These ins Gegenteil verkehrt wurde.

4. Kapitel
Wer ist besser dran?
Der Gerechte oder der Ungerechte?
Dialogpartner: Thrasymachos (der Sophist);
Glaukon (ein Bruder Platons)
Buch I 16 bis 24

Aber Thrasymachos hat einen schönen Konter auf Lager.

»Ach, Sokrates, deine Analogie zum ›Arzt als solchen‹ und dass er nicht sich selbst nützt, sondern denen, die ihm anvertraut sind – das ist ja ganz schön. Aber wie ist es mit dem ›Hirten als solchen‹? Denn der Hirt tut in der Tat alles, damit seine Schafe oder Rinder gedeihen. Aber am

Ende werden sie geschlachtet! Da kann man doch schwerlich sagen, dass seine Kunst ihnen, als den Schwächeren, von Vorteil ist! Sondern allein ihm, dem Hirten – oder seinem Herrn – selbst.«

Thrasymachos hat sich in Rage geredet, und so geht es gleich weiter zur nächsten These: Der Gerechte ist eigentlich immer der Dumme und gegenüber dem Ungerechten immer im Nachteil.

Und zwar auf allen Gebieten: »Erstens im normalen Geschäftsverkehr. Da zieht der Gerechte gegenüber dem Ungerechten immer den Kürzeren. Zweitens und noch mehr aber im Verhältnis zum Staat. Da zahlt der Gerechte mehr Steuern als der Ungerechte, weil der Ungerechte einen Teil seiner Steuern hinterzieht. Und wenn der Gerechte ein politisches Amt bekommt, dann hat er davon nur Schaden: Er muss seine eigenen Geschäfte vernachlässigen, und um sich bestechen zu lassen, wie der Ungerechte es tut, dazu ist er zu ehrlich. Und zu allem Überfluss macht der Gerechte sich sogar bei seinen Freunden unbeliebt, weil er ihnen nicht Pöstchen oder sonstige Vorteile verschafft.«

»Wie nützlich dagegen die Ungerechtigkeit ist«, setzt Thrasymachos schließlich als Drittes drauf, »zeigt sich am besten am Aller-Ungerechtesten, der zugleich der Glücklichste ist: am Tyrannen. Er hat sich nämlich alles insgesamt unter den Nagel gerissen: privates Eigentum ebenso wie das Eigentum an Tempeln und öffentlichen Einrichtungen. Wenn er sich all dies einzeln beschafft hätte, würde man ihn Räuber, Dieb, Tempelschänder nennen. So aber nennt man ihn ›Euer Gnaden‹ und glücklich! Kurz und gut, und wie ich von Anfang an sagte: Die Gerechtigkeit ist das, was dem Stärkeren zuträglich ist (*symphéron*), und das Ungerechte ist das, was einem selbst Vorteil bringt.«

* * *

Dass er sich in diesem letzten Satz in gewisser Weise selbst widerspricht, bemerkt Thrasymachos nicht. Aber auch Sokrates geht darauf nicht ein, sondern repliziert ebenso gewunden wie folgt:

Erstens: Gerechtigkeit bringe demjenigen, der sie ausübt, selbst keinen Nutzen? Zugestanden! Aber das sei doch bei jeder Kunst so! Der Arzt, soweit er Arzt ist, nützt mit seiner *téchnē* als solcher nur den Kranken, nicht sich selbst. Dass er damit auch Geld verdient, ist nur eine Nebenfolge, es gehört nicht zur Arztkunst als solcher. Ebenso der Hirte: Der Hirte als solcher dient wirklich nur seinen Schafen. Was dann aus den Werken seiner »Kunst« (*téchnē*), also den wohlgenährten Schafen, am Ende wird – das ist eben nicht mehr Sache der *Hirten*-Kunst, sondern einer anderen Kunst: der Erwerbskunst, sei es des Hirten selbst oder seines Herrn.

Zweitens: Gerechtigkeit diene dem Stärkeren? Nein, gerade nicht, sondern dem Schwächeren, wie wieder das Beispiel des Arztes zeigt. Denn die Kranken sind offensichtlich die Schwächeren.

Woraus dann folgt: Auch die Gerechten – als solche! – dienen ganz offenbar nicht sich selbst, sondern den Schwächeren. Eben deshalb verlangen sie ja, wenn sie in der Pólis ein Amt übernehmen, einen Lohn oder zumindest eine Entschädigung! Und gerade die Gerechten reißen sich nicht um Ämter, sondern übernehmen sie eigentlich nur, um nicht von Schlechten regiert zu werden. »Bestünde die Welt aus lauter Gerechten, dann würden sich diese um das Nicht-Regieren ebenso reißen, wie man sich heute um die Regierungsämter reißt.«

* * *

Es bleibt die These: Der Ungerechte habe ein besseres Leben als der Gerechte – er sei also, wenn man so sagen darf, hinsichtlich der Nebenfolgen seiner »Kunst« (oder Anti-Kunst?) erfolgreicher, folglich stärker und glücklicher.

Damit hat Sokrates durchaus Schwierigkeiten. Und ich muss zugeben, dass ich das folgende Argument etwas anders wiedergebe, als es im Buche steht.

Das Argument ist wieder eine Analogie, ist ein Vergleich, der allerdings ein bisschen hinkt. »Sag mir, Thrasymachos: Der Gerechte – will der bei gleicher Leistung besser behandelt werden als ein Konkurrent?« Nein, das muss Thrasymachos zugestehen. »Aber der Ungerechte will dies sehr wohl?« Ja. »Nun, dann nehmen wir zum Vergleich einen wirklich musikalischen Musiker: Will der, für dieselbe Qualität, mehr Applaus als ein Konkurrent?« Nein. »Aber derjenige, der unmusikalisch ist, der will für alles, was er liefert, mehr Applaus haben als die anderen, eben weil er Qualität gar nicht erkennen kann?« Ja, auch das. »Welche Sorte Musiker wird dann aber in aller Regel besser leben und zufriedener sein, der musikalische oder der unmusikalische?« Nun, dann wohl der musikalische Musiker, weil er sich nicht ständig schlecht behandelt fühlt, sondern nur dann, wenn er wirklich schlecht behandelt wurde. »Tja, und so wird es dann auch generell beim Weisen und Gerechten sein: Er ist besser dran als der Ungerechte, denn der Ungerechte ist dumm und fühlt sich eben deshalb *dauernd* schlecht behandelt.«

Thrasymachos muss all dies zugeben, allerdings nur, wie Platon berichtet, unter Sträuben und Schwitzen (zumal es Sommer war).

* * *

Ehrlich gesagt, Sokrates hätte es damit langsam gut sein lassen sollen. Aber er geht noch auf zwei weitere Punkte ein.

Wer ungerecht ist, sei stark? Nein. Nehmen wir die Pólis, dann ist klar, dass Ungerechtigkeit dort zu Aufruhr, Kampf und Hass führt und nur Gerechtigkeit zu Eintracht und Freundschaft. Stark ist die Pólis aber nur, wenn sie einträchtig ist und sich als Ganzes für etwas einsetzen kann. Und so ist denn auch der Ungerechte, als Einzelner, in Wahrheit mit sich selbst im Streit und daher schwach.

Letzter Punkt: Der Ungerechte sei glücklicher als der Gerechte? Nun, im Grunde hatten wir dies schon bei der Frage, wer besser lebt: der Gerechte oder der Ungerechte. Und Sokrates fügt jetzt auch nichts wirklich Überzeugendes hinzu, sondern behauptet mehr als dass er es bewiese: Leben (*zēn*) sei das spezifische Werk (*érgon*) der Seele (*psyché*) – so wie es die spezifische Leistung einer Rebschere sei, Reben optimal zu beschneiden. Die Seele bedürfe daher, wie die Rebschere auch, einer ganz spezifischen Tüchtigkeit (*areté*), und diese Areté sei – »wie wir schon anerkannt haben« – die Gerechtigkeit. Während Ungerechtigkeit die Schlechtigkeit (*kakía*) der Seele sei. Daher kann offenbar nur der Gerechte ein gutes Leben führen.

Nein, Sokrates, ich muss dir widersprechen. Nein, denn das hatten wir so noch nicht anerkannt. Und auch sonst zerfasert alles jetzt ein bisschen und ist nicht mehr ganz schlüssig.

Macht aber nichts. Denn Thrasymachos gibt auf, und wir werden auf die Gerechtigkeit als Areté noch zurückkommen.

* * *

Wie auch immer: Sokrates ist offenbar selbst ein bisschen erschöpft und auch nicht wirklich zufrieden. »Wisst ihr, irgendwie sind wir doch nun so schlau wie zuvor. Wir haben uns mit den Fragen herumgeschlagen, ob Gerechtigkeit Dummheit oder Tüchtigkeit ist, ob sie nützlich ist und glücklich macht. Aber wir haben an all diesen Fragen nur, sozusagen, genippt und genascht – und keine ernsthafte, sättigende Mahlzeit genossen. Insbesondere haben wir überhaupt nicht geklärt, was denn eigentlich, als *Begriff*, das Gerechte ist. Dann wissen wir aber auch bei den anderen Fragen nicht wirklich Bescheid.«

Zweites Buch

Nichtsdestoweniger, Sokrates war eigentlich froh, den Sophisten Thrasymachos so elegant ausgekontert zu haben, und er wäre ganz gern zum gemütlichen Teil des Abends übergegangen. Aber seine jungen Freunde ließen nicht locker, und damit beginnt nun so etwas wie eine methodische Untersuchung, ein halbwegs geordneter Gang hin zum Begriff der Gerechtigkeit.

5. Kapitel
Der Gipfel der Ungerechtigkeit
und die Leiden des Gerechten
Dialogpartner: Glaukon (ein Bruder Platons)
Buch II 1 bis 5

Es ist Glaukon, der nachhakt – Glaukon, mit dem Sokrates schon den ganzen Tag unterwegs war, Glaukon, der Bruder Platons. Ein gründlicher und gewissenhafter junger Mann um die zwanzig. Er möchte von Sokrates wirklich und stichhaltig überzeugt werden, dass die Gerechtigkeit der Ungerechtigkeit ohne jedes Wenn und Aber überlegen ist. Gerade deshalb macht er sich nun zum *Advocatus diaboli* – wörtlich: Anwalt des Teufels –, das heißt zum Fürsprecher der bösen These: Gerechtigkeit lohnt sich nicht.

»Sokrates«, so beginnt er, »es gibt doch drei Arten des Guten. Die erste finden wir um ihrer selbst willen gut (sozusagen ›an sich‹): Spaß, Freude, Lust am Essen oder am Sex (natürlich nur, wenn wir kein schlechtes Gewissen wegen irgendwelcher Nebenfolgen haben!). Die zweite Sorte des

Guten finden wir ebenfalls um ihrer selbst willen gut, zusätzlich aber auch deshalb, weil sie nützlich ist: zum Beispiel die Gesundheit oder ein klarer Kopf. Schließlich gibt es noch eine dritte Sorte des Guten, die an sich beschwerlich ist und ›gut‹ nur als Mittel zum Zweck: Joggen, um sich fit zu halten; Arbeit, um sich den Lebensunterhalt zu verdienen. In welche Kategorie des Guten gehört nun, lieber Sokrates, die Gerechtigkeit?«

Nun, sagt Sokrates, in die mittlere: Sie ist gut an sich selbst, sie ist aber auch nützlich.

»Du weißt aber, Sokrates, dass die meisten das anders sehen? Nämlich: dass Gerechtigkeit beschwerlich ist und nur geübt wird, um nicht dumm aufzufallen?«

Natürlich weiß Sokrates das.

* * *

Glaukon hat nun wirklich einen Plan, wie er argumentieren will (wie gesagt als *Advocatus diaboli*): Erstens will er zeigen, wie das, was man Gerechtigkeit nennt, nach landläufiger Ansicht entsteht. Zweitens will er zeigen, dass man diese Gerechtigkeit als ein notwendiges Übel ansieht. Und drittens: dass man damit Recht hat, weil – aber hatten wir das nicht schon? – die Ungerechten am Ende die besseren Karten haben.

Wie entsteht also nach landläufiger Ansicht Gerechtigkeit? Nun, man hält es ganz allgemein für schlecht, Unrecht zu erleiden. Und man hält es zudem für gut, Unrecht zu tun, sofern man dafür nicht bestraft wird. Weil nun aber jeder einmal die Erfahrung macht, Unrecht zu leiden, ohne sich rächen zu können, einigt man sich auf die Mitte: auf Übereinkünfte (*synthêkai*) und Gesetze (*nómoi*), die festlegen, was gerecht und was ungerecht ist. Aber eigentlich tut man das nur aus Schwäche: Weil man das, was man am liebsten täte, nicht durchsetzen kann – nämlich anderen ungestraft Unrecht tun –, schützt man sich wenigstens vor dem Schlimmsten. Kurz: »Gerecht« ist man, bei Licht besehen, unfreiwillig (*ákōn*) – wider seinen eigentlichen Willen. Und Gerechtigkeit daher nichts als ein notwendiges Übel.

Glaukon illustriert diese These mit, man glaubt es kaum, dem Ahnherrn des »Herrn der Ringe«! Mit dem Mythos vom Ring des Gyges. Gyges, ein Vorfahr des Kroisos (ja, das ist der sagenhaft reiche »Krösus«) – Gyges war ursprünglich ein Hirte. Er fand einen Ring, der ihn unsichtbar machte, wenn er den Stein ins Handinnere drehte. Das nutzte er weidlich aus, und am Ende verführte er die Königin und brachte gemeinsam mit ihr den König um. Er hatte ja nichts zu befürchten, weil er sich jederzeit unsichtbar machen konnte. Und so wie er, sagt Glaukon, hätte es doch jeder getan! Jeder würde sich, mit so einem Ring, nehmen was er will; er würde hingehen, wohin er will, mit jeder Frau schlafen, die er will, und andere nach Belieben töten oder aus dem Gefängnis befreien. Andernfalls müsste man ihn doch für dumm halten!

Nun ja.

* * *

Glaukon muss schließlich noch beweisen, dass sich Ungerechtigkeit lohnt und Gerechtigkeit nicht. Und da hat er nun eine wirklich hübsche Idee: Der Gipfel der Ungerechtigkeit wäre es doch, wenn der perfekte Bösewicht[3] nicht

---

[3] Nebenbei: Glaukon vergleicht den perfekten Bösewicht mit

nur ohne jeden Skrupel seine Verbrechen beginge, sondern zudem im Rufe stünde, ein besonders guter, gerechter Mensch zu sein! Und der Gipfel der Gerechtigkeit wäre es, wenn ein einfacher, edler, rechtschaffener Mensch gerade im Rufe stünde, in höchstem Maße ungerecht und schädlich zu sein – und wenn er dies dann unbeirrt aushielte: für ungerecht gehalten werden, in Wahrheit aber gerecht sein. Wer, fragt Glaukon, ist am Ende wohl glücklicher: der perfekt Ungerechte oder der perfekt Gerechte?

Und er gibt sich die Antwort selbst: der Ungerechte. Der Gerechte hingegen wird »gefesselt, gegeißelt, gefoltert, ihm werden beide Augen ausgestochen und er wird am Ende sogar gekreuzigt«. (Genauer: irgendwo mit den Händen aufgeknüpft – *anaschindyleúein* –, meist an einem Pfahl, griechisch *staurós*. Das ist eine besonders qualvolle Hinrichtungsmethode, die dem Kreuzigen entspricht. – In der Bibel, im griechischen Original des Neuen Testaments, heißt es übrigens wörtlich »*staúroson autón*« für »kreuzige ihn«.)

Aus alledem folgt: Wirklich erstrebenswert ist es nicht, gerecht zu *sein*, sondern nur, gerecht zu *scheinen*. Im Gegenzug ist es vorteilhaft, ungerecht zu *sein* – ohne es zu *scheinen* (sondern gerecht). Denn dem scheinbar gerechten Ungerechten fliegt am Ende alles zu: Frauen, Reichtum, Demütigung der Feinde, Gunst der Freunde. Und sogar, wegen der reichen Opfergaben: Gunst der Götter.

---

den großen Meistern (*deinoí dēmiourgoí*), die, sei es als Steuermann (*kybernḗtēs*) oder Arzt (*iātrós*), vor allem eines können: das Unmögliche (*adýnata*) vom Möglichen (*dýnata*) unterscheiden. Und daher nur das Mögliche in Angriff nehmen und das Unmögliche unterlassen.

6. Kapitel
Auch die Götter (wenn es sie gibt)
mögen die Ungerechten
Dialogpartner: Adeimantos (ein weiterer Bruder Platons)
Buch II 6 bis 9

An diesem Punkt will Sokrates eigentlich schon mit seiner Widerrede zu Gunsten der Gerechtigkeit beginnen. Aber bevor er dazu kommt, reitet Adeimantos, ein Bruder des Glaukon (und damit auch Platons) noch ein bisschen auf diesem Punkt herum: Auch den Göttern gefallen die Ungerechten letztlich besser.

Insofern werden zunächst einmal Autoritäten zitiert: die alten Dichter. Wenn man nämlich genau hinschaut, dann loben diese alten Dichter gar nicht die Gerechtigkeit an sich, sondern das, was die Götter dem Gerechten an Lohn zukommen lassen. Bei Homer[4] etwa heißt es: Das Land eines Königs, der gute Gerechtigkeit (*eudikía*) walten lässt, trägt reiche Frucht, die Schafe gebären wie wild, und im Meer wimmelt es von Fischen (ganz ähnlich übrigens manchmal die Psalmen). Noch schöner ein anderer Dichter, ein gewisser Musaios: Die Götter führen die wahrhaft Gerechten nach dem Tod in den Hades – das ist der griechische Name für die Unterwelt –, und dort dürfen sie, die Gerechten, feiern und berauscht sein (*methýein*) bis in alle Ewigkeit. Im Gegensatz dazu müssen die Ungerechten sich bis in alle Ewigkeiten mit sinnlosen Plackereien plagen, zum Beispiel mit einem Sieb Wasser in ein Fass ohne Boden schöpfen. (Aber ist man denn wirklich gerecht, sagen wir: von Herzen ge-

---

[4] Betont auf der letzten Silbe.

recht, wenn man nur deshalb »gerecht« ist, weil man Strafe
vermeiden oder einen Lohn bekommen will? Zumal einen
Lohn wie Ewig-besoffen-sein?)

* * *

Hinzu kommt: Die Götter schicken, so sagen die Dichter, manchmal gerade den guten Menschen Unglück und
den Bösen das Gegenteil. Und bei Homer gibt es eine
Stelle, in der es heißt, dass man die Götter mit Opfern und
Gebeten beschwichtigen und bestechen kann. Daher sollte
man am besten wie folgt verfahren: erst ordentlich Unrecht
tun und damit viel Geld verdienen; dann zerknirscht tun
und von dem Ertrag den Göttern reichlich opfern. (Heute
könnte man sagen: dann den Wohltäter spielen und reichlich für soziale Projekte spenden. Oder gar eine Stiftung
gründen.)

Wie soll man, wenn so etwas pausenlos in den Medien
verbreitet wird, eigentlich noch junge Leute davon überzeugen, sie sollten brav und gerecht sein?

* * *

Nebenbei wird noch erwähnt: Bei den Dichtern heißt es
immer wieder, die Schlechtigkeit sei leicht zu haben, während vor die Tugend (*aretē*) die Götter den Schweiß gesetzt hätten. Aber die richtig virtuose Schlechtigkeit, das
heißt die Ungerechtigkeit, die sich als Gerechtigkeit darstellt – und auf diesen Anschein kommt es in der Welt ja
an –, die ist in gewisser Weise schon wieder etwas Schwe-
res. Man kann nicht leicht verbergen, dass man schlecht ist.
Nun ja, meint Adeimantos: »Nichts Großes ist leicht«. Und

mit guten Beziehungen und guten Anwälten[5] bekomme
man diesen Anschein der Gerechtigkeit schon hin: sei es
durch Überredung, sei es durch Gewalt.

Aber kann man seine Schlechtigkeit auch vor den Göttern verbergen? Nun, vielleicht gibt es gar keine Götter!
Und wenn es sie gibt, dann stammt das, was wir von ihnen
wissen, von den Dichtern. Und die haben uns doch schon
gesagt: Man kann sie, die Götter, auch wieder umstimmen.
Und wenn man den Dichtern das eine glaubt – es gebe Götter –, muss man ihnen wohl auch das andere glauben.

Kurz und gut, auch Adeimantos wollte offenbar noch ein
bisschen *Advocatus diaboli* spielen: Ungerechtigkeit lohnt
sich, Gerechtigkeit nicht. Und auch Adeimantos betont am
Ende brav: Eigentlich will er nur, dass Sokrates ihnen allen
nun das Gegenteil beweist. Insofern greift er am Ende auch
noch einmal die Unterscheidung seines Bruders Glaukon
auf: Es gebe Gutes, das an sich selbst gut ist (zum Beispiel
Spaß), Gutes, das nur als Mittel für einen Zweck gut ist (zum
Beispiel Arbeit), schließlich sogar Gutes, bei dem beides der
Fall ist, nicht zuletzt die Gesundheit.

* * *

Und daran anknüpfend hat Adeimantos eine sehr
passable Idee. Vielleicht antworten die Dichter schlicht auf
eine falsche Frage, nämlich: welchen äußeren Vorteil brin-

---

[5] Im Originaltext heißt es: Geheimbünde (*synomosíai, hetai-
ríai*) und Lehrer der Überredung (*peithoũs didáskaloi*); Anwälte
nämlich gab es im alten Griechenland noch nicht – man musste sich
selbst verteidigen.

gen Gerechtigkeit und Ungerechtigkeit? Die richtige Frage ist vielleicht eine ganz andere:

Was sind Gerechtigkeit und Ungerechtigkeit »an sich«, als solche?

Und wenn Gerechtigkeit und Ungerechtigkeit so etwas wie Charaktereigenschaften sind, dann ist die wichtigste Wirkung dieser Eigenschaften wohl die Wirkung auf denjenigen, der sie hat: auf ihn und seine *Psyche* (das griechische Wort für Seele). Und wenn dann obendrein Gerechtigkeit das Beste für die Psyche sein soll und Ungerechtigkeit das Schlechteste: ja, dann sollte doch wohl jeder aus eigenem Interesse genug Anreiz haben, gerecht zu sein.

Daher sollte man am allerbesten vielleicht fragen: Was *macht* Gerechtigkeit oder aber Ungerechtigkeit aus demjenigen, der diese Charaktereigenschaft hat? Was bringt sie ihm, sozusagen, ganz persönlich?

7. Kapitel
Die Gerechtigkeit in der Miniatur-Pólis –
als Gedankenmodell
Dialogpartner: Glaukon, Adeimantos (Brüder Platons)
Buch II 10 bis 14

Aber die gute Frage des Adeimantos bleibt zunächst unbeantwortet. Oder sagen wir besser: Es beginnt ein langer, langer Umweg, um sie zu beantworten. Und von nun an beginnt Sokrates den Dialog als Hauptakteur zu führen – als eine Art Chefverteidiger der Gerechtigkeit.

Er beginnt: »Die Untersuchung, die wir vorhaben, erscheint mir nicht gerade leicht (*phaũlos*), sondern man muss schon eine sehr hohe Sehschärfe haben. Da dies bei uns leider nicht der Fall ist, müssen wir uns umsehen, ob das, was wir im Kleinen suchen, nicht woanders sozusagen in größeren Buchstaben geschrieben steht.«

Konkret: Von Gerechtigkeit und Ungerechtigkeit spricht man sowohl im Hinblick auf den Einzelmenschen als auch im Hinblick auf die Pólis (den »Staat«). Die Pólis aber ist größer als der Einzelmensch. Daher lässt sich das, was Gerechtigkeit ist, an ihr leichter studieren, sozusagen im Großen. Und was wir dort finden, das lässt sich vielleicht auch am Einzelmenschen ausbuchstabieren.

Also: Was ist die Gerechtigkeit in der Pólis?

* * *

Nun, dafür sollten wir uns einmal ganz rational in einem Gedankenmodell (*lógōi*)[6] anschauen, wie eine Pólis entsteht. Dann sehen wir nämlich auch, wie Gerechtigkeit und Ungerechtigkeit entstehen.

»Eine Pólis«, sagt Sokrates, »entsteht offenbar, weil keiner von uns das Glück hat (*tynchánein*), autark zu sein, sondern es ihm an vielen Dingen mangelt.« (Ja, es heißt im Originaltext wirklich *autárkēs*! Was durchaus schwer zu übersetzen ist: Wörtlich bedeutet es »selbst genügend«, freier übersetzt »unabhängig«, noch freier: »auf sich allein gestellt leben können« – kurz: eben »autark« sein.)

»Also werden sich einige Menschen zusammenfinden, um gemeinsam ihre Grundbedürfnisse (*chreía*) zu befriedi-

---

[6] *lógos* heißt eben nicht nur »Wort« oder »Rede«, sondern auch »Rechenschaft«, »Grund«, »Vernunft«. Das »i« – als griechischer Buchstabe ein Iota – steht im Original unter dem »ō« – dem Omega –: sog. Iota subscriptum.

gen: erstens nach Nahrung, zweitens nach Wohnung, drittens nach Kleidung und ähnlichem. So dass eine solche Mini-Pólis bestünde aus: einem Bauern, einem Häuserbauer und einem Weber, vielleicht auch noch aus einem, der Leder verarbeitet (*skytotómos*, meist mit »Schuster« übersetzt). Insgesamt also vier oder fünf Männer?«

(Ja, es heißt wirklich »Männer« – *ándres* –, nicht »Menschen« – *ánthrōpoi* –. Eine ursprüngliche, »natürliche« Arbeitsteilung zwischen Männern und Frauen, wie sie sich in vielen Gesellschaften findet, wird in Platons Gedankenexperiment also ausgeblendet! – Bemerkenswert übrigens auch, dass es in Platons »Naturstaat« keinen Chef, keine politische Herrschaft gibt![7])

* * *

Diese fünf Männer werden sich nun jeder ganz auf ihren jeweiligen Job konzentrieren müssen, um das, was die anderen vier brauchen, mitproduzieren zu können. Denn es ist doch so: Wenn man den richtigen Zeitpunkt (*kairós*) für eine Arbeit (*érgon*) vorübergehen lässt, dann wird sie gänzlich vernichtet. Und was getan werden muss, wartet nicht darauf, dass derjenige, der es tun muss, »Zeit und Lust« (*chrónos* und *scholḗ*, wörtlich Muße) dazu hat. Sondern man muss an einem Werk immer »dranbleiben«, und dies auch nicht nur nebenbei.

Wenn dem aber so ist, dann muss es, um die Effizienz der einzelnen Tätigkeiten zu erhöhen, zwangsläufig zu wei-

---

[7] Auch Platon folgt also dem »Mythos vom Tauschhandel«, dazu jetzt kritisch *David Graeber*, Schulden. Die ersten 5000 Jahre, Stuttgart 2012.

terer Arbeitsteilung kommen: Leute, die Pflüge und Web-
stühle bauen, Leute, die Rinder und Schafe züchten, damit
der Bauer ein Zugtier, der Schuster Leder, der Weber Wolle
bekommt. Das sind dann schon deutlich mehr als vier oder
fünf Bürger.

Obendrein wird man eine Pólis kaum je an einem Ort er-
richten können, der alles bietet, was man braucht. Vielleicht
fehlt Salz, um Fleisch oder Fisch haltbar zu machen, oder Metall für Werkzeuge und Kuhglocken. Um so etwas zu bekommen, muss man mit anderen Póleis Tauschhandel betreiben,
was wiederum voraussetzt, dass man zu Hause Überschüsse
produziert. Und man braucht auch Leute, die damit beauf-
tragt werden (*diákonos*)[8], den Import und Export durchzu-
führen: Großkaufleute, Kauffahrer, auf Griechisch *émporos*.

*   *   *

Aber wie erfolgt die Verteilung all dieser Güter im Inneren der Pólis? Nun, insofern ist Sokrates offenbar ein Ur-Li-
beraler: durch Kauf und Verkauf, und das heiß durch den
Markt (*agorá*) und das Geld (*nómisma*, wörtlich Münze) als
Tauschmittel (Tausch: *allagé* – Juristen mögen hier an das
sogenannte Synállagma im gegenseitigen Vertrag denken;
Mittel: *sýmbolon*).

Dies vorausgesetzt, entstehen schließlich noch zwei
Berufe, die Sokrates wenig schätzt. Erstens der Beruf des
Krämers, des Kleinhändlers (*kápēlos*, im Gegensatz zum
émporos, dem Im- und Export-Kaufmann). Diesen Beruf
des Kleinhändlers müssen diejenigen ergreifen, die zu ei-

---

[8] *diákonos* heißt wörtlich Diener – so wie übrigens auch, im Lateinischen, *minister*.

ner anderen Arbeit nicht taugen, denn sie sind die einzigen, die genug Zeit haben, lange auf dem Markt herumzusitzen und auf ein Geschäft zu warten. Zweitens der Beruf des Lohnarbeiters (*misthōtós*), den diejenigen ergreifen müssen, deren Verstand nicht wirklich gemeinschaftsfähig ist (*axiokoinōnētos*), so dass sie ihre Körperkraft verkaufen (*pōleín*) müssen.

* * *

Damit ist die Miniatur-Pólis unseres Gedankenmodells im Wesentlichen fertig.

»Aber wo steckt in ihr nun eigentlich die Gerechtigkeit oder Ungerechtigkeit?«

Sokrates selbst stellt die Frage, und es antwortet Adeimantos: »Ich sehe es nicht wirklich, außer vielleicht in einer gewissen Angewiesenheit (*chreía*) all dieser Einzelnen aufeinander.«

»Das hast du recht schön gesagt.«

* * *

Sokrates entwirft denn auch gleich ein wahres Idyll der Lebensweise, wenn man sich derart eingerichtet hat: einfache Kleidung, Vollkornbrot, aber auch Wein und Gesang zu Ehren der Götter in fröhlichem Beisammensein. (Es tut mir leid, ich muss dabei an links-alternative Ferienlager denken.) Und genussvoll (*hedéōs*, wörtlich süß) miteinander schlafen, ohne dabei mehr Kinder zu machen (*poieín*), als man sich leisten kann, aus Furcht vor Armut oder Krieg.

Aber Glaukon stört die Idylle: »Meinst du nicht, Sokrates, dass die Leute auch etwas auf ihr Brot drauftun wollen?«

Das gibt Sokrates zu, es bleibt aber beim einfach-alternativen Zuschnitt: Salz, Oliven, Käse, Zwiebeln. Feigen, Erbsen, geröstete Maronen. Sich mäßig betrinken (*metríōs hypopínein*). So dass die Menschen in Frieden und bester Gesundheit uralt werden und ihre Nachkommen auch.

»Nein«, sagt Adeimantos, »damit kannst du vielleicht eine Pólis von Schweinen glücklich machen, nicht aber Menschen. Die wollen schon etwas mehr Luxus.«

Nämlich, das malt Sokrates nun genüsslich aus: richtig reichlich auftafeln; nette weibliche Begleitung (*hetaírai*)[9]; gute Zigarren (*thymiámata*, Räucherwerk). Schicke Klamotten. Schmuck. Und um all diese neuen Bedürfnisse zu befriedigen, braucht man eine Masse weiterer Leute: Jäger, die einen richtig guten Braten schießen; Künstler aller Art wie Maler, Dichter, Musiker, Theaterleute; Juweliere, besonders für den Schmuck (*kósmos*) der Damen. Und Drei-Sterne-Köche und Edelkonditoreien.

Kurz: Aus der gesunden (*hygieinê*) Mini-Pólis, wie wir sie im Modell konstruiert hatten, wird eine üppig lebende (*tryphôsa*), aufgeschwemmte (*phlegmaínousa*) Pólis.

* * *

Mit, wegen der üppigen Lebensweise, einem erhöhten Bedarf (*chreía*) an Ärzten (*iatroí*).

---

[9] Hetäre (*hetaíra*) war im alten Griechenland das Wort für eine gesellschaftlich anerkannte, gebildete Prostituierte; die Bezeichnung für eine weniger angesehene Prostituierte war *pornê*.

Aber nicht nur das: Wegen der vielen neuen, eigentlich überflüssigen Bewohner kann die Pólis ihre Bevölkerung nicht mehr ernähren. Deshalb wird sie versuchen, etwas vom Acker- und Weideland der Nachbar-Pólis zu erobern. Und dieser Nachbar-Pólis geht es vielleicht nicht anders. Also kommt es zum Krieg (*pólemos*).

Mit dem Krieg aber entsteht das Bedürfnis nach einem Heer – und nach Leuten, die sich ganz ebenso auf die Kriegführung spezialisieren, wie sich alle anderen auf ihren jeweiligen Beruf konzentrieren müssen. Denn auch die Kriegstechnik erlernt und pflegt man nicht nebenbei. Auch an ihr muss man sein Leben lang immer dran bleiben und darf die richtigen Augenblicke (*kairoí*) nicht versäumen.

8. Kapitel
Die Wächter (phýlakes) – wie sie sein sollten; und über ihre Erziehung

Dialogpartner: Glaukon, Adeimantos (Brüder Platons)
Buch II 15 bis 21

Diese Leute, die sich ganz auf die Kriegskunst konzentrieren dürfen und müssen, nennt Sokrates ab nun die »Wächter« (griechisch: *phýlakes*). Und er interessiert sich sehr für sie – insbesondere für die Frage, wie man sie dazu bringen kann, sich anständig zu verhalten, obwohl sie eine Art Gewaltmonopol haben.

Als erstes fragt sich Sokrates sogar, ob es so etwas wie diese Wächter überhaupt geben kann. Denn Leute, die die Pólis verteidigen sollen, müssen offenbar tapfer sein (*andreíos*) und mutig (*thymoeidḗs*, »beherzt«), ja sogar ein bisschen wild (*ágrios*). Andererseits sollen sie nicht schon,

bevor es die Feinde tun, über diejenigen herfallen, die sie
schützen sollen. Sondern sie müssen den eigenen Leuten gegenüber mild und zahm sein. Wer hat aber derart Entgegen-
gesetztes – Zahmes und Wildes – in sich?

Nun, sagt Sokrates, immerhin gibt es so etwas bei den
Tieren, nämlich bei edlen Hunden. Sie sind gegenüber der
eigenen Familie oder Sippe freundlich, gegenüber Fremden
ganz und gar nicht. Also müssen die Wächter wohl wie edle
Hunde sein, nämlich nicht nur mutig, sondern obendrein
von philosophischer Natur.

Das verstehen die anderen nicht sofort.

»Nun«, sagt Sokrates, »offenbar sind die Hunde in der
Lage zu unterscheiden (*diakrínein*), nämlich Bekannte und
Unbekannte. Wer aber immer wieder unterscheiden lernt,
der ist lernfreudig (*philomathḗs*), und dies – lernfreudig – ist
doch wohl dasselbe wie ›philosophisch‹, auf deutsch: weis-
heitliebend.«

Nun ja. Das ist jetzt wieder eine Beweiskette, die man
nicht allzu stark belasten sollte. Wie auch immer, sie führt
zu der These, dass es darauf ankommt, wie man die Wächter dazu bringt, nicht nur mutig, schnell (*tachýs*) und stark,
sondern auch philosophisch zu sein. Und die Antwort ist:
Erziehung (*paideía*).

* * *

Und diese Erziehung wird nun im Einzelnen ausführlich ausgemalt.

Zunächst einmal: Die Wächter brauchen sowohl eine
geistige (»musische«) als auch eine sportliche (»gymnastische«) Erziehung – die erste für die Seele (*psychḗ*), die zweite
für den Körper (*sõma*).

Zur Erläuterung: »Musisch« (*mousikós*) lässt sich genauso schwer übersetzen wie Pólis oder Areté. Im Grunde bezieht es sich auf alles Geistige: Denn die neun so genannten Musen sind Göttinnen, die eben nicht nur für Musik und Tanz und sonstige »Künste« zuständig sind, sondern auch zum Beispiel für die Geschichtsschreibung (die Dame heißt Klio) oder die Sternenkunde (die Dame heißt Urania).

Weitere Erläuterung: »Gymnastisch« lässt sich relativ leicht mit »sportlich« übersetzen. Am Rande interessant ist vielleicht, dass das Wort *gymnós* »nackt« bedeutet. Im alten Griechenland trieb man Sport also nackt oder jedenfalls »leicht bekleidet« (auch das kann *gymnós* heißen).

* * *

Wie ist nun das Verhältnis der »musischen« zur »gymnastischen« Erziehung?

»Nun«, sagt Sokrates, »offenbar muss die ›musische‹ früher beginnen als die sportliche, nämlich schon bei den ganz kleinen Kindern, die zu Wächtern werden sollen. Ja, und dann muss sie wohl auch zunächst mit Lügen (*pseúdē*) beginnen.«

Da ist man erst einmal verblüfft.

»Nun«, sagt Sokrates, »wir erzählen den Kindern zuallererst doch Märchen (*mýthoi*): von Göttern und Helden und Zauberern und so weiter. Und das meiste darin ist doch schlicht unwahr: von den Dichtern erfunden und erlogen.«

Aha, also das war gemeint. Und es ist klar, dass Sokrates genau das Gegenteil meint: Nein, denjenigen Kindern, die Wächter werden sollen, darf man gerade keine Märchen, keine Lügen erzählen! Ganz besonders nicht solche Geschichten, die nicht nur unwahr sind, sondern auch »unschön« (*mè kalós*) – etwa die Geschichte des Gottes Kronos, der seinen Vater Uranos (»Himmel«) auf Anstiftung seiner Mutter Gaia (»Erde«) mit einer scharfgezahnten Sichel kastriert, das Geschlechtsteil hinter sich wirft, und aus diesem Schaum entsteht Aphrodite, die Göttin der Liebe … nein, so etwas sollte man kleinen Kindern nicht erzählen.

Und so geht es mit einer gewissen Genüsslichkeit weiter. Insbesondere erweisen sich die beiden großen Dichter Hesiod (von ihm stammt der Kronos-Mythos) und Homer (der mit dem Trojanischen Krieg und den Abenteuern des Odysseus) an vielen Stellen als nicht jugendtauglich.

* * *

Aber interessanter als die Dichter in Person sind für die Erziehung ihre Themen. Und da sind es zwei Dinge, die man den Kindern, die Wächter werden sollen, keinesfalls erzählen darf.

Erstens: Gott sei die Ursache von allem. Denn Gott ist gut. Wenn er aber gut ist, kann er nicht die Ursache von Bösem sein. Sondern eben nur von Gutem. Wozu dann allerdings doch vielleicht auch einmal Schlechtes gehören kann: nämlich eine verdiente Strafe, die dem Bösen am Ende nützt …

Zweitens: Die Götter sind keine billigen Zauberkünstler, die sich andauernd in verschiedener Gestalt zeigen. Also etwa die Obergöttin Hera in Gestalt einer Priesterin, um Spenden zu sammeln. Das ist falsch, denn Gott oder Göttin kann sich durch einen Wandel der Gestalt nur schlechter und hässlicher machen. Und wer dies aus freien Stücken tut, kann weder Gott noch Mensch sein.

Und Gott ist auch kein Lügner, etwa dergestalt, dass der Gott Apollon der Meergöttin Thetis bei ihrer Hochzeit angeblich prophezeit hat, sie werde viele Kinder bekommen und diese würden lange und gesund leben – und dann erschlägt er später selbst ihren einzigen Sohn Achill! Und selbst dass Apollon es damals ehrlich gemeint hätte – dass es sich also um eine »Lüge in wahrhaftiger Weise« (*alēthõs pseũdos*), um eine Selbsttäuschung gehandelt habe – auch das ist ausgeschlossen: Ein Gott ist doch nicht unwissend oder wahnsinnig!

Und es ist, nebenbei, auch nicht so, dass den Göttern eine Lüge nützlich sein könnte – so wie das manchmal unter Menschen der Fall ist.

Kurz und gut, zwei Gesetze (*nómoi*) und Grundsätze (*týpoi*, wörtlich: Schlag, Hieb) müssen die Dichter in ihren Geschichten beachten: Sie dürfen die Götter erstens nicht als den Ursprung von allem darstellen, sondern nur als Ursprung des Guten; und zweitens weder als Zauberer mit billigen »special effects« noch als Lügner, die andere mit Träumen oder Zeichen in die Irre führen.

Drittes Buch

9. Kapitel
Erziehung der Wächter (Fortsetzung) –
bitte ohne Horrorgeschichten!
Dialogpartner: Adeimantos (ein Bruder Platons)
Buch III 1 bis 5

Nachdem geklärt ist, was man den Kindern, die Wächter werden sollen, über die Götter erzählen darf, gehen Sokrates und Adeimantos nun weiter zu der Frage: Was darf man ihnen über die großen Helden, über die Heroen aus den griechischen Sagen erzählen? Auch da zeigt sich, dass vieles überhaupt nicht jugendtauglich ist.

Erst einmal all die Geschichten darüber, dass es in der Unterwelt – auf Griechisch: im Hades –, also dort, wohin die Seelen nach dem Tode kommen, dass dort alles ganz schaurig sei. Denn solche Geschichten nähren nur die Angst vor dem Tod – und Angst vor dem Tod dürfen die Wächter nicht haben! (Natürlich ist das ein ganz schwaches Argument: Je schlimmer der Hades, desto mehr wird man um sein Leben kämpfen!)

Sodann: Man muss auch all die Stellen bei Homer und den anderen großen Dichtern streichen, wo die großen Helden jammern und wehklagen – so wie Achill jammert und wehklagt und nicht schlafen kann nach dem Tod seines Freundes Patroklos. Denn wenn man dies stehen ließe, würden die normalen Sterblichen sich das Jammern und Wehklagen zum Vorbild nehmen – und schon bei Kleinigkeiten Klagelieder (*thrênoi*) anstimmen.

Was sich für einen anständigen Mann (*epieikḕs anḗr*) nicht ziemt. Der den Tod nicht für etwas Furchtbares hält und deshalb auch den Verlust eines Sohnes oder Bruders oder des Vermögens oder von irgendetwas anderem am besten wegstecken wird.

Ebensowenig darf man das andere Extrem darstellen: die großen Helden – oder gar die Götter –, wie sie hemmungslos lachen (*philógelōs*, wörtlich: als Freunde des Lachens). Denn wer sich vom Lachen überwältigen lässt, der wird auch sonst zu radikalem Umschwung neigen. (Zum Lachen der Götter: Sokrates zitiert hier die berühmte Stelle bei Homer,[10] wo Hephaistos, der hinkende Gott des Feuers, für die anderen Götter den Clown macht, um die Stimmung zu retten, genauer, um einen Streit zwischen Hera und Zeus nicht eskalieren zu lassen. Und so springt er krummbeinig herum und schenkt allen nach, und die albernen Götter können sich nicht halten vor Lachen. Nebenbei: Dies ist das früher sprichwörtliche »homerische Gelächter«).

* * *

Nun ja. Das ist vielleicht alles wieder nicht ganz ernst gemeint. Aber dann sagt Sokrates ganz nebenbei etwas, das er wohl doch ernst meint.

Er sagt: »Und überhaupt. Wir müssen noch einmal betonen, dass alles, was man sagt, wahr sein soll. Allerdings gibt es eine Ausnahme: Manchmal kann unter Menschen eine Lüge nützlich sein (Götter brauchen so etwas natürlich nicht). Aber: Dann ist es mit der Lüge so wie mit einer Medizin: Sie darf nur von einem Arzt verschrieben werden. Und

---

[10] Am Ende von Buch I der *Ilias* (insbesondere Verse 599 f.).

so dürfen auch nur diejenigen, die in der Pólis herrschen
– wenn überhaupt jemand –, in der Pólis lügen, sei es, um
die Feinde zu täuschen, sei es, um die Bürger zu beruhigen.
Wenn es die Staatsräson erfordert (*èpʻ ōphelíāi tēs póleōs*).«

»Und natürlich«, fährt Sokrates fort, »gilt das nicht für
die Bürger. Die dürfen gegenüber den Regierenden (*archóntes*) niemals lügen – ebensowenig wie ein Sportler gegenüber seinem Trainer oder wie ein Patient gegenüber dem
Arzt. Sonst schadet man sich ja selbst! Deshalb muss man
Lügen von Seiten der Bürger« – man denke an die Steuerer-
klärung – »auch prompt bestrafen. Sonst reißt die Unehr-
lichkeit ein – zum Schaden aller!«

Natürlich widerspricht keiner.

* * *

Sondern es geht weiter: Was die jungen Leute doch wohl
am meisten brauchen, ist – auf Griechisch – *sōphrosýne*.
Übersetzt wurde dies früher meist mit »Besonnenheit«.
Aber ich glaube, man sollte heute besser sagen: *Vernünftigkeit*. Im Sinne von: »Sei vernünftig, trink nicht zu viel, denk
an die Folgen!«

Was aber ist »vernünftig«? »Nun«, sagt Sokrates, »für
die meisten Leute (*plēthos*) ist es vernünftig, ihrem Chef zu
gehorchen und im übrigen Selbstbeherrschung zu zeigen:
beim Trinken, beim Sex und beim Essen.«

Und deshalb dürfen auch nicht Geschichten von Zeus
erzählt werden, wie er so scharf auf Hera ist, dass er mit
ihr nicht erst umständlich ins Schlafzimmer gehen, sondern gleich und sofort auf der Erde mit ihr schlafen will.
(Zeus ist bei den Griechen der oberste Gott, und Hera ist
seine Frau.)

Sondern Geschichten wie von Odysseus, der seine Frau zwanzig Jahre nicht sieht und immer wieder standhaft sagt: »Halt aus, mein Herz; schon größeres Hundeelend (*kýnteros*)[11] hast du ertragen.«

Auch nicht erzählen darf man den Jugendlichen – und schon gar nicht Kindern – schließlich Geschichten von Geldgier (*philochrēmatía*), Bestechlichkeit, Übermut gegen Götter und Menschen – zum Beispiel wieder von Achilleus, wie er die Leiche Hektors nur gegen Geld an Príamos herausrücken will. (Hektor war der stärkste Held Trojas, das die Griechen zehn Jahre lang belagert hatten, und Príamos, Trojas König, war sein Vater.) Oder die Geschichten von den – seien wir ehrlich – Raubzügen der großen »Helden« Theseus oder Peirithoos oder wie sie alle heißen.

* * *

So viel also zu den »Heroen«. Und was darf man über die Menschen berichten?

»Ach«, sagt Sokrates, »das können wir noch nicht abschließend festlegen. Halten wir daher nur fest, was wir schon wissen: Es ist jedenfalls falsch zu sagen, dass viele Ungerechte glücklich (*eudaímones*) und viele Gerechte erbärmlich (*áthlioi*) dran sind; falsch, dass Unrecht tun Vorteil bringt und gerecht sein nur den anderen nützt, nicht dem Gerechten selbst. All das müssen wir, wenn es jemand so darstellt, verbieten.«

Und wieder stimmen alle zu.

---

[11] Von *kýōn*: der Hund. Kynologie ist die Wissenschaft von den Hunden.

10. Kapitel
Erziehung der Wächter (Fortsetzung) –
Literatur; Musik; und die Liebe zum Schönen
Dialogpartner: Adeimantos, Glaukon (Brüder Platons)
Buch III 6 bis 12

Ehrlich gesagt: Was jetzt folgt, ist schon ein bisschen
schräg. Denn das Gespräch dreht sich nun darum, was man
den kleinen Wächterkindern der *Form* nach zumuten darf
(über die Inhalte hatte man gerade gesprochen).

* * *

»Es gibt doch«, sagt Sokrates, »in der Literatur (wörtlich:
bei den Dichtern – *poiétai*) zwei Formen der Darstellung:
die einfache Erzählung und die Nachahmung.«

Weil Adeimantos nicht weiß, was Sokrates meint, fährt
dieser fort:

»Nun, einmal erzählt der Dichter einfach so, was passiert: Die Griechen belagern Troja seit so und so viel Jahren. Ihr Anführer Agamemnon hat die Tochter eines der
dortigen Druiden entführt und will sie nicht wieder herge-
ben. Der alte Druide kommt und bietet Lösegeld an. Alle
Griechen stimmen zu. Nur Agamemnon bleibt stur und beschimpft den Druiden: Er solle sofort weggehen, und seine
Tochter werde mit ihm, Agamemnon, daheim in Argos alt
werden. Daraufhin geht der Druide schweigend fort, bittet
aber seinen Gott Apollon, die Griechen zu bestrafen.« (Natürlich heißt es auf Griechisch nicht Druide. Aber die damaligen »Priester« – griechisch *hiereús* – sahen doch mehr
aus wie die Druiden bei Asterix als wie die Priester, die wir
heute in der Kirche sehen.)

Das ist also die »einfache Erzählung« (*haplḕ dihḗgēsis*).
Ganz anders die »Nachahmung« (*mímēsis*). Da erzählt
der Dichter so, als wäre er selbst Agamemnon oder Chryses
(so heißt der Druide). Also etwa Originalton Agamemnon:

> »Hör auf, bei unseren Schiffen herumzuschleichen – lass dich
> hier nicht noch einmal blicken! ... Das Mädel freilassen? Mit nach
> Argos nehm ich sie – da soll sie mir mein Bett warmhalten und zu-
> hause am Webstuhl stehen, bis sie alt und grau ist! Hau ab, wenn du
> hier mit heiler Haut davonkommen willst!«[12]

Oder Originalton Chryses:

> »Hör mich, Gott mit dem Silberbogen, der du über Troás stehst
> und herrschst über Killa, Ténedos und mein Chryse, Herr auch der
> Ratten: Hab ich deinem Tempel da nicht ein Dach errichtet und dir
> zum Opfer die fetten Schenkel von Stieren und Ziegen verbrannt?
> Dann erfüll nun auch *meine* Bitte, ich flehe dich an: Lass die Grie-
> chen meine Erniedrigung büßen durch das Gift deiner Pfeile.«[13]

Was Apollon dann übrigens auch tut und mit seinen Pfei-
len eine Seuche unter den Griechen auslöst – bis dann wieder Hera kommt, die Chefgöttin mit ihren vornehm-weißen
Armen, und den Griechen beisteht. (Der ganze Trojanische
Krieg spielt sich ja nicht nur unter den Menschen ab, sondern auch auf der Ebene der Götter: Hera und Athene un-
terstützen die Griechen, Apollon und Aphrodite stehen auf
Seiten der Troer. Und so weiter. – Nebenbei: Auch in der
Bibel kommt es vor, dass Gott mit den Menschen sozusagen spielt: Hiob bekommt all sein Leid zugeteilt, weil Gott
mit dem Teufel gewettet hat, er, Hiob, werde trotzdem ihm,
Gott, treu bleiben.)

---

[12] Zitiert nach der Übertragung von Raoul Schrott (*Homer*,
Ilias, München 2008).
[13] Auch dies nach der Übertragung von Raoul Schrott.

* * *

Aber zurück zu dem Gegensatz »einfache Darstellung« – »Nachahmung«!

Sokrates erklärt Adeimantos zunächst, dass es drei Arten von Literatur/Dichtung gibt. In der ersten wird ausschließlich in der Form der »Nachahmung« erzählt, im Klartext: Alles geschieht in direkter Rede. Gemeint sind das Theater und der Spielfilm, wo sich eben die gesamte Handlung in Dialogen entfaltet. (Bei Platon heißt es: die Komödien und Tragödien). In der zweiten Art von Literatur wird ausschließlich in der Form der einfachen Darstellung erzählt, und wenn jemand spricht, wird dies in indirekter Rede berichtet – etwa so, wie heute in Gerichtsurteilen alles, was die Parteien gesagt und geschrieben haben, indirekt nacherzählt wird. (Platons Beispiel sind die sog. Dithyramben.) In der dritten Form von Literatur ist beides gemischt: einfache Darstellung dessen, was geschieht, unterbrochen von Dialogen in direkter Rede; oder wie Platon sagt: von Nachahmung (*mímēsis*). Das ist der Fall in den Romanen oder, zu Sokrates' Zeit, im großen Epos, zum Beispiel bei Homer.

Aber was hat das alles eigentlich mit den Wächtern und ihrer Erziehung zu tun?

* * *

»Nun«, sagt Sokrates, »kommen wir doch noch einmal darauf zurück, dass jeder Mensch in seinem ganzen Leben eigentlich nur einen einzigen Beruf (*epitédeuma*) wirklich *schön* ausüben kann.« (Ja! Es heißt wirklich »schön« – *kalōs*; und das sollten wir uns gut merken bis zum Ende dieses Kapitels!)

»Also«, fährt Sokrates fort, »dürfen auch die Wächter, befreit von allen anderen Geschäften, sich nur einem einzigen Geschäft mit aller Sorgfalt widmen: nämlich der Freiheit der Pólis (*eleuthería tēs póleōs*).« (Ja! Es heißt wirklich »Freiheit«, man kann auch übersetzen: »Unabhängigkeit der Pólis«! *Das* ist das Gut, um dessentwillen es die »Wächter« gibt. Oder in moderner Sicht: Weswegen es ein Berufsbeamtentum gibt, das *selbst unabhängig* sein muss, um die *Unabhängigkeit des Staates* zu gewährleisten – etwa gegenüber der Wirtschaft.)

Nun ja. Und deshalb dürfen die Wächter in ihrer Erziehung nur solche Haltungen und Personen nachahmen, die als Vorbild taugen: tapfere, vernünftige, gottesfürchtige (*hósioi*, wörtlich heilig), freie Männer und Frauen. Nicht hingegen verbrecherische, eklige, gemeine Taten oder Menschen. Schon gar nicht darf ein Mann eine Frau nachahmen, wie sie mit ihrem Mann schimpft (offenbar ein gängiges Klischee in den griechischen Komödien); oder auch eine verliebte oder gebärende Frau. Am allerwenigsten aber dürfen Betrunkene oder Wahnsinnige nachgeahmt werden. Denn auf solche falschen Vorbilder wird auch ein Mann, der eigentlich das rechte Maß hält (*métrios*), zurückgreifen, wenn er einmal durch Krankheit oder Liebesgeschichten ins Wanken kommt. (Doch! Es heißt wirklich *è hypò nósōn è hypò erōtōn esphalménos*.)

Und was kommt am Ende heraus? Nun, ein Mann, der das rechte Maß hält, wird eine Darstellung wählen, die beides enthält: vorwiegend einfache Erzählung, zu geringen Teilen aber auch Nachahmung, das heißt direkte Rede. Die breite Masse (*pleístos óchlos*) wird hingegen immer die direkte Rede bevorzugen – aus Lust an immer neuer Sensation. (Im Griechischen ist die Rede von *metabolé*, das bedeutet Veränderung, Wandel, Umschwung, sogar Revolution.)

* * *

Nächstes Thema: Musik und Sex. Oder besser: Gesang und gerade kein Sex. Außer vielleicht ein bisschen.

Es geht jetzt nämlich darum, welche Form von Musik für die Wächter geeignet ist – und das mit der *Form* ist wieder ganz wörtlich gemeint.

Sokrates beginnt (ab jetzt unterhält er sich mit Glaukon, denn der ist ein Musikexperte, griechisch *mousikós*): »Jedes Lied (*mélos*) ist doch aus dreierlei zusammengesetzt: erstens den Worten (*lógoi*), zweitens der Harmonie (*harmonía*)[14], drittens dem Rhythmus (*rhythmós*).«

Glaukon stimmt zu.

»Bei den Worten, beim Text, da haben wir doch schon gesehen, dass man alles Weinerliche und alles, was undiszipliniert macht, verbieten muss.« – Genau.

»Also müssen auch alle klagenden (*thrēnṓdeis*) und alle verweichlichenden (*malakaì te kaì sympotikaí*)[15] Harmonien verboten werden?« – Klar.

Welche Harmonien dies sind, das muss nun Glaukon, als Musikexperte, sagen. Und es bleiben letztlich nur zwei (von mindestens sieben) übrig: die dorische und die phrygische »Harmonie«. Die erste ist der geeignete Klang (*phtóngos*) für eine kriegerische, den Mut fördernde Stimmung. Die zweite ist geeignet für die nüchterne, rechtschaffene Stimmung in Friedenszeiten. Kurz, erlaubt sind nur zwei »Harmonien«: eine gewaltsam (*bíaios*), die andere ungezwungen

---

[14] Harmonie kommt von *harmóttein* = zusammenfügen.
[15] *malakós*: weich, zart, schlaff; *sympotikós*: zum Trinkgelage gehörig.

(*hekoúsios*)[16], eine *hot*, die andere *cool*. Lieder in anderen »Harmonien« sollten die Wächter nicht hören.

※ ※ ※

»Harmonien«? Das müssen wir etwas genauer erklären.

Eine gängige Übersetzung von *harmonía* lautet »Tonart«. Aber darunter stellen wir uns heute so etwas vor wie E-Dur oder Cis-Moll (es gibt jeweils 12 Dur- und Molltonarten), und deshalb ist es irreführend.

Die alten Griechen nämlich kannten in ihrer Musik eines noch nicht, was uns heute ganz selbstverständlich ist: *Akkorde*, das heißt Dreiklänge oder gar Vierklänge. Und sie kannten auch nicht die beiden Tongeschlechter Dur (von lateinisch *durus*: hart) und Moll (von lateinisch *mollis*: weich). All dies ist erst in der Neuzeit entwickelt worden, seit – in etwa – dem 17. Jahrhundert. Was heute jeder auf der Gitarre schrammeln kann – C-Dur oder A-Moll oder gar einen Septakkord wie G[7] –, all dies kannten die alten Griechen *nicht*.

Was sie stattdessen in *ihrer* Harmonielehre kannten, waren verschiedene Formen von Ton*leitern*, man kann auch sagen: Ton*skalen*. Diese Skalen (von italienisch *scala*: die Treppe) sind gekennzeichnet durch die Reihenfolge der Halb- und Ganztonschritte. Zum Beispiel beginnen manche Skalen mit einem Halbtonschritt, die meisten allerdings mit einem Ganztonschritt. Wenn man nun diese Skalen durchspielt, haben sie jeweils eine ganz eigene »Stimmung« – man denke am besten an eine spanische Melodie im Gegensatz zu einem deutschen Volkslied. Oder an die Melodie der Fern-

---

[16] Wörtlich: freiwillig. Ob man auch »freiheitlich« übersetzen könnte?

sehserie *The Simpsons*, denn die beruht auf der lydischen Skala.

Allerdings auf der *heute* als »lydisch« bezeichneten Skala. Heute werden die Skalen nämlich mit den Namen versehen, die seit dem Mittelalter gebräuchlich sind für die sieben sog. »Kirchentonarten«: ionisch, dorisch, phrygisch, lydisch, mixolydisch, äolisch, lokrisch. Und diese Namen stimmen leider mit denen, die Platon in der Politeía verwendet, nicht überein.

Und so wissen wir leider bis heute auch nicht mit Sicherheit, was Platon mit der – siehe oben – dorischen und phrygischen Skala wirklich gemeint hat. Am wahrscheinlichsten (nein, das ist kein Witz!) die phrygische[17] und die dorische[18] …

* * *

Bleibt noch der Rhythmus. Auch beim Rhythmus darf man nicht alles bunt durcheinander gehen lassen, sondern muss für die Wächter einige wenige Rhythmen finden, die zu einem ordentlichen (*kósmios*) und tapferen (*andreíos*) Leben passen.

Aber zum Glück kennen sich Sokrates und Glaukon darin nicht besonders gut aus. Oder vielleicht haben sie schlicht keine Lust mehr, sämtliche Taktarten und Rhythmen durchzugehen, um die zwei oder drei passenden herauszufiltern.

Stattdessen gehen beide dazu über, sich über den *Sinn* des Ganzen, das heißt der musischen Erziehung, Gedan-

---

[17] Von c ausgehend: c – des – es – f – g – a – b – c.
[18] Von c ausgehend: c – d – es – f – g – a – b – c.

ken zu machen. Und der ist letztlich ganz einfach: Es sollen Menschen herangebildet werden, die einem Ideal entsprechen: dem berühmten *kalós kaì agathós* – wörtlich übersetzt: schön und gut.

»Schön«: Damit ist wirklich vor allem und zunächst die körperliche Schönheit gemeint. Und »gut« meint positive Charaktereigenschaften wie Mut und Anständigkeit (*euschēmosýnē*)[19]. Beides zusammen ergibt das Ideal der alten Griechen, wie ein edler Mensch sein sollte.

Und zu diesem Ideal entwickelt man sich hin, indem man unter schönen Dingen aufwächst: unter schönen Kunstwerken (auch übrigens in Malerei und Baukunst, nicht nur in der Literatur) oder unter schönen Naturdingen, vor allem aber: mit schöner Musik. In einer solchen Umgebung bekommt man eine *Idee* (*eîdos*) vom Schönen – und erkennt es dann in anderer Umgebung wieder. (Erich Kästner hat einmal geschrieben, er sei dankbar, in Dresden aufgewachsen zu sein. Er habe daher nicht erst aus Büchern lernen müssen, was Schönheit ist.)

Aber nicht nur eine Idee vom Schönen, sondern auch vom Guten. Sokrates nennt denn auch eine Reihe von Eigenschaften, deren *Idee* den Wächtern in Fleisch und Blut übergegangen sein muss (so wie eben Musik): Vernünftigkeit/Besonnenheit (*sōphrosýnē*), Tapferkeit (*andreía*), Freiheitlichkeit (*eleuthēriótēs*), Großmut (*megaloprépeia*) »und was dem verschwistert ist«. Und übrigens auch das Gegenteil. (Aber woher? Die Wächter kennen doch nur die »gereinigten« Kunstwerke! Nun ja, Konsequenz ist nicht immer Platons Stärke.)

---

[19] Zur Aussprache: eu-s'chēmosýnē (»s« und »ch« werden getrennt gesprochen, also kein »sch«).

* * *

Und nun kommt der Höhepunkt.

Sokrates sagt nämlich: »Wenn nun in einem Menschen beides zusammenkommt, nämlich schöner Charakter (*kalós éthos*) und dementsprechendes Aussehen (*eĩdos*), dann ist dieser Mensch doch wohl der liebenswerteste?« (Doch! *eĩdos* kann auch das gute Aussehen, das Äußere meinen.)

»Ja«, sagt Glaukon, fügt aber hinzu: »Dabei ist natürlich die Schönheit der Seele wichtiger als die des Körpers; beim Körper kann man über manches hinwegsehen.«

»Stimmt«, sagt Sokrates, »du hattest ja auch eher solche Jungs zum Geliebten (*paidikós*).«

Woraus man zweierlei ersieht: Erstens kann Sokrates ganz schön gemein sein. Und zweitens gab es bei den Griechen eine Kultur der Liebe von Männern zu männlichen Jugendlichen, eine Kultur, die man lange Zeit mit »Knabenliebe« übersetzt hat (*país* ist wörtlich übersetzt das Kind), und das griechische Wort dafür kann man heute kaum noch in den Mund nehmen: Päderastie (*paiderastía*).

Weshalb Sokrates auch gleich fortfährt: »Eines müssen wir natürlich klarstellen: Verträgt sich Vernünftigkeit mit überschwänglicher Lust (*hēdonḗ*)?«

»Natürlich nicht«, sagt Glaukon.

»Und es gibt auch keine größere und schärfere (*oxýs*) Lust als die bei der geschlechtlichen Liebe (*perì tà aphrodísia*)?«

Auch das.

»Dann aber«, sagt Sokrates, »müssen wir natürlich bei der echten Liebe zwischen einem Mann und einem Jugendlichen darauf bestehen, dass es beim Schmusen und Streicheln (*háptesthai*) bleibt und nicht einmal der Anschein entsteht, es geschehe noch mehr. Denn richtige Liebe (*orthós érōs*) liebt das Ordentliche (*kósmion*) und Schöne (*kalón*) in vernünftiger (*sōphrónōs*) und musischer (*mousikṓs*) Weise. Ohne eine Spur von Wahnsinnigem (*manikón*) oder Zügellosem.« Kurz: Kein Sex. Oder nur ein bisschen. (Das ist die berühmte platonische Liebe.)

Und damit wird noch einmal klar, was das Ziel der musischen Erziehung ist: die Liebe zum Schönen (*tà toũ kaloũ erōtiká*).

11. Kapitel
Erziehung der Wächter (Fortsetzung) – Sport; und etwas zu Ärzten und Richtern

Dialogpartner: Glaukon (ein Bruder Platons)
Buch III 13 bis 18

Nach der »musischen« Erziehung nehmen sich Sokrates und seine Partner nun den zweiten Teil der Erziehung vor – er war oben im 8. Kapitel schon genannt worden: die »gymnastische« Erziehung. Kurz: Nach der »Musik« kommt nun der »Sport« (beides natürlich in etwas anderem Sinn als heute).

»Hmm«, beginnt Sokrates, »zuallererst muss man wohl sagen: Es ist sehr unwahrscheinlich, dass ein fitter Körper (*chrēstós sōma*) sich eine gute Seele (*agathḕ psychḗ*) schafft. Sondern im Gegenteil schafft sich eine gute Psyche einen guten Körper.«

Gemeint ist damit offenbar: Nur wer geistig – oder wie Boris Becker so schön gesagt hat: nur wer »mental« gut drauf ist, erzielt auch beim Sport gute Ergebnisse. Vor allem übertreibt er den Körperkult nicht so weit, dass der Körper für das normale Leben ganz untauglich wird: etwa, indem man im Bodybuilding-Studio so viel Muskelmasse aufbaut, dass man keine Ausdauer mehr hat; oder indem die Ernährung so speziell wird, dass man ohne sie zusammenklappt. Kurz: Keineswegs sollen die Wächter in ihrer sportlichen Erziehung so wie Profisportler (*athlḗtai*) behandelt werden. Denn Profisportler sind viel zu empfindlich, sie brauchen zu viel Schlaf, sind anfällig für Krankheiten und Verletzungen. Soldaten, demgegenüber, müssen auch einmal Hitze und Kälte, Hunger und Durst ertragen.

Und deshalb muss ihr Fitnesstraining einfach und angemessen sein, ganz ebenso wie die musische Ausbildung. Ebenso die Ernährung: keine aufwendigen Gerichte, nur kurzgebratenes Fleisch (wer schleppt schon einen Herd mit in die Schlacht?), keine ausgefallenen Gewürze. Und natürlich müssen sie sich des Rausches (*méthēs*) ganz enthalten.

* * *

Wenn man nicht so lebt, führt das zu Zügellosigkeit (*akolasía*) und Krankheit. Und wenn beides sich in der Pólis vermehrt, dann werden immer mehr Gerichte (*dikastḗria*) und Krankenhäuser (*iātreîa*) eröffnet, und es gibt immer mehr Richter und Ärzte.

Damit sind wir bei einem neuen Thema, und das macht Sokrates offensichtlich Spaß.

Erst einmal betont er: »Am allerbesten ist es doch wohl, wenn man überhaupt keine Ärzte und Richter braucht? Ist es nicht schändlich, sich sein ganzes Leben lang immer wieder bei Gericht herumzutreiben, sei es als Kläger oder Beklagter? Sollte man nicht von sich aus so leben und handeln, dass man ohne einen schläfrigen Richter auskommt?«

Bravo! Das ist also ein ganz altes Motiv: Recht ist immer nur die zweitbeste Lösung! Wäre es nicht schöner, wir wären alle einsichtig und nett zueinander? Hätten uns alle lieb?

Aber das wird jetzt nicht weiter vertieft. Stattdessen übt Sokrates erst einmal eine Kritik an den Zivilisationskrankheiten: »Ist es nicht eine Schande, wenn durch Faulheit und Überernährung immer neue Krankheiten entstehen, für die man Namen erst erfinden muss? Oder wenn man statt zu heilen nur das Sterben immer mehr verlängert? Das hätte Asklepios, der Urvater und Gott der Heilkunst, sicher nicht mitgemacht! Der war nämlich der Auffassung, in einem geordneten Staat müsse jeder seine Aufgabe erfüllen und dürfe keine Zeit haben, sich sein Leben lang heilen zu lassen.« (Nebenbei: Der lateinische Name des Asklepios lautet Äskulap, und dessen »Äskulapstab« – ein von einer Schlange umwundener Wanderstock – ist bis heute Symbol der Ärzte und Apotheker.)

»Zum Beispiel ein Zimmermann (*téktōn*)«, setzt Sokrates noch eins drauf, »der geht zum Arzt (*iātrós*) und will eine Medizin, damit er schnell gesund wird. Verschreibt ihm der Arzt eine lange Kur, hat er dafür keine Zeit, und dann wechselt er den Arzt und wird entweder auch ohne Kur rasch gesund. Oder er stirbt und ist auch dann alle Sorgen los!«

Die größte Gefahr für das Gesundheitswesen sind deshalb die Reichen (*ploúsioi*): Weil sie keine wirklich drängende Arbeit (*érgon*) haben, haben sie zu viel Zeit für ihre Krankheiten – und werden dadurch nur noch kranker.

Und was die durch und durch Kranken betrifft, so habe sich schon Asklepios geweigert, ihr Leben immer weiter zu verlängern. Übrigens auch dann nicht, wenn sie reich genug waren, alles zu bezahlen. Denn er war ja ein Gott, und Götter sind nicht geldgierig.

* * *

Nun gut. Aber die nötigen Ärzte und Richter – was hat
Sokrates zu ihnen zu sagen?

Ganz Erstaunliches: »Die besten Ärzte«, sagt Sokrates,
»sind die, die von Kindheit an immer schon mit Kranken zu
tun hatten und auch selbst allerhand Krankheiten haben.«
Begründung: Ärzte heilen den Körper (*sōma*) nicht mit dem
Körper, sondern mit der Seele. Und wenn die Seele den eigenen Körper sozusagen immer als Studienobjekt hat, weiß sie
über Krankheiten am besten Bescheid.

Anders die Richter: »Der Richter (*dikastḗs*) urteilt mit
seiner Seele (*psychḗ*) über Seelen. Deshalb darf seine eigene
Seele, als Studienobjekt ihrer selbst, nicht böse (*ponērḗ*)
sein, sondern sie muss« – na, was wohl, genau: – »schön und
gut sein (*kalḕ k'agathḗ*).« Deshalb darf der Richter in seiner
Jugend keinen Umgang mit bösen Charakteren haben, und
er darf nicht etwa selbst all die Verbrechen begangen haben, die er später beurteilen soll. Vielmehr muss seine Seele
in der Jugend unberührt von schlechten Einflüssen bleiben.
Weshalb übrigens anständige (*epieikeís*) Menschen in der
Jugend oft für einfältig, für »blauäugig« gehalten werden –
eben weil ihre Seele sich gar nicht ausdenken kann, was in
schlechten Seelen vor sich geht.

Und deshalb darf denn auch ein guter Richter nicht jung,
sondern er muss alt sein. Denn er darf erst spät gelernt haben, was Unrecht (*adikía*) ist – eben weil er es nur an anderen, nicht an sich selbst studieren konnte.

Wie auch immer, am Ende wird noch einmal bekräftigt,
was die Aufgabe von Medizin und Recht ist: das, was man
heilen kann, heilen, und das, was man bessern kann, bessern. Aber wer am Körper unheilbar krank ist, den soll man

sterben lassen. Und wer an der Seele unheilbar schlecht ist, den soll man töten.

* * *

»Aber zurück zum Thema Kultur (›Musik‹) und Sport (›Gymnastik‹)!«, sagt Sokrates nach diesem wahrlich versöhnlichen Ende. »Schauen wir einmal, wie das Verhältnis beider in der Erziehung der Wächter sein sollte!«

Nun, da müssen wir uns erst einmal klar machen, dass nicht etwa der Sport lediglich für den Körper gut ist und die musische Erziehung lediglich für die Seele. Sondern beide Künste (*téchnai*), Sport und Kultur, sollten um der Seele willen (*tēs psychēs héneka*) betrieben werden.

Wenn man nämlich Sport nur betreibt, um die körperliche Stärke zu maximieren, wird man roh (*ágrios*), hart (*sklērós*), gewalttätig. Andererseits, ganz ohne Sport geht es auch nicht. Denn wenn man sich allein mit »Musik« beschäftigt, allein mit den schönen Künsten, wird man schlaff (*malakós*) und allzu sanftmütig (*hḗmeros*). Kurz: Man darf weder den schöngeistig-kontemplativen (*philósophos*) Teil der Seele überfüttern noch den beherzt-leidenschaftlichen (*thymoeidḗs*)[20]. Sondern man betreibe als Intellektueller Sport, um den Mut zu üben, um aus sich herauszukommen; und man beschäftige sich als Sportler mit »Musik«, um kultiviert zu bleiben, um sich auch wieder zurücknehmen zu können. Kurz: Beides, Sport und Musik (»Kultur«), muss aufeinander abgestimmt (*harmóttein*) sein bei der Erziehung der Wächter. Nur dann werden sie tapfer und besonnen (*sṓphrōn*), andernfalls feige und roh.

---

[20] *thymós* ist das Herz, bedeutet aber auch und vor allem Mut.

Hmm. Sokrates geht offenbar davon aus, dass die Seele zwei Teile hat: einen »philosophischen« und einen »beherzten« (*thymoeidḗs*). Beide muss man in Harmonie bringen, durch Sport und Musik. Und derjenige, bei dem dies völlig gelingt, den wird man als den allergebildetsten Menschen (*mousikṓtatos kaì euharmostótatos*) bezeichnen müssen.

»Dann aber«, sagt Sokrates etwas unvermittelt, »braucht« man wohl in unserer Pólis auch einen genau solchen Menschen als Oberaufseher (*epistátēs*), wenn man die gute Verfassung (*politeía*) bewahren (*sṓzein*) will?« – (Nebenbei: *sṓzein* bedeutet sowohl »retten« als auch »bewahren«; und *sōtḗr* ist der Retter, derjenige, der das Heil bringt; deshalb wird Christus in der Bibel als *sōtḗr* bezeichnet, altertümlich übersetzt: Heiland.)

Und man registriere gut: »Politeía« ist offenbar etwas anderes als »Pólis«.

12. Kapitel
Die Wächter – Herrscher und Truppe; Auswahl und Lebensweise
Dialogpartner: Glaukon (ein Bruder Platons)
Buch III 19 bis 22

Was hatten wir gerade? Man braucht in der Pólis einen *epistátēs*, einen Oberaufseher, und das muss einer von den allergebildetsten Menschen sein. Aber mit diesem *epistátēs* ist offenbar nicht der Herrscher, der Regierungschef gemeint, sondern nur der Oberdirektor bei der Erziehung der Wächter. Denn ab nun fragt Sokrates sehr viel allgemeiner, wer denn nun unter den Wächtern (!) herrschen (*árchein*) und wer beherrscht werden soll.

»Zunächst ist ja wohl klar, dass die Herrschenden (*archóntes*) älter (*presbýteros*) sein müssen als die Beherrschten. Und unter diesen Älteren müssen es wiederum die besten sein, das heißt, weil sie ja Wächter sind, die wachsamsten. Vor allem aber Leute, die sich ernsthaft um die Stadt kümmern (*kēdemónes tēs póleōs*).«

Und nun kommt eine wunderschöne Stelle. Denn Sokrates sagt nun: »Am meisten kümmern (*kēdesthai*) wird man sich doch wohl um das, was man zufällig liebt (*tynchánei philōn*)?«

Das ist deshalb so schön, weil es erstens für das »sich kümmern, sich sorgen um« eine wunderbare Entsprechung im Englischen gibt: *to care* – was wiederum auf das Lateinische *carus* und *caritas* zurückgeht (*carus* = lieb, wert, teuer; *caritas* = Liebe im Sinn von fürsorglicher Liebe, insbesondere Nächstenliebe, im Englischen *charity*, griechisch *agápē*). Und zweitens steht für »lieben« hier nicht *erān*, das heißt die erotische Liebe, sondern *philéin*, das heißt die freundschaftliche Liebe (*phílos* ist der Freund, *philó-sophos* ein Freund der Weisheit.) Das heißt: Wir haben hier zwei Bedeutungen von »Liebe« – *caritas* und *philía* –, die sich zu der dritten, die wir schon behandelt haben, zum *erōs* also, hinzugesellen. Und während der *erōs*, wie wir am Ende des 10. Kapitels gesehen haben, ganz idealistisch auf das Schöne bezogen ist, bezieht sich *philía* durchaus rational auf den gegenseitigen Nutzen.

Denn, so fragt Sokrates weiter: »Am besten Freund ist (*philéin*) man doch wohl mit dem, von dem man glaubt, dass der Vorteil des anderen zugleich der eigene Vorteil ist. Wo man eine Partnerschaft hat, die beiden nützt.«

Klar.

»Deshalb müssen wir nun unter den Wächtern diejenigen auswählen, die der Meinung sind, immer das tun zu müssen,

was für die Pólis das Beste ist, weil es letztlich ihr eigener
Vorteil ist. Und die an dieser Meinung auch ihr ganzes Leben lang festhalten.«

* * *

Denn der Mensch ist schwach, auch als Wächter, und er
kann nur zu leicht in Versuchung geführt werden. In diesem Fall in die Versuchung, seinen eigenen Vorteil doch,
bei sich bietender Gelegenheit, über den Nutzen der Pólis
zu stellen.

Und genau deshalb hat Sokrates für die Auswahl derjenigen unter den Wächtern, die sich zum Herrscher eignen, nur
einen einzigen Rat: Führet sie in Versuchung!

Flüstert ihnen etwas ein, das sie ihrer guten Überzeu-
gungen beraubt! Setzt sie unter Zwang! Bezirzt sie, indem
ihr ihre Gier weckt! Oder ihre Angst schürt! Und tut das
immer wieder, schon von Kindheit an!

Dann wird sich schon zeigen, wer sich nicht bestechen,
hinters Licht führen, einschüchtern lässt! Sondern immer
anständig bleibt (*euschḗmōn*); immer gut auf sich aufpasst
(*phýlax hautoū agathós*) und auf die Musik, die er gelernt
hat; immer gut im Rhythmus (*eúrhythmos*) und in der Harmonie (*euhármostos*) bleibt.

Wer sich in dieser Weise bewährt hat, der soll zum Herrscher und Wächter der Pólis bestellt werden (*árchōn tēs
póleōs kaì phýlax*).

* * *

Also gibt es nun Wächter erster und zweiter Klasse? In
der Tat! »Wächter im wahrsten Sinn (*alēthōs orthótaton*)«,

sagt Sokrates, »sind nur die vollkommenen (*pantelḗs*), alt-
bewährten Wächter. Die Jungspunde (*neoí*), die noch nicht
so weit sind, wollen wir lieber die Hilfs- und Einsatztruppe
(*epíkouroi te kaì boēthoí*) der Herrscher nennen.«

Aber mehr noch: Es gibt in der Pólis nicht nur zwei Klassen von Wächtern, sondern überhaupt – Klassen! Wie macht
man das den Leuten schmackhaft?

Interessanterweise denkt Sokrates dabei zuerst gar nicht
an die unteren Klassen, sondern an die oberste, die Herrscher selbst! Wie überzeugt man *sie* davon, dass sie die Aus-
erwählten sind? Und danach dann auch die Wächter zweiter Klasse (die nun plötzlich Soldaten – *stratiō̃tai* – heißen)
und die übrige Pólis?

Nun, indem man ein Märchen (*mýthos*) erzählt, eine
von den nützlichen Lügen, von denen schon die Rede war
(Kapitel 9). Und das geht so: »Alles, was wir ihnen an Auf-
zucht und Erziehung haben zukommen lassen, war nur ein
Traum. In Wahrheit waren sie, die Wächter, im Innern der
Erde und wurden dort vollkommen ausgebildet, auch mit
Waffen und Gerät versorgt. Und nun werden sie von der
Erde, ihrer Mutter, entlassen, um sie, die Mutter, zu be-
schützen – die Mutter und auch die übrigen Bürger, als wä-
ren dies ihre Brüder und ebenso erdgeboren wie sie.«

Das ist nun wirklich eine abgedrehte Geschichte!

»Abgedreht«? Nun ja, es erinnert schon sehr an den Film
The Matrix – wo ein Auserwählter sich aus seinem Versteck
in jene virtuelle Welt einloggt, die von Maschinen geschaffen wurde, um die unter der Erde als Energielieferanten ge-
haltenen Menschen bei Laune zu halten – oder genauer: unter Stress zu halten.

* * *

Und es wird noch abgedrehter, denn Sokrates fährt fort:

»›Ihr alle im Staat seid Brüder‹, müssen wir den Menschen in unserem Mythos sagen. ›Aber der Gott, der die Menschen bildet (*pláttein* oder *plássein*, daher das Wort Plastik), hat den Herrschern Gold beigegeben, Silber den Hilfstruppen (*epíkouroi*), Eisen und Kupfer den Bauern und den übrigen Werktätigen (*dēmiourgoí*). Weil nun alle verwandt sind, können sie sich miteinander vermischen. Und es werden dann zwar meist die goldhaltigen Menschen auch goldhaltige Kinder haben. Aber es können auch einmal goldhaltige Menschen silberhaltige Kinder haben oder silberhaltige Menschen goldhaltige Kinder.‹«

»Und nun«, sagt Sokrates, »ist es die vornehmste Aufgabe der Herrscher, bei den Kindern genau darauf zu achten (*phyláttein*), welches Metall ihnen beigemischt ist – ganz unabhängig von ihrer Herkunft. Und wenn dann die eigene Nachkommenschaft (*sphéteros ékgonos*) nur Eisen oder Kupfer im Blut hat (wenn man das so sagen darf), dann sollen die Herrscher sie ohne Mitleid abgeben zu den Bauern und Werktätigen. Wenn hingegen bei den Bauern und Werktätigen ein Kind gold- oder silberhaltig ist, dann soll es zu den Wächtern befördert werden – sei es den Wächtern im engeren Sinn (Herrscher) oder im weiteren Sinn (Hilfstruppen).«

Das ist also der Witz: Was jemand wird, dafür soll die Herkunft keine Rolle spielen. Sondern Aufzucht und Erziehung. Aber man muss es den Leuten so darstellen, als finde eigentlich nur das, was von Natur in den Kindern steckt, seinen richtigen Ort.

Wahrscheinlich, weil man dann zufriedener ist.

* * *

Aber zurück zu den Wächtern! Wie sollen sie nun leben? Ihre Aufgabe ist ja zum einen, die äußeren Feinde abzuwehren, zum anderen, die Leute im Innern zu zügeln, wenn sie gegen die Gesetze verstoßen wollen.

Nun, sie sollen mitten in der Pólis ein Heerlager aufschlagen (*stratopedeúein*), durchaus mit festen Häusern, aber doch soldatisch (*stratiōtikós*), nicht bürgerlich-bourgeois (*chrēmatistikós*) – Sokrates schweben offenbar Kasernen vor. Und dort sollen die Wächter so gut verpflegt und eingerichtet werden, dass vor allem die Hilfstruppen – die ja nicht ganz so vollkommen sind wie die Herrscher – nicht in Versuchung kommen, über die eigenen Bürger herzufallen und sich an deren Habe zu bereichern. »Gute Erziehung allein«, sagt Sokrates, »ist mir insofern dann doch nicht sicher genug.«

Und wohl deshalb sollen die Wächter ein Leben wie die Mönche führen:

Sie dürfen erstens kein persönliches (*ídios*)[21] Eigentum (*ousía kektēménon*)[22] haben, soweit nicht nötig (also wohl Zahnbürste und Rasierer). Sie dürfen sodann keinen Wohnraum haben, zu dem nicht jeder, der will, Zutritt hat (wie in der Kaserne). Die Lebensmittel (*epitédeia*), die athletische, tapfere und besonnene Männer brauchen, bekommen sie von den anderen Bürgern als Lohn gestellt (wenn man so will: es gilt, wie im deutschen Beamtenrecht, das Alimentationsprinzip). Sie essen gemeinsam. Sie dürfen weder Gold noch Silber besitzen und noch nicht einmal aus Gold- oder

---

[21] *ídios* kann auch »eigen« bedeuten; *idiótēs* (Idiot) ist im Griechischen der Einzelne, die Privatperson.

[22] *kektēménon* kommt von *ktáomai*: erwerben, in seinen Besitz bringen; *ousía* ist Vermögen, Besitz und – wohl auch – Eigentum.

Silbergeschirr essen und trinken – denn Gold und Silber haben sie ja schon als Gabe der Götter in sich (was, wie wir wissen, ein gutgemeintes Märchen ist).

»Hätten sie nämlich«, sagt Sokrates, »eigenes (*ídios*) Land (*gē*) oder Häuser (*oikíai*) oder Geld (*nomísmata*), dann würden sie primär zu Hausverwaltern (*oikonómoi*) und Bauern (*geōrgoí*) – und damit eher zu Herren (*despótai*) als zu Bundesgenossen ihrer Mitbürger. Und sie hätten im Grunde mehr Angst vor inneren Feinden, das heißt vor Diebstahl oder Raub, als vor dem äußeren Feind.«

Wie sollte man dann noch ein guter Wächter sein!

Viertes Buch

13. Kapitel
Die Pólis als Ganzes – ihr Glück,
ihre Gefährdung, ihre Gesetze
Dialogpartner: Adeimantos (ein Bruder Platons)
Buch IV 1 bis 5

Andererseits: Wenn man als Wächter so leben soll, wie Sokrates es sich vorstellt – kaserniert, ohne persönlichen Besitz und Freiraum – warum sollte man dann überhaupt Wächter werden wollen?

Das fragt sich offenbar auch Adeimantos, denn er wirft Sokrates vor: »Glücklich (*eudaímōn*) machst du deine Wächter offenbar nicht! Zwar gehört ihnen, in der Tat, die Pólis. Aber sie haben nichts davon! Sondern alles, was nach gängiger Auffassung zu einem glücklichen (*makários*) Leben gehört – ein Haus, ein bisschen Luxus –, genießen andere! Sie selbst dagegen leben wie ein schlecht bezahlter Wachdienst (*epíkouroi misthōthoí*)!«

»Ganz genau«, sagt Sokrates, »und sogar noch schlimmer: Weil sie in Naturalien entlohnt werden, haben sie nicht einmal das bisschen Geld übrig, um einmal zu verreisen oder um ihrer Freundin (*hetaíra*) ein Geschenk zu machen.«

»Gut«, sagt Adeimantos, »und wie verteidigst du dich gegen diese Anklage (*katēgoría*)?« (Eine Kategorie ist ursprünglich also eine Anklage!)

»Nun«, sagt Sokrates, »abgesehen davon, dass die Wächter auch so ganz glücklich sein können – wir müssen uns nur noch überlegen, was dann dazu gehört – … abgesehen davon müssen wir uns klar machen: Es ist nicht Sinn unserer Stadt,

eine bestimmte Bevölkerungsgruppe (*éthnos*) ganz besonders glücklich zu machen. Sondern es geht um das Glück des
Ganzen, das Glück der ganzen Stadt. Denn in einer solchen,
wohl eingerichteten Stadt meinten wir doch zuvörderst die
Gerechtigkeit zu finden (und in einer schlecht eingerichteten die Ungerechtigkeit)!«

Aha. Endlich. Damit wird also der Faden wieder aufgegriffen! Es geht ja eigentlich darum, was Gerechtigkeit ist.
Und da hatte Sokrates vorgeschlagen: Um besser herauszu-
finden, was im *Einzelmenschen* Gerechtigkeit ist, als Charaktereigenschaft (*aretê*, wörtlich Tugend), schauen wir uns
zunächst am Modell an, was in der *Pólis* Gerechtigkeit ist.
Und dann schließen wir vom Großen auf das Kleinere.

Ja, und in einer glücklichen, das heißt gerechten Pólis
geht es offenbar nicht um das Glück der Einzelnen. Daher
müssen auch nicht die Besten, hier die Wächter, stets am
besten behandelt werden. »Das wäre ja so«, meint Sokrates,
»als wenn man sagte: Die besten Teile einer Statue, nämlich
die Augen, müssen auch mit der besten Farbe (*phármakon*)[23]
bemalt werden, nämlich mit Purpur.«

Doch, das ist ein schöner Gedanke: Wenn man den
»Wächtern« – den Berufsbeamten, den Staatsdienern – das
Leben zu sehr »verpurpurt«, vergoldet, dann verdirbt das sie
selbst und das Ganze.

* * *

Und überhaupt: In der glücklichen Pólis hat jeder seinen
Platz, bekommt nur das, was ihm zusteht und will auch gar
nichts anderes sein als ein Meister seines jeweiligen Fachs

---

[23] *phármakon* heißt nicht nur Gift und Heilmittel, sondern
auch Färbemittel.

(*áristos dēmiourgós toū heautoū érgou*). Kurz: Dort sorgt
die Natur (*phýsis*) dafür, dass jede Bevölkerungsgruppe ihren Anteil am Glück erhält.

»Allerdings«, sagt Sokrates, gibt es für alle Werktätigen
(*dēmiourgoí*) zwei große Gefahren.« (Interessant! Jetzt sagt
Sokrates endlich auch einmal etwas zum »dritten Stand«[24]!)

»Nämlich?«, fragt Adeimantos.

»Reichtum (*ploútos*) und Armut (*penía*).«

Denn wenn zum Beispiel ein Töpfer zu reich wird, wird
er die Lust an der Arbeit verlieren, er wird sein Handwerk
(*téchnē*) vernachlässigen und allmählich ein immer schlech-
terer Töpfer werden. Wenn er aber zu arm ist, kann er sich
das nötige Material und Werkzeug (*órgana*) nicht mehr leisten, arbeitet daher schlechter und bildet auch schlecht aus.

»Deshalb«, sagt Sokrates, »müssen die Wächter dafür
sorgen, dass weder Armut noch Reichtum in die Stadt ein-
dringen. Denn Reichtum führt zu Verschwendung, Ar-
beitsscheu und Neuerungssucht (*neōterismós*), Armut
obendrein, neben der Neuerungssucht, zu Unfreiheit (*aneleuthería*) und Pfusch (*kakoergía*)[25].«

Interessant: Neuerungssucht. Das eine Mal offenbar aus
Langeweile, das andere Mal aus Not. Aber welche »Neue-
rungen« sind eigentlich gemeint – *neōterismós* kann immerhin »Staatsumwälzung« bedeuten!? Aber vielleicht meint
Sokrates wirklich nur Sensationsgier und Reformeifer und
allzu schnelle Moden.

* * *

[24] Genauer dazu Kapitel 14.
[25] Wörtlich bedeutet *kako-ergía* schlechte Arbeit (*en-érgeia* ist
hineingesteckte Arbeit). Es bedeutet aber auch und sogar haupt-
sächlich: schlechte Handlung, Schlechtigkeit, Bosheit, Schurkerei.

Und schon wechselt das Thema erneut.

Denn jetzt kommt die interessante Überlegung, ob unsere kleine Pólis, wenn sie denn so wenig Mittel hat (*chrémata mè kektéménē*), sich gegen eine große und reiche verteidigen kann?

»Nun, gegen eine einzelne reiche Pólis wird es schwieriger, gegen zwei dagegen leichter.«

Wie denn das?

Nun, man muss wissen: Die griechischen Póleis hatten, anders als die Großreiche Persiens oder Ägyptens, keine Berufssoldaten, keine Kriegerkaste. Sondern die Bürger zogen selbst in die Schlacht, allgemeine Wehrpflicht, die Waffen hatten sie sich selbst zu beschaffen – auch Sokrates hatte in dieser Weise an den Kriegen Athens teilgenommen. Und nun kann er also weiterfabulieren:

»Es ist doch klar, dass die Bürger einer reichen Pólis mehr Wohlstandsspeck auf den Rippen haben werden als unsere zähen Wächter. Also werden unsere Leute schon aus diesem Grund im Vorteil sein und es wie ein durchtrainierter Boxer leicht mit zwei fetten Nicht-Boxern aufnehmen. Und wenn wir es mit *zwei* reichen Póleis zu tun haben, können wir zu einer von ihnen eine Gesandtschaft (*presbeía*) schicken und sagen: ›Passt mal auf, wir von uns aus brauchen weder Gold noch Silber, es ist uns gar nicht erlaubt (*thémis*), so etwas zu besitzen. Wollt ihr nicht mit uns gegen die andere Pólis kämpfen, die Beute könnt ihr behalten!?‹«

Das werden sich die Leute dann nicht lange überlegen. Wer will schon lieber *gegen* harte (*stereós*) und schlanke Hunde kämpfen als *mit* ihnen gegen feiste und sanfte Schafe?

»Aber wie«, fragt Adeimantos, »wenn sich nun *eine* Pólis – vielleicht sogar mit unserer Hilfe – die Reichtümer aller anderen einverleibt? Können wir uns gegen die dann noch wehren?«

»Aber ja doch«, sagt Sokrates, »denn das ist dann eigentlich gar nicht mehr *eine* Pólis, sondern mindestens zwei: eine Pólis der Armen und eine der Reichen, beide einander feind (*polémios*). Wenn nicht noch mehr ›Staaten im Staat‹, und da werden wir dann immer einen Keil hineintreiben und einen Teil auf unsere Seite ziehen können.«

* * *

Damit ist Sokrates auch schon beim nächsten Thema: Wie groß sollte eigentlich die Pólis sein? Und er antwortet: »Die Pólis darf so weit wachsen, wie sie wachsen und dennoch eins (*mía*) bleiben will (*ethélein*); darüber hinaus nicht.«

Das ist schön, das kann man einfach so stehen lassen.

Sokrates fügt nur noch hinzu, dass die Aufsicht über dieses Wachstum wieder den Wächtern zukommt.

* * *

Ach ja, die Wächter. Es wird noch einmal wiederholt, dass sie den eigenen Nachwuchs, wenn er zu schwach ist, an die unteren Schichten abgeben sollen – und damit sollen sie, die Wächter, zugleich ein Vorbild für alle anderen Bürger (*toús állous polítas*) sein: Jeder gehört an seinen Platz, jeder tut seinen Job, und das allein ergibt die *eine* Pólis und nicht viele Póleis in einer.

Und die Wächter werden *ihren* Job gut erfüllen, wenn sie durch Bildung (*paideía*) und Erziehung (*trophé*) zu maßvollen (*métrioi*) Männern geworden sind. Dann werden sie nämlich bei all den Aufgaben, von denen schon die Rede war, gut durchblicken (*dihorãn*) – und auch bei denen, die Sokrates jetzt erst einmal übergeht: »beim Anspruch auf Frauen (*ktêsis gynaikõn*) und auf Heirat (*gámõn*) und auf Kindermachen (*paidopoiía*). Insofern werden sie so weit durchblicken, dass man dies unter Freunden am besten gemeinsam regeln (*poieísthai*, wörtlich machen) sollte.«

Nun ja. Sokrates lässt hier erstmals durchblicken, wie man den Job der Wächter doch etwas attraktiver gestalten kann.

* * *

Aber im Übrigen ist er ganz konservativ: In der Erziehung muss alles beim Alten bleiben. Insbesondere darf man in der Musik nichts Neues einführen, denn wenn sich der Stil (*trópos*) der Musik ändert (*kineín*, wörtlich bewegen[26]), ändern sich auch die Gesetze der Pólis (*politikoì nómoi*). Gesetzesverstöße (*paranomíai*) in der Musik sind eben nur der Anfang, scheinbar spielerisch und leicht; von dort unterhöhlen sie aber die Gesetze (*nómoi*) und die Verfassung (*politeía*) und krempeln am Ende das gesamte öffentliche (*dēmósios*) und private (*ídios*) Leben um.

Tja. Man denke an das Rebellentum der Beatles und der Rolling Stones, oder auch an Johnny Cash in Folsom Prison, an Chuck Berry und James Brown, kurz: an die Revolution in der Pop-Musik des 20. Jahrhunderts. Dann kann man Sokrates nur Recht geben. Es ist eine andere Welt geworden, durch diese Musik.

---

[26] Daher das Kino: bewegte Bilder.

Aber Sokrates ist, wie gesagt, jetzt plötzlich ganz konservativ: Bereits die Kinder sollen durch die Musik die Treue zu guten Gesetzen (*eunomía*) lernen – und mit ihr auch den Sinn für die »kleinen Gesetzchen« (*smikrá nómima*), für die Anstandsregeln, die ihre Eltern vielleicht schon verlernt haben. Also Regeln wie: dass die Jüngeren schweigen, wenn die Älteren reden; dass man aufsteht und anständig grüßt; dass man sich ordentlich anzieht und so weiter.

Ach ja. Man denke an die wilde 1968er Generation und ihre schon wieder viel braveren, wenngleich saloppen Kinder.

* * *

Aber damit ist nun ein viel allgemeineres Thema angeschnitten: Was sollen in unserer Pólis eigentlich die »großen«, die eigentlichen Gesetze (*nómoi*) regeln?

Jedenfalls nicht solche Benimm-Fragen. Aber auch nicht, sagt Sokrates, die »Marktangelegenheiten« (*tá agoraía*) – man übersetzt das wohl am besten mit: Wirtschaftsrecht. Denn Sokrates nennt hier erstaunlich viel: wie man Verträge (*symbólaia*) schließt; wie man mit Werkverträgen (*cheirotechniká symbólaia*) umgeht, insbesondere bei Leistungsstörungen[27]; wie man Klagen erhebt und Richter einsetzt; ob und wie Zölle (*télē*)[28] erhoben werden; und überhaupt das gesamte Markt-, Stadt- und Hafenrecht. All dies, sagt Sokrates, sollte nicht durch Gesetze geregelt werden. »Denn es ist unter der Würde schöner und guter Männer (*ándres kaloí k'agathoí*), sich dergleichen per Gesetz vor-

---

[27] Im Original ist die Rede von Beschimpfungen und Beleidigungen.

[28] Ja! *télos* heißt nicht nur Zweck und Ziel, sondern auch Zoll.

schreiben zu lassen. Sie werden vielmehr das, was man regeln muss, leicht selbst herausfinden.«

Kleine Nebenbemerkung: Es ist ganz interessant, dass Sokrates hier plötzlich auch bei den Nicht-Wächtern Menschen vorfindet, die *kalós k'agathós* sind, also eigentlich dem Tugendideal der Wächter entsprechen.

Und in der Sache hat Sokrates ja in gewisser Weise Recht. Das Wirtschaftsrecht, die *Lex mercatoria*,[29] hat sich immer auch außerhalb des Staates entwickelt. Und das staatliche Recht nimmt wenigstens ergänzend Bezug auf, zum Beispiel, die Handelsbräuche (§ 346 HGB) oder auf »Treu und Glauben mit Rücksicht auf die Verkehrssitte« (so § 157 BGB für die Auslegung von Verträgen).

Andererseits: Ein wenig übertrieben ist Sokrates' Empfehlung, das gesamte Wirtschaftsrecht nicht per Gesetz zu regeln, dann doch. Zumal die Griechen nicht, wie die Römer, so etwas wie professionelle Juristen hatten, die durch *reasoning from case to case* (Schlussfolgern von Fall zu Fall) ein mehr oder weniger durchdachtes Fallrecht hätten entwickeln können.

* * *

Am Ende steht dann noch ein Vergleich mit der Medizin: So wie die Medizin die Menschen nicht gesund machen kann, wenn sie nicht selbst aufhören mit Saufen (*methýein*) und Völlerei, mit zu viel Sex (*aphrodisiázein*) und Faulenzen, so machen auch viele Gesetze die Pólis nicht gerecht. Und die Beamten, die einer solchen Gesetzgebungs-Pólis dienen (*the-*

---

[29] Dazu *Ursula Stein*, Lex Mercatoria. Realität und Theorie, Frankfurt am Main 1995.

rapeúein)[30] wollen, sind Sokrates eher suspekt: Sie sind zwar
belastbar (*andreíos*) und geschickt (*eucherḗs*) und eigentlich
die nettesten (*chariéstatoi*) Menschen von allen. Aber so sehr
sie auch an den Gesetzen herumdoktern mögen, um wieder
einmal ein Ende zu machen mit irgendwelchen Schurkereien
(*kakourgḗmata*), so sehr übersehen sie, dass sie bloß an einer
Hydra herumschneiden. (Die Hydra war, in der Sage von
Herakles, ein schlangenartiges Ungeheuer, dem aus jedem
abgeschnittenen Kopf drei neue wuchsen.)

Was bleibt dann also für die Gesetzgebung (*nomothesía*)
noch übrig? Ein wenig nervig ist es schon, dass Sokrates
hierzu nur einfällt: »Uns eigentlich gar nichts. Aber Apollon, der Gott in Delphi, der hat noch viel zu tun. Er muss
uns Vorschriften geben über Tempelbau und Götterverehrung
und so weiter – denn wie sollten wir, als Menschen,
das können?«

14. Kapitel
Die Gerechtigkeit in der Pólis –
wenn jeder das Seine tut

Dialogpartner: Glaukon (ein Bruder Platons)
Buch IV 6 bis 10

Wie gesagt: kein wirklich starker Abschluss, diese Sache
mit Apollon.

Nichtsdestoweniger stellt Sokrates fest: »So, jetzt haben wir also unsere Pólis gegründet. Und nun sag mir, lieber Glaukon, ob und wo wir dort die Gerechtigkeit und die
Ungerechtigkeit finden! Und worin sich beide unterschei-

---

[30] *therapeúein* heißt sowohl »dienen« als auch »pflegen, heilen«.

den und welche von beiden man erwerben sollte, wenn man glücklich sein will!«

Aber Glaukon möchte, dass Sokrates selbst, wie versprochen, diese Aufgabe übernimmt. Und so beginnt dieser wie folgt:

»Wenn wir die Pólis richtig gegründet haben, dann ist sie vollkommen gut (*teléōs agathós*). Und das heißt: Sie ist weise (*sophós*), tapfer (*andreíos*), vernünftig/besonnen (*sōphrōn*) und gerecht (*díkaios*).«

Also vier Komponenten. Wenn wir nun, schlägt Sokrates vor, die ersten drei von ihnen gefunden haben, muss die vierte – die Gerechtigkeit – zwangsläufig übrigbleiben?

Nun gut, dann gehen wir eben in dieser Weise vor!

* * *

Erstens: Weisheit. Wo ist sie zu finden?

»Nun«, sagt Sokrates, »Weisheit setzt doch wohl ein Wissen, eine Erkenntnis, eine Kompetenz voraus?« (Im griechischen Wort *epistḗmē* stecken alle drei; meist wird es übersetzt mit »wissenschaftliches, wahres Wissen«).

In der Tat. Aber ein Wissen, eine Erkenntnis wovon? Nun, offenbar nicht irgendeine besondere Kompetenz, nicht ein Wissen über Bautechnik oder Metallindustrie oder Landwirtschaft. Sondern ein Wissen über die Pólis als ganze (*hólē*).

Und dieses Wissen findet sich wo? Nun, bei den Wächtern, genauer: bei den Wächtern im engeren Sinn, den vollkommenen Wächtern (*teléeis phýlakes*). Denjenigen also, die sich, wie wir gesehen haben, ihr Leben lang und allen Versuchungen zum Trotz bewährt haben. Und die wahrhaften Wächter bilden nun zwar von Natur aus die kleinste

Bevölkerungsgruppe (*éthnos*). Aber durch sie als Lenker und Herrscher wird, ebenso naturgemäß, die ganze Pólis weise. Und allein ihr Wissen, ihre Kompetenz (*epistếmē*) darf Weisheit genannt werden.

Hmm. Das ist doch alles sehr, wie soll man sagen: selbstbestätigend? Dreht sich doch sehr im Kreise? »Beweist« nur das, was man längst vorausgesetzt hat?

Eines jedenfalls diskutiert Sokrates mit keinem Wort: was eigentlich *Gegenstand* dieses Wissens der Wächter ist. Er sagt gerade *nicht*: Sie müssen etwas vom Recht, vom Organisieren, von der Wirtschaft verstehen. Sondern es reicht, ganz allein, dass sie gebildete Menschen sind und dies genügend bewiesen haben.

Aber das ist dann eigentlich ein vorzügliches Ideal für die Demokratie, wie wir sie heute verstehen: Wer uns regiert (in der Demokratie freilich nur auf Zeit), braucht dafür kein besonderes Zertifikat.

* * *

Zweitens: Tapferkeit. Wo ist sie zu finden?

Nun, das ist jetzt nicht mehr schwer: bei den übrigen Wächtern, denen, die wir vorhin die Hilfstruppen genannt haben.

Auch hier ist es dann so, dass die Pólis als Ganzes ihre Tapferkeit einem ihrer Bevölkerungsteile verdankt. Daher besteht dann sowohl die Tapferkeit der Pólis als auch die der Wächter zweiten Grades in – ja, nun wird es schwierig: in der Kraft (*dýnamis*), die richtige Meinung vom Schrecklichen zu bewahren (*sôzein*), das heißt, an ihr festzuhalten auch in Kummer (*lýpē*) und Furcht (*phóbos*), in Freude (*hēdonế*) und Gier (*epithymía*).

Die richtige Meinung (*orthḕ dóxa*) vom Schrecklichen (*deinón*)[31] – was mag das bedeuten? Ganz erstaunlich: »Schrecklich« sind die Dinge, bei denen der Gesetzgeber (*nomothétēs*) verkündet (*parangéllein*) hat, dass und inwieweit (*taúta te kaì toiaúta*) sie schrecklich sind. Und »richtig« ist die vom Gesetz (*hypò nómou*) durch die Erziehung (*paideía*) erzeugte Meinung. Eine richtige und gesetzmäßige (*nómimos*) Meinung vom Schrecklichen können daher nur die Gebildeten haben, nicht etwa Tiere oder Sklaven.

Interessant daran ist dreierlei: Erstens ist hier nicht von *epistḗmē* die Rede, nicht von »Wissen« und Erkenntnis; sondern nur von »Meinung«, von *dóxa*, von Dafürhalten. Zweitens soll dies nicht die eigene Meinung der Wächter sein, sondern die des Gesetzgebers. Und drittens sollen die Wächter diese Meinung des Gesetzgebers nicht »hinterfragen« – weder aus Angst noch Gier, nicht aus Kummer und Freude oder aus einer sonstigen Laune.

In einem Wort: Die Exekutive, die »vollziehende Gewalt« (vergleiche Artikel 20 Absatz 3 Grundgesetz)[32], soll streng an die Gesetze gebunden sein. Diese allein definieren Gut und Böse, insbesondere: was ein Verbrechen ist und was nicht (wenn ich *tá deiná kaì mḗ* einmal so übersetzen darf).

»Deshalb müssen die Wächter«, sagt Sokrates, »die Gesetze so in sich aufsaugen, wie ein gut vorbereitetes Stück Stoff den Farbstoff aufsaugt – nämlich so, dass sie nicht mehr ausgewaschen werden können.« Nicht einmal durch Bestechung, die stärker ist als jede Seifenlauge.

---

[31] Ein Dino-Saurier ist daher eine schreckliche Eidechse.

[32] Volltext: »Die Gesetzgebung ist an die verfassungsmäßige Ordnung, die vollziehende Gewalt und die Rechtsprechung sind an Gesetz und Recht gebunden.«

Diese Kraft also, sich nicht auslaugen zu lassen, nennt Sokrates Tapferkeit.

✳ ✳ ✳

Anmerkung zur Tapferkeit: Man bemerkt, dass in ihr ein Moment des Wissens steckt – jene richtige Meinung vom Schrecklichen – und ein Moment des Wollens, nämlich Kraft und Mut, sich für das Richtige einzusetzen.[33] Ganz ähnlich hat Kant die Tapferkeit einmal definiert als Mut aus Pflicht; was eben etwas anderes ist als Mut aus Gier oder Verzweiflung.

Anmerkung zur Gesetzesbindung der Wächter (Sokrates und seine Freunde erörtern sie an dieser Stelle freilich nicht): Wer garantiert eigentlich, dass die Gesetze das »Schreckliche«, also Gut und Böse, *richtig* definieren? So dass die »richtige Meinung« über Gut und Böse, die die Wächter aufsaugen, *wirklich* eine richtige Meinung ist? Nun, das müssen dann wohl die »Wächter im wahrsten Sinn« sein: Sie als Gesetzgeber garantieren die gute Verfassung (*politeía*), aus der auch die richtigen Gesetze entspringen. (Artikel 20 Absatz 3 Grundgesetz formuliert dies übrigens wie folgt: »Die Gesetzgebung ist an die verfassungsmäßige Ordnung gebunden.«)

✳ ✳ ✳

Aber nun zur dritten Komponente der vollkommen guten Stadt: Besonnenheit (*sōphrosýnē*)! Oder wie ich es vor-

---

[33] »Wissen und Wollen« ist die juristische Kurzdefinition des Vorsatzes.

hin übersetzt habe: »Vernünftigkeit« (im Sinn von »sei vernünftig!«).

Wo ist sie zu finden?

Nun, zunächst einmal: Worin besteht sie? Sokrates beginnt: Besonnenheit besteht, anders als Weisheit und Tapferkeit, offenbar in einer Art Zusammenklang (*symphōnía*) und Harmonie (*harmonía*). Sie ist eine gewisse Ordnung (*kósmos*), eine Beherrschung der Freuden (*hedonaí*) und Triebe (*epithymíai*). »So dass man von einem besonnenen Menschen sagt, er sei stärker als er selbst.«

Was Sokrates lustig findet, denn: »Wenn jemand stärker ist als er selbst, dann ist er doch wohl auch schwächer als er selbst? Denn er ist doch auf beiden Seiten derselbe.«

Klar. Aber man einigt sich schnell: Die Seele hat einen besseren (*béltion*) und einen schlechteren (*cheíron*) Teil. Und wenn der bessere den schlechteren beherrscht, ist man Sieger über sich selbst; herrscht der schlechtere über den besseren (weil das Schlechte in der Überzahl ist), ist man Verlierer.

So, und wo findet man nun in der Pólis die große Menge des Schlechten, das heißt der ungezügelten Freuden, Triebe, Betrübnisse? Klar: bei den Kindern, den Frauen, den Hausangestellten; aber eigentlich auch bei der Mehrzahl der sogenannten »freien Bürger« (*hoì eleútheroi*) – Sokrates nennt sie die *polloí te kaì phauloí*: die vielen und schlichten, einfachen Leute.

Wohingegen man, welch Überraschung, gezügelte Triebe und Einsicht nur bei wenigen, nämlich den anständigeren (*epieikéteroi*)[34] findet. Die sollten daher die anderen beherrschen.

---

[34] *epieíkeia* ist, nebenbei, die Billigkeit – die unter Umständen

Aber nun kommt der Witz: Das klappt nur, wenn *beide* Seiten das einsehen, wenn *beide* Gruppen der Bürger, die Herrscher und die Beherrschten, insoweit die nötige Besonnenheit und Einsicht haben. So dass sich, interessanterweise, die Besonnenheit nicht, wie zuvor die Weisheit und die Tapferkeit, in nur *einem* Teil des Staates findet. Sondern in der Eintracht (*homónoia*) aller: der Stärksten und der Schwächsten, aber auch der Mittleren – seien sie nun stark und schwach an Intelligenz, an Kraft, an Geld oder an Zahl.

Kurz: »Wir nennen diese Eintracht Besonnenheit, wenn der Schlechtere und der Bessere ganz natürlich (*katà phýsin*) darin übereinstimmen (*symphōnía*), wer von ihnen herrschen soll.«

Sagt Sokrates. Was aber wohl voraussetzt, dass man alle, die zustimmen, *im Grunde* für frei und gleich hält! Und dass jede Stimme zählt!

Das aber wäre dann durchaus Demokratie, so wie wir sie heute verstehen: ein auf staatsbürgerlicher Solidarität beruhender Konsens über die Art der politischen Herrschaft.

* * *

Letzte Komponente: Gerechtigkeit. Wo ist sie, in unserer vollkommen guten Pólis, zu finden? Neben Weisheit, Tapferkeit und Besonnenheit?

»Nun«, sagt Sokrates, »das wird ja wohl ganz schwierig. Irgendwo muss sie verborgen sein, und wir müssen versuchen, sie wie bei einer Jagd mit Hundeführern (*kynēgétai*) zu umstellen.«

---

eine zu strenge Gerechtigkeit korrigiert. Dies hat vor allem Aristoteles, ein Schüler Platons, herausgearbeitet.

Aber das ist nur ein Scherz, denn: »Im Grunde«, sagt Sokrates, »müssen wir sie gar nicht mehr suchen, sondern sie liegt uns von Anfang an vor den Füßen. Wir haben es von Anfang an gewusst, worin sie besteht.«

Interessant. Wer nach Gerechtigkeit fragt, weiß immer schon, was sie ist. Er würde sonst die Frage gar nicht verstehen.[35]

Und *was* ist das, was wir immer schon wissen?

Nun, in der perfekten Pólis sollte ein jeder das tun, was er am besten kann – und sich darauf beschränken. Und daher lautet die Definition der Gerechtigkeit, so wie Sokrates sie bietet: *tà hautoũ práttein kaì mḕ polypragmoneĩn* – das Seine tun und nicht »vielgeschäftig sein«, sich nicht in Vieles einmischen.

»Denn«, sagt Sokrates, »bei Gericht ist es doch auch so: Da geht es doch auch immer nur darum, dass niemand sich Fremdes (*allótrios*) aneignen darf und jeder des Seinen nicht beraubt wird.«

Und so müssen denn auch in der Pólis alle drei »Klassen« (*génē*) sich auf ihre Aufgaben beschränken: die Herrscher, die Wächter und die »Geschäftsleute« (*chrēmatistḗs*). Wenn sie es tun, ist dies Gerechtigkeit, tun sie es nicht, Ungerechtigkeit.

*   *   *

Hmm. Zwei Anmerkungen.

---

[35] Das erinnert an Immanuel Kant, an seine Idee, wir müssten bestimmte Kategorien des Denkens immer schon und von Anfang an (»a priori«) in uns haben, z.B. die Kategorien von Raum und Zeit oder von Ursache und Wirkung. Andernfalls könnten wir das, was draußen in der Welt passiert, überhaupt nicht einordnen.

Ärgerlich ist, dass Sokrates gerade an dieser Stelle seine Bezeichnungen inkonsequent verwendet. So werden die Herrscher als »Berater und Wächter« bezeichnet, die Wächter zweiten Grades als »Krieger« oder »Gehilfen«.

Und was die dritte »Klasse« betrifft (häufig wird *génos* auch mit »Stand« übersetzt): Wie kann man das, was *chrēmatistḗs* bzw. *chrēmatistikós* meint, am besten in die heutige Welt übertragen? Nun, wenn man bei der bisherigen Übersetzung bleibt, spricht Sokrates an einer Stelle von »Werktätigen und anderen Geschäftsleuten« (*dēmiourgós ḗ tis állos chrēmatistḗs*). Und wir hatten früher gesehen, dass dazu neben den Händlern auch die Lohnarbeiter zählen. Mir scheint daher, dass »Geschäftsmann« eher in die Irre führt: Wir verstehen darunter heute nur selbstständig Tätige.

Deshalb schlage ich vor: Der »dritte Stand« bei Sokrates ist das, was wir heute die Privatwirtschaft nennen. Derjenige Bereich der Gesellschaft also, der die Güter (*chrēmata*) erzeugt und verteilt, die in der Gesellschaft gebraucht (*chrēsthai*) werden. Und von dem sogar die ersten beiden Stände abhängen – weil sie ja von ihm, und zwar in Naturalien, bezahlt werden.

* * *

Und dann lässt sich die Forderung, jeder solle das Seine tun und sich nicht in Fremdes einmischen, ganz leicht wie folgt in das heutige Staatsrecht übersetzen:

Jeder hat seine Kompetenzen, seine Zuständigkeit einzuhalten!

Erstens die Regierung (hier, bei Sokrates, umfasst sie auch die Gesetzgebung); zweitens die Exekutive; drittens aber auch die »Privaten«, die »Bürger«. (Achtung allerdings:

»Bürger« ist hier gemeint im Sinn von *bourgeois*, der außerhalb des Herrschaftsapparats Staat steht, ja ihm entgegenge-
setzt ist; im Gegensatz zum *citoyen*, das ist der Staatsbürger,
der an der Politik mitwirkt, etwa durch Wahlen.)

Und dann kann man sagen: Im vollkommen guten Staat
ist Gerechtigkeit nichts anderes als die Zuständigkeitsordnung.

Die Kompetenzordnung erst führt die drei anderen
Komponenten – Weisheit, Tapferkeit, Besonnenheit – zusammen und begründet so, wie Sokrates sagt, die Gesamt-
tüchtigkeit, die *areté* der Pólis.[36]

Ohne Kompetenzordnung würde sich hingegen, zum
Beispiel, die Wirtschaft in die Politik einmischen und umgekehrt – und dies könnte äußerst ungerecht werden.[37] (Nebenbei: Man kann auch die Grundrechte des Grundgesetzes als Kompetenznormen begreifen, genauer: als »negative
Kompetenznormen«. Sie gewähren den Bürgern nämlich
Bereiche, in die sich der Staat, siehe oben, nicht »einmischen« darf.)

---

[36] Für Juristen: Hier zeigt sich erneut der Vorrang des sogenannten Öffentlichen Rechts vor dem Privatrecht. Am Anfang
steht eben immer die Frage: *wer* soll entscheiden (*quis iudicabit*).

[37] Man denke an die Bankenkrise des Jahres 2008, die ihren
Grund darin hatte, dass die amerikanische Finanzwirtschaft die
Politik dazu verleitet hatte, den Markt so weit zu »deregulieren«,
dass Betrug im großen Stil – nämlich Handel mit völlig wertlosen
Wertpapieren – völlig legal wurde. So hatte dann keiner mehr, ins-
besondere nicht die staatlichen Aufsichtsbehörden, eine »richtige
Meinung vom Schrecklichen«.

15. Kapitel
Die Gerechtigkeit im Einzelmenschen –
drei Abteilungen der Seele
Dialogpartner: Glaukon (ein Bruder Platons)
Buch IV 11 bis 15

Was war noch gleich die Frage? Die große Frage, um die sich das ganze Gespräch dreht?

Richtig: Was ist die Gerechtigkeit, und zwar im einzelnen Menschen? Wann ist, mit anderen Worten, ein Mensch gerecht?

Da hatte Sokrates nun einen Umweg gemacht und zunächst die Gerechtigkeit in der Pólis, als dem größeren Modell, entworfen. Und es hatte sich herausgestellt: Gerechtigkeit ist, wenn jede der drei »Klassen« (*géne*) – Regierung, Exekutive, bürgerliche Gesellschaft – das Ihre tut. (Es fällt natürlich auf, dass zwei klassische Elemente der modernen Gewaltenteilungslehre fehlen, genauer: Sie werden in ungewohnter Weise einer der drei »Klassen« zugeordnet: die Gesetzgebung/Legislative der Regierung/Staatsleitung, die Judikative zum größten Teil der bürgerlichen Gesellschaft und ihrer Marktordung[38] – siehe Kapitel 13).

Lässt sich dieses Modell nun auf den Einzelmenschen übertragen?

Da muss man Sokrates nun ein Kompliment machen: Er macht es sich nicht leicht. Er behauptet nicht einfach, es gebe auch in der Seele drei Teile – er nennt sie hier *eíde* (»Ideen«), was man wohl am besten mit Unterabteilung übersetzt.

---

[38] Ein gewisser Nachklang wohl bei Hegel, wenn er die Rechtspflege der bürgerlichen Gesellschaft von der richterlichen Regierungsgewalt im sittlichen Staat unterscheidet.

Sondern er versucht, dies in einem komplizierten Gedankengang zu beweisen – auch übrigens, um daraus wieder Rückschlüsse auf die Gerechtigkeit in der Pólis zu ziehen. »Als wenn man«, sagt Sokrates, »zwei Feuersteine gegeneinander reibt.«

Gewiss, das ist mühsam. Aber, sagt Glaukon: »Das Schöne ist schwer« (*chalepà tà kalá*).

* * *

Erster Schritt: Die drei Unterarten und Grundhaltungen (*eídē te kaì éthē*) der Seele werden wohl, in Analogie zur Pólis, die folgenden sein: ein beherzter, mutiger Teil (*thymoeidés*)[39], ein lernfreundlich-intellektueller (*philomathḗs*) und ein den-materiellen-Gütern-freundlicher (*philochrḗmatos*). Denn woher, wenn nicht aus den Einzelmenschen, sollten die Póleis ihre jeweiligen Eigenschaften herbekommen? (Charmanterweise sieht Sokrates das Intellektuelle »bei uns«, das heißt bei den Griechen, besonders ausgeprägt; bei den Phöniziern hingegen, zum Beispiel, den Sinn fürs Materielle.)

Zweiter Schritt: Besteht zwischen diesen drei Unterabteilungen der Seele strenge Arbeitsteilung? So dass man allein mit dem Mut mutig ist, allein mit dem Lernfreudigen lernt und allein mit dem dritten Teil Materielles begehrt (*epithymeín*), also Nahrung (*trophḗ*) oder Kinderzeugen (*génnēsis*)? Oder tut man all dies immer mit der *ganzen* Seele?

Tja.

Man sieht, dass Sokrates die erste Frage – gibt es auch in der Seele drei Unterabteilungen? – durch eine zweite modi-

---

[39] Auch darin steckt *eídos*, und wörtlich übersetzt heißt es: herzartig.

fiziert: Gesetzt, es gibt dies drei Unterabteilungen – wie arbeiten sie zusammen? Können wir sie so auseinanderhalten, dass es wirklich drei sind?

* * *

Und nun wird der Weg gewunden:

»Klar ist doch wohl«, sagt Sokrates: »Es kann nicht ein und dasselbe Ding zur gleichen Zeit das Gegenteil von dem wollen, was es tun (*poieín*) oder dulden (*páschein*)[40] will (*ethélein*)? Also wird man, wenn man so etwas beobachtet, darauf schließen müssen, dass mehrere Dinge im Spiel sind?«[41]

»Nehmen wir nun«, fährt Sokrates fort, »aus der dritten Unterabteilung der Seele die offensichtlichsten Begierden (*epithymíai*), nämlich Hunger und Durst. Und betrachten wir dann ganz genau den Durst (*dípsa*). Der Durst will offenbar immer nur eines: etwas Trinkbares. Und er will nicht etwa ein warmes oder kaltes Getränk, ein gutes oder ein schlechtes, sondern schlicht: ein Getränk. Allgemeiner gesagt: Jede Begierde als solche (*auté*) will nur das eine, wozu sie von Natur geschaffen ist (*péphyken*). Alles, was die Qualität des Begehrten betrifft, sein So-oder-so-Sein (*toíon è toíon*), ist Sache von etwas anderem, das hinzukommen muss.«

---

[40] Zur Aussprache: *pás'chein*, also kein »sch«.

[41] Der anschließende Gedanke verwirrt eher: Es kann nicht ein und derselbe Gegenstand zur gleichen Zeit stillstehen und sich bewegen. Dies wird auch nicht widerlegt durch scheinbare Gegenbeispiele: einen Menschen, der stillsteht, aber mit einem Arm winkt; oder einen Kreisel, der sich dreht und doch an einer Stelle steht.

»Daher«, nun kommt die Pointe: »wenn wir jemanden beobachten, der Durst hat, aber dennoch nicht trinken will – dann muss es wohl eine andere Unterabteilung der Seele sein, die ihm dies befiehlt und das Trinken verbietet?[42] Weil sie nämlich Überlegungen (*logismós*) anstellt?«

Genau. Und dieser Teil der Seele heißt ab nun der denkende (*logistikón*), während derjenige, mit dem sie, die Seele, liebt (*erān*) und hungert und dürstet, als der begehrende (*epithymētikón*) und nicht-denkende bezeichnet wird.

* * *

Und nun stellt sich die Frage: Gibt es noch einen dritten Teil? Oder genauer: Bleibt noch Raum für den Mut, die Leidenschaft, den Eifer (für alles: *thymós*), für das Zornigwerden (*thymóein*) – darf man sagen: für das Aggressive? Oder geht dieser Teil der Seele in einem der beiden anderen auf?

So, nun kommt ein schönes Beispiel: »Ich habe einmal von einem gewissen Leontios gehört«, sagt Sokrates. »Er ging längs der nördlichen Mauer, auf der Außenseite, von Piraíos nach Athen und sah dann beim Haus des Henkers ein paar frische Tote liegen. Was passiert: Er ist ganz gierig (*epithymeín*), sie anzuschauen, und wird zugleich ganz unwillig und zornig (*dyscheraínein*) über diese Gier. Er kämpft eine Weile mit sich selbst, läuft dann zu den Leichen, mit aufgerissenen Augen, und sagt zu diesen Augen: ›Da, ihr von üblen Geistern besessenen (*kakodaímones*), sättigt euch an diesem schönen Anblick!‹«

---

[42] Auch ein schönes Bild passt nur in die Fußnote: Man kann von einem Bogenschützen nicht sagen, seine Hände hielten den Bogen von ihm weg und zögen ihn an ihn heran; sondern eine Hand hält ihn weg, die andere zieht ihn an.

Was will uns das sagen?

Nun, es gibt offenbar Fälle, in denen ein Affekt, eine Leidenschaft, ein sich-ereifernder Zorn (für alles: *orgḗ*) geradezu Krieg führt (*polemeín*) gegen die Begierden (*epithymíai*). Folglich muss er etwas anderes sein als sie.

»Und auch sonst bemerken wir doch oft«, sagt Sokrates, »wenn die Gier (*epithymía*) jemanden gegen seine vernünftige Überlegung (*logismós*) bedrängt, dass er sich dann selbst beschimpft und sich über sich selbst aufregt (*thymóein*). Und dass der Eifer, Mut und Zorn, kurz: die Aggressionen (*thymós*) sich in diesem Kampf mit der Vernunft (*lógos*) verbünden, gegen die Begierden (*epithymíai*).«

Wie sehr sich die Aggressionen, der »Mut«, dabei der Vernunft unterordnen, zeigt sich gerade in Fragen von Recht und Unrecht. Hat jemand nämlich Unrecht getan und bekommt dafür von demjenigen, dem er es angetan hat, eins aufs Maul, dann wird er sich darüber nicht aufregen. Meint er hingegen Unrecht erlitten zu haben, dann wird er sich empören und keine Strapazen scheuen, bis er das, was er für sein Recht hält, durchgesetzt hat oder bis er stirbt oder, dritte Möglichkeit, bis seine Aggressionen von der Vernunft zurückgepfiffen und besänftigt werden – wie Hunde von ihrem Hirten.

»Ein schöner Vergleich!«, sagt Glaukon. »In unserer Pólis haben wir ja auch schon die Wächter zweiter Klasse, die Hilfstruppen (*epíkouroi*), mit Hunden verglichen.«

* * *

Und wir können nun festhalten: Es gibt nicht nur *zwei* Abteilungen der Seele, nicht nur einen vernünftigen und einen unvernünftigen Teil. Insbesondere ist die Beherztheit (*thymós*) gerade nicht ein »Trieb« wie die Gier in ihren verschiedensten Ausprägungen (denn sie, die Beherztheit, ist nicht auf ein bestimmtes Objekt gerichtet; sie will nicht eigentlich etwas haben). Die Beherztheit, die Fähigkeit sich aufzuregen, ist aber auch nicht ein Teil der Vernunft, denn sie zeigt sich schon an Kleinkindern – und ist bei ihnen noch nicht wirklich von Überlegung gesteuert.

Endergebnis: Wir haben in der Seele wirklich drei Abteilungen, ganz ebenso wie in der Pólis drei Klassen. Und die Abteilungen heißen: das Beherzte (*thymoeidés*), das Vernünftige (auch übrigens das Berechnende: *logistikón*) und das Begehrende (*epithymētikón*).

Was allerdings völlig aus dem Blick geraten ist, ist die Frage, die zur Präzisierung gestellt wurde: Handeln die drei Abteilungen eigentlich einzeln? Oder ist an allem, was wir tun oder leiden, stets die ganze Seele (*psychḗ*) beteiligt?

16. Kapitel
Gerechtigkeit und Ungerechtigkeit
im Einzelmenschen
Dialogpartner: Glaukon (ein Bruder Platons)
Buch IV 16 bis 19

Wenn wir nun aber in der Seele ebenso drei Abteilungen haben wie in der Pólis, dann wird vermutlich auch der vierte Teil, die Gerechtigkeit, bei beiden in gleicher Weise zu finden sein. Mit anderen Worten: Der Einzelne (*idiṓtēs*, daher der Idiot) ist in derselben Weise gerecht wie die Pólis.

Folglich muss, wie in der Pólis jede Klasse, so im Einzelnen ein jeder Seelenteil das Seine tun: Das Vernünftige (*logistikón*) soll herrschen, das Beherzte (*thymoeidés*) soll gehorchen und dem Vernünftigen ein Bundesgenosse sein, und zwar gegen das Begehrende (*epithymētikón*), das den größten Teil der Seele bildet und seiner Natur nach unersättlich ist in allen Dingen.

Diesen dritten Teil also sollen die beiden ersten überwachen, damit es ihm bei all seinen körperlichen Freuden nicht zu gut geht. Andernfalls könnte er nämlich vor lauter Langeweile auch noch regieren (*árchein*) und andere unterdrücken wollen. (Außerdem sind die beiden ersten Abteilungen der Seele natürlich noch zuständig für die Abwehr äußerer Feinde.)

Und weiter in der Analogie zur Pólis: *Tapfer* ist ein Mensch dann, wenn sein Beherztes, sein »Mut« (*thymoeidés*) in Freud und Schmerz immer wieder das rettet, was die Vernunft (*lógos*) als Böse und Gut – wörtlich: als schrecklich (*deinós*) oder nicht – verkündet hat. *Weise* ist der Mensch, wie in der Pólis, durch jenen kleinsten Teil der Seele, der nun einmal das Wissen (*epistéme*) darüber hat, was jedem Teil und dem Ganzen nützlich ist. Und *besonnen* ist der Mensch, wenn alle drei Teile seiner Seele, auch der Begehrende (*epithymētikón*), darin übereinstimmen (*symphōnía*), dass die Vernunft (*logistikón*) über die beiden anderen Teile herrschen soll.

* * *

Schön. Aber wo ist nun die Gerechtigkeit?

Nun ja, wohl wieder dort, wo sie auch in der Pólis ist. »Obwohl«, sagt Sokrates, »irgendwie könnte uns die Gerechtigkeit im Einzelmenschen doch ein bisschen anders erscheinen, als sie es in der Pólis ist. Wenn wir nämlich die üblichen Plumpheiten (*tà phórtika*) heranziehen.«

Und die sind: dass ein gerechter Mensch wohl kaum Gold und Silber, das man ihm zur Verwahrung gegeben hat, unterschlägt. Und auch keinen Diebstahl, Tempelraub, Ehebruch und so weiter begeht. Aber das ist ja nur das Äußere.

Denn schuld (*aítion*) an alledem ist ganz allein, dass in der Seele dieses Menschen jede Abteilung das Ihre tut beim Regieren und Regiertwerden. Und die Kraft (*dýnamis*), die dies bewirkt, ist eben die Gerechtigkeit.

* * *

Und daher ist es oberflächlich (*eídōlon*)[43] zu sagen: Gerecht sei, wenn jeder das tut, was ihm von Natur aus besonders liegt. In Wahrheit kommt es nicht auf die äußere Praxis an (*éxō prãxis*), sondern auf die innere (*hḗ entós*): Wie geht jemand mit sich selbst und dem Seinen um?

Ist das nicht schön? Dass Platon das »Seelenleben« als *Praxis* begreift? Als Leistung, ja als die entscheidende Leistung?

Ja, und wer in diesem Seelenleben offenbar die Gesamt-Regie führen muss, ist die Gerechtigkeit:

Sie erlaubt keiner Abteilung der Seele – auch nicht der »Regierung« in Gestalt des Verstandes (*logistikón*)! – fremde, abseitige Dinge zu tun (*allótria prãttein*) und sich überall einzumischen (*polypragmoneín*). Sondern die Gerechtigkeit stimmt alle drei Abteilungen gut aufeinander ab, geradeso wie die drei Grenzen einer Harmonie (*hóroi treîs harmonías*), und macht so aus vielen eins (*héna ek pollōn*).

---

[43] Wörtlich: Gestalt, Bild, Schattenbild, Trugbild. – Ein Idol ist also etwas Trügerisches.

Und so tut sie es gerade auch, wenn man sich einzelnen Aufgaben widmet, sei es dem Erwerb von Gütern oder der Pflege des Körpers, sei es Politisches oder seien es Privatgeschäfte (*tà ídia symbólaia*). Und man nennt eine Praxis (siehe oben!) schön und gerecht, wenn sie genau diese Haltung bewahrt (*héxin sõzein*), ungerecht aber, wenn sie sie auflöst.

Womit, ganz nebenbei, auch die eine, verloren gegangene Frage beantwortet ist (siehe Kapitel 15): Bei einem gerechten Menschen ist an allem, was er tut oder leidet, immer die *ganze* Seele beteiligt.

* * *

Drei Anmerkungen.

Erstens. Die »drei Grenzen der Harmonie« – Sokrates fügt sogar noch hinzu: die tiefste, die höchste und die mittlere – was mag das bedeuten? Meist wird die Stelle übersetzt mit: die drei (Haupt-)Saiten eines Instruments. Aber es dürften wohl – siehe oben Kapitel 10 – die drei Haupt-Töne einer jeden Skala sein, diejenigen also, die ihr den spezifischen Charakter geben – so wie es heute, in Dur und Moll, der erste, der dritte und der fünfte Ton tun.

Zweitens. Bei »aus vielen eins« – *héna ek pollõn* – mag man auch an die lateinische Version denken: *e pluribus unum*. Sie steht auf jeder Dollarnote.

Drittens. Wir hatten die Gerechtigkeit in der Pólis interpretiert als ihre Zuständigkeitsordnung. Wir können nun hinzufügen: und die Kraft, sie durchzusetzen. Beim Einzelmenschen liegt diese Kraft auch gewissermaßen auf der Hand. Aber es fällt auf, dass es für sie in der Pólis, jedenfalls nach dem bisherigen Gedankengang, keine zuständige »Klasse« (*génos*) gibt. Oder juristisch formuliert: Wir ha-

ben dort niemanden, der die Kompetenz-Kompetenz ausübt! Niemanden, den man den Souverän nennen könnte!

* * *

Eigentlich erstaunlich, dass sich Sokrates mit der Gerechtigkeit gar nicht lange aufhält, sondern gleich weiter-
geht: »Jetzt, liebe Leute, müssen wir uns auch noch die Ungerechtigkeit anschauen!«

Nun ja, sie ist dann eben das Gegenteil zur Gerechtigkeit:
ein »Allotriatreiben« der drei Seelenteile, ein Überschreiten
ihrer Zuständigkeiten. Ungerecht, feige und dumm ist insbesondere der Versuch eines von Natur (*phýsei*) zum Dienen
bestimmten Teils, an die Herrschaft zu gelangen.

Und dies lässt sich nun wieder mit dem Körper verglei-
chen: Was in der Seele Gerechtigkeit und Ungerechtigkeit
sind, das sind im Körper Gesundheit und Krankheit. Gesundheit ist das richtige Verhältnis von Herrschen (*krateín*)[44] und Beherrschtwerden im Körper, Krankheit ist eine
Störung dieser Hierarchie. Deshalb ist das, worauf es letztlich ankommt: gesund leben, gerecht leben. Das Gerechte
tun (*díkaia práttein*) bewirkt Gerechtigkeit, das Ungerechte
tun Ungerechtigkeit.

* * *

Ja, und dann führt Sokrates ganz unter der Hand noch
einen ganz neuen Begriff ein, einen, der sich kaum übersetzen lässt: *areté*. *Areté* wird meist übersetzt mit Tugend,
Tüchtigkeit (es kommt von *agathós*: gut), es ist aber mehr:

---

[44] Daher Demo-kratie: Herrschaft des Volkes.

eine Art Vollkommenheit des Menschen, so wie er als Einzelner oder Einzelne ist, wenn man so will: das Beste, was er oder sie aus sich machen kann.

»Diese *Aretē*«, sagt Sokrates, »ist nun wohl die Gesundheit (*hygíeia*), die Schönheit (*kállos*) und das Wohlbefinden (*euexía*) der Seele. Und Schlechtigkeit (*kakía*), als Gegenteil der *Aretē*, ist Krankheit, Hässlichkeit (*aīschos*) und Schwäche (*asthéneia*) der Seele.«

Wie aber kommt man zu einer solchen Vervollkommnung? Durch *kalà epitēdeúmata*, wörtlich: schöne Beschäftigungen, Geschäfte, Lebensgewohnheiten. Und hässliche (*aischrá*) Beschäftigungen, Geschäfte, Lebensgewohnheiten führen zur Schlechtigkeit (*kakía*).

Von der es – und damit wendet sich das Gespräch in eine neue Richtung – unzählige Formen (*eīdos*) gibt. Vier davon, sagt Sokrates, sollte man sich merken. Nimmt man dann noch die *Aretē* hinzu, von der es nur eine einzige Form (*eīdos*) gibt, dann kommt man auf insgesamt fünf Arten (*trópoi*)[45] der Seele: eine gute, vier schlechte.

* * *

Ja, und dann wohl ebenso bei den Verfassungen (*politeíai*) der Pólis! Auch dort gibt es fünf Arten.

»Und das, was wir gerade entwickelt haben«, sagt Sokrates, »die vollkommene Verfassung einer Pólis, die kann mit zwei Namen bezeichnet werden: Königtum (*basileía*), wenn nur einer regiert, Aristokratie, wenn es mehrere sind.«

---

[45] Wörtlich Wendung, Richtung; die Tropen sind der Bereich, innerhalb dessen sich die Sonne jährlich hin und her wendet.

Interessant. Königtum und Aristokratie sind für Sokrates also nicht rein beschreibende (deskriptive), sondern *wertende* (normative) Begriffe.

Aber ist das bei dem Begriff Demokratie, wie wir ihn heute verstehen, nicht ganz genauso?

Fünftes Buch

17. Kapitel
Wächter und Wächterinnen:
Gleichstellung der Frau

Dialogpartner: Glaukon und Adeimantos (Brüder Platons),
Polemarchos (der Gastgeber), Thrasymachos (der Sophist)
Buch V 1 bis 6

Nun gut. Fünf Formen (*eídē*) der Verfassung (*politeía*) gibt es bei den Póleis (Städten/Staaten). Eine gute und vier schlechte. Die gute haben wir gerade erörtert, und sie heißt entweder Königtum oder Aristokratie. »Und welches, lieber Sokrates, sind nun die vier schlechten?«, will Glaukon wissen.

Aber Sokrates kommt nicht dazu, diese Frage zu beantworten. Vielmehr wird er von einer starken Fraktion seiner Zuhörer – Polemarchos, der Gastgeber; Adeimantos, Glaukons Bruder; Thrasymachos, der Sophist – an etwas erinnert und darauf festgenagelt, was er vorhin so schlicht und beiläufig erwähnt hatte: »dass hinsichtlich der Frauen und der Kinder jedem klar sei, dass dies unter Freunden etwas Gemeinschaftliches (*koinà tá*) sein solle.«

»Etwas Gemeinschaftliches«. Diese Übersetzung bleibt, wie ich meine, erstens am engsten am Originaltext[46], und sie trifft zweitens besser das, was Sokrates wohl meint: Frauen und Kinder sollen gerade nicht »Gemein*gut*« sein, und die Freunde sollen sie auch nicht »gemeinsam *haben*«. Frauen und Kinder sind nämlich, wie sich zeigen wird, keine »Gü-

---

[46] Nämlich: *hóti koinà tà phílōn éstai.*

ter« mehr, an denen man, sozusagen, Privateigentum haben kann, auch nicht – um es juristisch zu sagen – Eigentum zur gesamten Hand … mit der Folge, dass die Männer, als Eigentümer, sich gemeinsam über die Verteilung einigen müssten (siehe § 709 BGB). Sondern die Verteilung der Frauen übernimmt, wie beim Markt, eine Art unsichtbare Hand (Kapitel 18), an der auch Frauen beteiligt sein können, ja sollen. Und für die Aufzucht der Kinder ist der Staat zuständig. Aber ich greife vor.

* * *

Und Sokrates ziert sich noch ein wenig. Er sträubt sich genauer darzulegen, wie denn diese Gemeinschaft (*koinōnía*) von Frauen und Kindern beschaffen sein soll, wie er das im Einzelnen regeln will: vom Kindermachen (*paidopoiía*) über die Säuglings- und Vorschulzeit bis zur eigentlichen Erziehung (*paideía*). »Man wird schon bezweifeln, dass dies überhaupt möglich (*dynatós*) ist, mehr noch, dass dies dann das Beste ist. Und ihr sollt das alles schließlich nicht für einen bloßen Wunschtraum (*euchḗ*) halten!«

Nun gut. Aber es ist wohl nicht nur Kokettieren, wenn Sokrates zögert, sondern wirklich eine Art ehrfürchtiger Scheu, ganz fehlzugehen bei der Suche nach dem Schönen und Guten (*kalón te kaì agathón*) und nach den gerechten Gesetzen (*díkaioi nómimoi*) in dieser heiklen Angelegenheit. Bei der Frage nämlich: Welche Art des Besitzens (*ktēsis*) und Gebrauchens (*chreía*) von Frauen und Kindern ist für Menschen mit der Bildung, wie sie gerade beschrieben wurde, richtig? (Ja, es heißt hier Menschen – *ánthrōpoi* –, nicht Männer – *ándres*.)

* * *

»Wir hatten doch die Wächter mit Hunden verglichen«, beginnt Sokrates, »genauer mit Hütehunden. Wie ist es nun bei den echten Hunden? Müssen da die Weibchen (*thēleía*) ganz ebenso mithüten und mitjagen wie die männlichen (*árrenes*)? Oder dürfen sie zu Hause bleiben und sich allein um den Nachwuchs kümmern?«

Nun, klar: Sie müssen bei allem, was Hunde zu tun haben, mitmachen. Wenn sie aber mitmachen müssen, dann müssen sie auch dieselbe Erziehung bekommen wie ihre männlichen Kollegen!

Übertragen auf den Menschen: Auch dort können und müssen die Frauen alles mitmachen. Dann aber müssen sie auch dieselbe »musische« und »gymnastische« Erziehung genießen wie Männer. »Nun höre ich freilich«, sagt Sokrates, »schon die Spötter. ›Stellt euch vor‹, werden sie sagen, ›wie da auf den Sportplätzen überall nackte Frauen herumlaufen! Und stellt euch jetzt vor allem die alten, runzligen vor! Das ist doch noch lächerlicher als die alten, runzligen Männer, die wir dort heute schon ertragen müssen!‹«

Aber dieses Argument wird von Sokrates leicht beiseite gewischt: Der Umgang mit Nacktheit ist nicht natürlich vorgegeben, sondern kulturell vermittelt. Bis vor gar nicht langer Zeit war es den Griechen, und heute noch den meisten Barbaren, schimpflich und peinlich, nackte Männer zu sehen! Das hat sich erst in jüngerer Zeit, unter dem Einfluss Kretas und Spartas, gewandelt.

* * *

Schwerer zu widerlegen ist das folgende Argument – es
ist so gut, dass Sokrates es selbst vorträgt, als *Advocatus diaboli*:

»Hast Du nicht selbst gesagt, Sokrates: Ein jeder soll
nur das eine tun, was gemäß der Natur (*katà phýsin*) das
Seine ist?‹ – ›Ja, hab ich.‹ – ›Und ist es nicht so, dass sich Frau
und Mann ihrer Natur nach stark unterscheiden?‹ – ›In der
Tat.‹ – ›Also muss man jedem von ihnen eine andere Arbeit
zuweisen, jeweils gemäß ihrer Natur?‹ – ›Klar.‹ – ›Dann wi-
dersprichst du dir aber doch selbst, wenn du eben gesagt
hast, Frauen und Männer sollten dasselbe tun!‹«

Tja, wie soll man sich dagegen verteidigen (*apologeísthai*)?

Nun, zunächst hält Sokrates an seinen Thesen fest: Erstens sollen unterschiedliche Naturen unterschiedliche Berufe ergreifen (*epitēdeúein*). Zweitens haben Frau und Mann
eine unterschiedliche Natur (*phýsis*).

Aber das ist kein Widerspruch. Oder sagen wir so: Daraus machen nur Sophisten einen Widerspruch – einen Widerspruch, der sich am Wort (*ónoma*) »Natur« aufhängt,
ohne zu unterscheiden, was damit im Kontext gemeint ist.

Ja, und was ist nun mit »Natur« jeweils gemeint?

Wenn es um den Beruf geht, dann meint »Natur« offenbar nur das spezielle Talent, das für diesen speziellen Beruf
qualifiziert – also etwa zum Arzt oder Zimmermann. »Natur« meint hier hingegen nicht irgendeine andere natürliche
Eigenschaft. Andernfalls könnte man schlussfolgern: Die
Kahlköpfigen und die Behaarten (*komḗtai*)[47] haben eine unterschiedliche Physis. Wenn also die Kahlköpfe Lederwaren
herstellen, dann dürfen die Behaarten dies nicht!

---

[47] Ein Komet ist also ein Stern mit Haaren.

* * *

Ja, und legt man diese Maßstäbe an, dann zeigt sich im Hinblick auf das Geschlecht (*génos*): Es gibt nur jeweils ein Talent, dass allein den Frauen und allein den Männern zukommt: Frauen gebären (*tíktein*), Männer begatten (*ocheúein*). Aber im Hinblick auf alle anderen Künste und Berufe (*téchnai kaì epitédeumai*) in der Pólis – da möge uns unser Gegner einmal zeigen, dass die Natur der Frau eine andere ist als die des Mannes!

Anders gewendet: Es gibt keine menschliche Beschäftigung, für die allein Frauen oder allein Männer von Natur aus begabt (*euphyḗs*) oder unbegabt (*aphyḗs*) sind. Sondern es gibt bei allen Tätigkeiten mehr oder weniger begabte Männer und mehr oder weniger begabte Frauen. Wobei allerdings bei fast allen Tätigkeiten das männliche Geschlecht dem weiblichen überlegen ist (Kochen, Backen und Weben lassen wir mal beiseite). Allerdings können im Einzelfall viele Frauen in vielen Dingen auch besser sein als viele Männer.

Folgerung: Auch bei der Verwaltung (*dioíkēsis*) der Pólis gibt es keine Aufgabe, die allein der Frau als Frau oder dem Mann als Mann zusteht. Sondern beide Geschlechter sind ihrer Natur nach zu allem geeignet, nur dass die Frauen im Großen und Ganzen schwächer sind.

* * *

Nun gut. Es gibt also auch Frauen, die von Natur aus das Talent zum Ärztlichen (*iatrikós*) haben. Oder zum Krieg. Oder auch völlig unmusisch oder unsportlich sind.

Es gibt sogar Frauen, die die Weisheit lieben (*philósophos*)
– und solche, die sie hassen (*misósophos*). Und Frauen, die
beherzt und willensstark sind (*thymoeidḗs*) – ganz ebenso
wie willensschwache (*áthymos*). Kurz: Es gibt auch Frauen,
die das Talent zum Wächter bzw. zur Wächterin haben –
und solche, bei denen dies nicht der Fall ist.

Und die weiblichen Wächter werden zwar im Durch-
schnitt schwächer sein als die männlichen Wächter. Aber
im Hinblick auf das Bewachen der Pólis haben sie, qualita-
tiv, dieselbe Natur (*hē autḕ phýsis*).

Was zu beweisen war.

* * *

»Und damit«, meint Sokrates, »ist ja wohl auch bewiesen:
Meine Gesetzgebung, die für Frauen und Männer eine ge-
meinsame Erziehung vorsieht, ist nicht auf etwas Unmögli-
ches gerichtet und erst recht kein bloßer Wunschtraum. Im
Gegenteil, mein Gesetz befindet sich im Einklang mit der
Natur, ganz anders als die Gesetze, die wir heute haben.«

Und eben deshalb, meint Sokrates, ist das, was ihm vor-
schwebt, nicht nur realisierbar (*dynatós*), sondern sogar das
Beste (*áriston*) für die Pólis. Denn die Pólis generiert auf
diese Weise die besten Männer und die besten Frauen. Und
wenn jetzt ein Mann über nackte Frauen lachen sollte, die
ihre sportliche Ausbildung absolvieren, zeigt er nur seine
Unreife.

Als wenn dies das Hauptproblem wäre!

18. Kapitel
Wächter, Wächterinnen, Wächterkinder:
keine festen Bindungen!

Dialogpartner: Glaukon (ein Bruder Platons)
Buch V 7 bis 9

Denn es naht nun, nach dem ersten großen Argument gegen die Beteiligung der Frauen an der Wächterklasse, gleich das nächste. Sokrates nennt es die zweite Woge (*kýma*), nachdem die erste – Frauen seien von Natur aus ungeeignet – glücklich überstanden ist.

Das nächste Gesetz (*nómos*) der Pólis lautet nämlich: »Dass alle diese Frauen gemeinsam (*koinaí*) zu allen diesen Männern gehören[48] und dass keine mit keinem ganz für sich allein (*idíaᵢ*) zusammen ist (*synoikeín*). Und dass auch die Kinder allen gemeinsam sind und dass weder die Eltern (*goneís*) ihre Nachkommen kennen noch die Kinder ihre Eltern.«

»Tja, das ist unglaublich«, sagt Glaukon. »Und zwar sowohl, was den Nutzen (*ōphélimon*), als auch, was die Realisierbarkeit (*dynatón*) betrifft.«

Nun, Sokrates will zunächst die Frage nach der Nützlichkeit damit kontern, dass sie doch wohl unstreitig sei: gemeinsame Frauen und Kinder sind das größte Gute (*mégiston agathón*). Das lässt Glaukon ihm aber nicht durchgehen, so dass Sokrates nun … ja, auch noch die Frage der Realisierbarkeit offen lässt. »Lass es mich doch einmal so halten, wie es die Faulen tun, wenn sie allein sind: Sie bewirten ihr Denken (*diánoia*) sozusagen selbst. Bevor sie herausfinden,

---

[48] Wörtlich: dass diese Frauen dieser Männer aller alle gemeinsame (*koinás*) sind.

ob und wie das, was sie begehren (*epithymeín*), möglich ist, nehmen sie das Gewünschte schon als vorhanden, stellen sich vor, was sie tun werden, und freuen sich daran. Und werden dadurch immer fauler. – Ganz ebenso will nun auch ich – denn ich bin ein bisschen erschöpft – mir ohne Rücksicht auf die Machbarkeit vorstellen, wie die Herrscher das, was ich vorschlage, im Einzelnen regeln (*diatáttein*) werden. Um daran dann zu zeigen, dass dies von allergrößtem Vorteil (*symphorôtatos*) ist für die Pólis und die Wächter.«

Also ist alles nicht wirklich ernst gemeint? Ist alles, was nun folgt, nur ein fauler Traum?

* * *

»Nun«, sagt Sokrates, »die Herrscher werden so wie die Männer so auch die Frauen auswählen und ihnen, den Männern also, möglichst Frauen von gleicher Natur (*homophyḗs*) übergeben. Da sie nun aber alle zusammen wohnen und essen und keine Privatsphäre haben, auch zusammen Sport treiben, werden sie, denke ich, von einem angeborenen Zwang (*anánkē émphyta*) dazu getrieben werden, miteinander Geschlechtsverkehr zu haben (wörtlich: sich miteinander zu vermischen). Das ist doch eine Naturnotwendigkeit?«

»Ja«, sagt Glaukon, »aber nicht von geometrischer, sondern erotischer Art.« (Wörtlich!)

»Sollen sich nun aber alle mit allen ohne Ordnung (*atáktōs*) wild durcheinander paaren?«

Nein, das geht nicht, meint Glaukon.

»Also muss man so etwas wie Hochzeiten (*gámoi*) veranstalten, und zwar so feierlich und heilig (*hieroí*) wie möglich.« Diese »Hochzeiten« sollen dann natürlich nicht einen

Mann und eine Frau zusammenbinden »bis dass der Tod euch scheidet«. Sondern ganz im Gegenteil, sie sind nur die Feier, wenn einem Paar die Lizenz zur Paarung erteilt wird. (Über die Geltungsdauer der Lizenz sagt Sokrates nichts.)

Aber welchen Paaren?

»Tja«, sagt Sokrates, »du hast doch zu Hause Jagdhunde und Geflügel (*órnithes*) und auch Pferde. Wie hältst du es da mit den Hochzeiten (*gámoi*) und dem Kindermachen (*paidopoiía*)?«

Nun, ganz klar: Da sucht Glaukon die besten aus und verwendet nur sie zur Zucht. Insbesondere nicht die ganz jungen und die ganz alten, sondern nur die, die in der Blüte des Lebens stehen.

Sollte man das nicht auch bei den Menschen so machen?

* * *

Aber da gibt es natürlich ein Problem: die Verlierer. Wie soll man den »*Losern*« klarmachen, dass sie nicht zum Zuge kommen?

Nun, da gibt Sokrates seinen Herrschern schlicht die Befugnis zum Lügen (*pseúdos*) und Täuschen (*apátē*). Ganz ebenso, wie ja auch Ärzte die Lizenz bekommen, Gift (*phármakon*) als Arznei zu verabreichen.

Und das muss man sich im Einzelnen dann so vorstellen: Die »Hochzeiten« werden üblicherweise Großveranstaltungen sein, sehr festlich, mit Musik und Hymnen. Bei diesen Massenhochzeiten werden Bräutigame (*nymphíoi*) und Bräute (*nýmphai*) einander zugeteilt, und zwar durch Los. In Wahrheit sind die Lose (*klēroi*) jedoch getürkt, und zwar von den Herrschern: Sie sorgen dafür, dass wirklich den besten Männern die besten Frauen zugelost werden.

Offenbar auch einmal mehrere Frauen, wenn sich jemand im Krieg oder sonstwo besonders hervorgetan hat: In der perfekten Pólis sollten die besten Männer möglichst oft mit möglichst vielen der besten Frauen schlafen (*syngígnesthai, synkoimásthai*).

Und was tun die weniger guten Männer, die gar keine Frau bekommen oder nur eine, die sie weniger gern hätten? Nun, die können sich nicht beschweren, dass man sie ungerecht behandelt hätte, sondern sie müssen dem Schicksal die Schuld geben (*aitiásthai*).

* * *

Nächster Punkt: die Kinder. Was geschieht mit ihnen?

Nun, da kennt Sokrates keine Sentimentalitäten. Die Kinder der Besten müssen den Eltern sofort nach der Geburt weggenommen werden. Sie kommen in Aufzuchtstationen, geleitet von Behörden, die aus Frauen oder Männern oder beiden bestehen, und werden dort gesäugt von vielen Frauen, die Milch haben, die Mutter eingeschlossen – aber sie darf keinesfalls wissen, welches ihr eigenes Kind ist. Und wenn sie dann keine Milch mehr hat, kann sie ungerührt wieder an ihren Job gehen. »Du machst den Frauen der Wächter das Kindermachen (*paidopoiía*) aber wirklich leicht!«, sagt Glaukon.

Und was geschieht mit den Kindern der Schlechteren, genauer wohl: den Kindern, die schlecht geraten sind? Nun, die kommen auch in Lager, aber weit abgelegen von jeder menschlichen Siedlung, und man lässt sie dort vor sich hin vegetieren.

* * *

Bleibt noch die Frage nach dem Alter der Eltern, nach den »Blütejahren«, in denen Menschen zur Zucht zugelassen werden.

»Nun«, sagt Sokrates, »dafür haben Frauen zwanzig Jahre Zeit, Männer dreißig Jahre. Frauen sollten Kinder gebären im Alter von 20 bis 40, Männer sollten Kinder zeugen im Alter von etwa 25 (nachdem die schärfste und spitzeste Zeit vorbei ist) bis zum Alter von 55.« Wenn jüngere oder ältere Menschen Kinder machen, dann ist das ein Fehler (*hamartía*)[49], »weder heilig noch gerecht«, wie Sokrates sagt. Das gleiche gilt, wenn ein Mann, der im Zeugungsalter ist, eine Frau im Gebäralter berührt (*háptesthai*), ohne dass die zuständige Behörde beide zusammengeführt hat.

Etwas merkwürdig ist dann allerdings: Sokrates will den Männern, die das legitime Zeugungsalter überschritten haben, erlauben, mit wem sie wollen zu schlafen! Ausgenommen Töchter und Mütter, Enkelinnen und Großmütter. Und nur unter der Bedingung, das Kind abzutreiben,[50] falls doch eines entsteht. Und wenn dies nicht zu erzwingen ist – wohl weil die Frau es nicht will? –, dann soll man es so halten, dass kein Unterhalt (*trophé*) gewährt wird.

All dies findet Glaukon gut. Er fragt lediglich, wie denn die alten Männer erkennen sollen, dass eine Frau ihre Tochter ist? Wenn man seine Kinder doch gar nicht kennt?

Nun, da erweist es sich als segensreich, dass die Zahl der erlaubten Paarungen in Sokrates' Pólis offenbar sehr klein ist. Jeder Mann weiß daher genau, wann er einmal mit einer

---

[49] Im Neuen Testament das Wort für Sünde.
[50] Wörtlich: dass keine Leibesfrucht, wenn sie denn entsteht, ans Licht gebracht werde. – Ich hatte überlegt, ob man die Stelle wohlwollend mit „Empfängnisverhütung betreiben" übersetzen könnte, aber sie ist zu eindeutig.

Frau schlafen durfte, und alles, was im siebten bis neunten Monat nach diesem Termin geboren ist, muss er und darf er Sohn bzw. Tochter nennen – und sie ihn Vater. Und die Kinder solcher »Söhne« und »Töchter« sind dann seine Enkel, er ihr Großvater. (Spätestens hier regen sich Zweifel, ob das Modell realisierbar ist, denn es werden doch nicht alle »Kinder« wieder zur gleichen Zeit …?) Wie auch immer: Alle Eltern und Großeltern, Kinder und Enkel dürfen einander nicht berühren. »Brüdern« und »Schwestern« wird das Gesetz allerdings gestatten, miteinander zu schlafen, wenn das Los auf sie fällt und das Orakel es obendrein billigt. Klar: Sonst könnten gleichaltrige junge Männer und Frauen niemals zusammenkommen …

19. Kapitel
Das höchste Gut der Pólis:
Gemeinschaft; und ein Exkurs zum Kriegsrecht
Dialogpartner: Glaukon (ein Bruder Platons)
Buch V 10 bis 16

Natürlich ist all dies ziemlich skandalös. Aber wie auch immer: So hat sich Sokrates nach Art der faulen Leute nun einmal in Gedanken ausgemalt, wie das, was er sich als Wächtergemeinschaft wünscht, im Detail aussehen könnte: Sex als nahezu einzige Belohnung für gute Leistung; und die Lizenz zum Sex hoheitlich verliehen unter Zuchtgesichtspunkten.

Damit ist aber weder die Frage beantwortet, ob das Gewünschte wirklich gut und nützlich ist, noch und schon gar nicht die Frage, ob es sich verwirklichen lässt.

* * *

Sokrates beginnt mit der ersten Frage: »Was meint ihr wohl, ist das größte Gut (*mégiston agathón*) bei Einrichtung der Pólis? Das, worauf alle Gesetze zielen sollten? Und was ist das größte Übel (*kakón*)?«

Nun, das größte Gut, meint Sokrates, ist das, was die Pólis zu einer einzigen (*mía*) macht, zu einer Einheit. Und dies Einheitsstiftende ist: die Gemeinsamkeit von Freud und Leid (*koinōnía hēdonēs te kaì lýpēs*). Alle Bürger sollten sich daher über dieselben Dinge freuen und grämen. Das aber gelingt nur, wenn sie die Worte »Mein« und »Nicht-Mein« (*tò emòn kaì tò ouk emón*) oder auch »Fremdes« (*allótrion*) auf möglichst viele Dinge in gleichem Sinn verwenden. So dass am Ende, wenn einem einzelnen Bürger etwas Gutes oder Schlechtes widerfährt, die ganze Stadt mitjubelt oder mittrauert. So wie ja auch der ganze Körper leidet, wenn man sich in den Finger schneidet. (Bei der *koinōnía hēdonēs te kaì lýpēs* denke ich zuerst an die Generation meiner Eltern: an das Leid des Zweiten Weltkriegs und die Freude über den Fußball-Weltmeistertitel 1954.)

* * *

Natürlich sehen Sokrates und Glaukon dann in ihrer Muster-Pólis diese Gemeinschaft aufs Beste verwirklicht: »Wie nennt man in anderen Póleis die Regierung?« »Herren (*despótai*)«. »Und bei uns?« »Retter (*sōtḗr*) und Helfer (*epíkouros*).« »Und wie nennen die Regierenden in den anderen Poleis ihr Volk (*dḗmos*)?« »Knechte (*doúloi*).« »Und bei uns, wie nennen sie es hier?« »Arbeitgeber (*misthodótai*, wörtlich Lohngeber) und Ernährer (*tropheís*).«

Und während in anderen Póleis sich die Mitglieder der Regierung durchaus als Konkurrenten sehen, mit divergierenden, jeweils »fremden« Interessen, ist das bei unseren Wächtern nicht der Fall. Es sind ja alles Brüder und Schwestern, Väter und Mütter, Enkel und Großeltern.

Aber auch die übrigen Bürger werden sich derart mit jedem Einzelnen identifizieren, dass sein Wohlergehen (*eũ práttein*)[51] oder Pech (*kakõs práttein*) auch das Ihre ist. Warum daran aber »die Gemeinsamkeit der Frauen und Kinder bei den Wächtern schuld (*aitía*) ist«, wie Sokrates sagt – das hätte man doch gern etwas genauer gewusst.

* * *

Sokrates bietet immerhin etwas an: Die Wächter sind nicht korrupt. Sie haben keine eigenen Familien, aber auch sonst kein Eigentum (*ktẽma*), insbesondere keine Häuser und keinen Grundbesitz. Daher haben sie auch keine Streitigkeiten untereinander, und sie sind nicht in Versuchung, die Pólis zu zerreißen, indem sie Fremdes als »Meins!« behandeln.

Gähn, gähn. Das hatten wir doch schon.

»Aber die Wächter haben auch keine Sorgen! Sie müssen zum Beispiel niemandem schmeicheln, wie die Armen den Reichen; sie müssen sich auch nicht darum kümmern, woher das Geld für Frauen, Kinder und Haushalt kommt. Kurz«, sagt Sokrates, »sie werden ein glücklicheres (*makarióteros*) Leben haben als sogar Olympiasieger.« (Im alten Griechenland wurden die Sieger der Olympischen Spiele von ihren

---

[51] Wir werden sehen, dass *eũ práttōmen* die letzten Worte dieses Buches sind.

Heimatpóleis mit Ehren überhäuft, oft erhielten sie eine lebenslange Pension.) »Denn der Sieg, den die Wächter siegen« – Sokrates wird ganz emphatisch – »dieser Sieg ist das Heil (*sōtēría*) der ganzen Stadt. Dafür übernimmt dann auch die Pólis den Unterhalt für sie und ihre Kinder« (wie denn das? die Kinder kennt doch keiner?). »Und sie erhalten Ehrengaben bei Lebzeiten und nach dem Tod ein würdiges Begräbnis.«

Kurz, die Wächter sind glücklich (*eudaímōn*). Anders als es Sokrates' Gesprächspartner, vor allem Adeimantos, in Kapitel 13 noch gedacht hatten.

Aber auch nicht glücklicher als die gesamte Pólis. Denn in der Pólis geht es eben nicht um das Glück einer einzelnen »Klasse«, sondern um das Glück des Ganzen. Wenn ein Wächter daher noch mehr will als dies und sein Amt vernachlässigt; wenn er eine kindische Vorstellung vom Glück entwickelt und versucht, alles in der Stadt sich anzueignen (*oikeióein*) –, dann soll er schnell merken, wie weise Hesiod war, als er sagte: Die Hälfte ist irgendwie mehr als das Ganze.

Was wohl heißen soll: Er wird aus seinem Stand ausgestoßen.

* * *

Wie auch immer, Sokrates betont noch einmal: Das natürliche Verhältnis des Weiblichen (*tò thēlý*) und des Männlichen (*tò árren*) ist Gemeinschaft miteinander (*pròs allḗlō koinōneín*). Und vielleicht ist dies ja wirklich die allererste Grundlage für eine wirkliche Gemeinschaft in der Pólis – die nun einmal deren größtes Gut ist.

Daher stellt sich Sokrates nun auch der zweiten Frage: Ist eine solche Gemeinschaft auch bei Menschen, so wie bei anderen Tieren (*álloi zō̜ioi*), möglich? Und wenn ja: wie?

Aber dann stellt er sich der Frage doch wieder nicht, sondern weicht auf ein neues Feld aus: die Kinder. Die Kinder der Wächter sollen, sobald sie können, mit in den Krieg ziehen. Erstens können sie durchaus schon Handlangerdienste leisten. Zweitens kämpfen die Eltern in Gegenwart ihrer Kinder noch tapferer. Aber drittens schließlich lernen die Kinder immer noch am besten, wie Gefahren einzuschätzen sind, wenn sie erfahrene Männer im Krieg begleiten dürfen – als Zuschauer des Kriegs (*theōroì polémou*).

Und für den Fall, dass doch etwas schief geht, sollte man die Kinder auf schnelle, aber gutartige Pferde setzen.

* * *

Aber wo man gerade beim Thema Krieg ist: Wie sollen sich eigentlich die Soldaten untereinander und wie gegenüber den Feinden verhalten?

Nun, wer Feigheit vor dem Feind zeigt, soll versetzt werden zu den Handwerkern (*dēmiourgoí*) oder Bauern (*geōrgoí*). Wer sich aber durch Tapferkeit hervortut, der soll gleich auf dem Feldzug von den hübschesten Jungs mit einem Siegerkranz geehrt werden. (Dass es bei den alten Griechen eine gewisse Homoerotik gab, hatte ich schon erwähnt.) Außerdem darf er jeden und jede, die er will, küssen (*phileín*), und niemand darf es ihm verwehren – was natürlich ein starker Anreiz für jeden Soldaten ist, der zufällig in etwas Männliches (*árrēn*) oder Weibliches (*thēleía*) verliebt ist (*erãn*).

Und zu essen bekommen soll er, im wahrsten Sinn, die Filetstücke (*nôta diênekes*, wörtlich: weitreichende Rückenstücke).

* * *

»Bleibt zu klären«, sagt Sokrates, »wie sich die Soldaten gegenüber den Feinden verhalten sollen.«

Zunächst einmal ist es verboten, griechische Kriegsgefangene zu Sklaven zu machen (*andrapodízein*). Verboten ist auch, die toten Feinde auszuplündern – sonst vernachlässigen die Soldaten zu früh den Kampf und werden selbst, mitsamt ihrem Heer, vernichtet (abgesehen davon, dass solche Leichenfledderei unwürdig ist).

Und wie ist es mit dem Land des geschlagenen Feindes? Sollen die Soldaten es verwüsten, sollen sie die Häuser verbrennen?

Die Antwort ist ganz klar: bei den Barbaren ja, bei den Griechen nein. Immerhin dürfen sie bei den Griechen aber die Jahresernte (*epéteios kárpos*) der Verlierer mitnehmen.

Der Grund für die Differenzierung? Nun, eine Feindschaft (*échtra*) unter Griechen kann man nicht eigentlich Krieg (*pólemos*) nennen, sondern nur Aufruhr oder Aufstand (*stásis* – das ist eigentlich das Wort für gewaltsame innenpolitische Auseinandersetzung). Denn mit den Griechen muss man sich vielleicht irgendwann wieder vertragen, anders als mit den Fremden (*allótrioi*), mit denen man eben wirklich »Krieg« hat.

Praktische Konsequenz: Gegenüber besiegten Griechen (*Héllēnes*) sollen die Soldaten mild und zahm sein und bedenken, dass man sich auch wieder soll versöhnen können. Nach Möglichkeit soll man sogar die wenigen, die wirklich schuld sind am Streit, herausfinden und sie von den Unschuldigen bestrafen (*díkēn didónai*) lassen.

Wie auch immer, für die Wächter gilt als Gesetz (*nómos*): Sie sollen bei den anderen Hellenen, das heißt Griechen, weder das Land verwüsten noch die Häuser in Brand stecken.

20. Kapitel
Philosophen an die Macht!
Aber was ist ein Philosoph?
Dialogpartner: Glaukon (ein Bruder Platons)
Buch V 17 bis 21

Glaukon und die anderen haben allerdings durchaus bemerkt, dass Sokrates auf einen Nebenkriegsschauplatz ausgewichen ist. Deshalb erinnert Glaukon ihn jetzt: Die Frage lautet nach wie vor, ob und wie eine solche Verfassung (*politeía*) möglich (*dynatón*) sei.

»Ui«, sagt Sokrates, »so sehr ich mich winde, du lässt mich nicht in Ruhe. Aber du weißt auch nicht, dass gegen das, was ich nun entwickeln werde, die dritte und schwerste Woge anrollen wird – kaum dass ich den ersten beiden Wogen entronnen bin.«

Ja, und das, was Sokrates entwickeln wird, lässt sich in aller Kürze als Paradox formulieren: Eine solche Verfassung ist möglich, und sie ist es nicht.

Wie das?

Nun, wenn man zum Beispiel herausgefunden hat, welcher Art die Gerechtigkeit ist, und schaut sich dann einen einzelnen Menschen an: Wird man erwarten können, dass er ihr in jeder Hinsicht entspricht? Oder muss man zufrieden sein (*agapān* – dasselbe Wort wie »lieben« im Sinn von Nächstenliebe!), wenn er ihr möglichst nahe kommt?

Man muss damit zufrieden sein.

Und so ist es doch überall: »Wir haben«, sagt Sokrates, »halt nur ein *Modell*, ein Musterbild (*parádeigma*, wörtlich: Beispiel, Vorbild, Muster) der Gerechtigkeit entworfen.« Dieses Muster »verwirklichen« konkrete Menschen niemals ganz und gar – aber das wollten wir auch weder behaupten noch beweisen! Jedoch kann man dem Modell mehr oder weniger nahekommen – und in dieser Hinsicht ist es dann doch möglich, es zu verwirklichen.

Anders gewendet: Wir werfen doch auch einem Maler nicht vor, er habe das *parádeigma* eines allerschönsten Menschen gemalt ohne beweisen zu können, dass ein solcher Mensch tatsächlich entstehen kann! »Und überhaupt«, sagt Sokrates, »lässt sich rein gar nichts genauso tun wie es gesagt wird! Vielmehr liegt es in der Natur der Praxis (*prãxis*), weniger nah an die Wahrheit heranzureichen als die Formel, die Beschreibung (*léxis*)[52].«

Kein Teller, kein noch so gut gezeichneter Kreis ist eben ein *wahrer* Kreis. (*So* sagt Sokrates es allerdings nicht).

* * *

Nach dieser Vorarbeit kann es nun ans Werk gehen: Lasst uns eine konkrete Pólis finden, die dem Entwurf so nahe wie möglich (*engýtatos*) kommt! Unter den »real existierenden« Póleis wird das nun zwar schwierig – dort wird zu vieles falsch gemacht (*kakōs práttetai*). Jedoch schlägt Sokrates eine einzige Änderung vor, die dies ändern kann –

---

[52] Wörtlich: Wort, Rede.

nicht leicht und klein, aber doch möglich. Und zugleich so kühn, dass er jene dritte Welle aus Entrüstung und Gelächter fürchtet. Die These lautet:

»Solange in der Pólis nicht entweder die Philosophen an die Macht kommen[53] oder aber die Machthaber[54] seriös und kompetent[55] philosophieren – solange dies nicht geschieht, gibt es kein Ende des Schlechten (*kakòn*) in den Póleis, ja in der ganzen Menschheit; und es wird auch nicht die von uns ausformulierte[56] Pólis wachsen und das Licht der Sonne erblicken können.«

Tja. Das ist der im wahrsten Sinn des Wortes zentrale Satz des ganzen Buchs.

Und Sokrates erkennt sogleich: Wir müssen schon etwas genauer bestimmen, was wir unter diesen Philosophen – wörtlich übersetzt: Freunde der Weisheit – verstehen!

* * *

Man kann Sokrates' Antwort, meine ich, wie folgt auf den Punkt bringen: Philosophen sind Menschen, die die Wahrheit lieben. Wobei der Akzent auf dem »lieben« liegt.

Denn so beginnt das Argument: »Erinnere dich, Glaukon! Wenn jemand etwas liebt (*phileín*), dann liebt er daran doch nicht lediglich einen Teil davon und einen anderen nicht; sondern er liebt das Ganze?«

---

[53] Wörtlich: Könige werden.
[54] Wörtlich: die heute sogenannten Könige und Machthaber (*dynástai*).
[55] Wörtlich: *philosophḗsōsi gnēsíōs* (ehelich, vollbürtig) *te kaì hikanōs*.
[56] Wörtlich: *lógōi dielḗlytha*.

Glaukon erinnert sich nicht so recht, daher holt Sokrates weiter aus:

»Du bist doch ein an der Liebe interessierter (*erōtikós*) Mann. Erinnere dich: Einen Liebhaber junger Männer (*philópais*) machen doch *alle* knackigen jungen Männer irgendwie an.« (Wir hatten schon in Kapitel 10 gesehen, dass die alten Griechen eine gewisse Kultur der »Knabenliebe« hatten). »Wie verhält er sich nun diesen Schönen (*kaloí*) gegenüber? Nun, den jungen Mann mit der Stupsnase nennt er niedlich, den mit der Adlernase (*grýpon*) königlich, der dazwischen hat das Idealmaß. Die Jungs mit der dunklen Haut sind männlich, die hellen Göttersöhne; und einen Jungen honigfarben zu nennen, dafür muss man schon ein sehr charmanter Liebhaber sein. Kurz: Man nimmt jeden Vorwand, um keinen der Jungen unattraktiv zu finden.«

Was übrigens die Weinliebhaber (*philoínoi*) mit dem Wein genauso machen.

Und die Philosophen mit … der Weisheit (*sophía*)! Es ist nicht so, dass sie die eine Weisheit begehren (*epithymeín*) und die andere nicht; sondern sie begehren die ganze (*pása*) Weisheit. Deshalb sind sie lernfreudig (*philomathḗs*) und, was das Wissen (*máthēma*) angeht, unersättlich.

»Dann«, sagt Glaukon, »gibt es aber sehr viele von dieser Art! Ich meine die Neugierigen[57], die Wissenskonsumenten, die gar nicht genug von Nachrichten und Neuigkeiten bekommen können und insbesondere den ganzen Kulturbetrieb mitmachen – die willst du alle Philosophen nennen?« – »Nein, sagt Sokrates, »nur den Philosophen ähnlich (*hómoios*).«

* * *

---

[57] Wörtlich: Schaugierige und Hörgierige (*philotheámenoi, philḗkooi*).

Gut, aber was sind dann die wahren (*alēthinoí*) Philosophen?

»Diejenigen«, sagt Sokrates, »die neugierig (*philotheámōn*) nach der Wahrheit (*alétheia*) sind.«

Okay. Aber sind das die Neugierigen im engeren Sinn, die Wissenskonsumenten, nicht auch?

»Nein«, sagt Sokrates, »das ist wieder ganz genauso wie bei der Schönheit. Die Neugierigen im engeren Sinn, diejenigen, die immer wieder etwas Neues sehen und hören wollen, haben nur die Einzelheiten gern (*aspázesthai*): die schöne Stimme (*phōnḗ*) oder die Hautfarbe (*chróa*) oder die Figur (*schēma*) und so weiter. Die Natur (*phýsis*) des Schönen selbst (*autò tò kalón*) aber zu sehen (*ideīn*) und gern zu haben (*aspázesthai*) – dazu ist ihr Denken (*diánoia*) nicht fähig (*adýnatos*).«

Mehr noch: Sie leugnen sogar, dass es das Schöne selbst gibt! »Das Schöne selbst – oder auch: ›an sich‹, ›als solches‹, als Abstraktum – kann man das etwa anfassen?? Ist es nicht, ›als solches‹, ein Hirngespinst?«

Ganz im Gegenteil! Sokrates geht in die Offensive: »Jemand, der nur einzelne Dinge (*prágmata*) für schön halten kann (*nomízein*), aber die Schönheit selbst (*autò dè kállos*) weder anerkennt (*nomízein*) noch jemandem folgen kann, der ihn zu ihrer Erkenntnis (*gnōsis*) führen könnte – meinst du, dass so jemand im Traum oder im Wachzustand lebt?«

Glaukon versteht nicht ganz.

»Nun, Träumen heißt doch wohl: das, was einer Sache bloß ähnlich ist (*hómoios*), für die Sache selbst halten?«

Gut, dann lebt der Neugierige im Traum.

»Während wirklich wach (*hýpar*) nur derjenige ist, der erstens daran glaubt (*hēgeísthai*), dass es so etwas wie das Schöne selbst (*ti autò kalón*) gibt, der zweitens fähig ist, es in der Wirklichkeit zu sehen (*kathorãn*) – und zwar als solches (*autó*) ebenso wie die Dinge, die an ihm Anteil haben (*metéchein*) –, und der drittens weder die Dinge, die daran Anteil haben, für die Schönheit selbst hält noch die Schönheit selbst für die Dinge, die an ihr Anteil haben.«

Mit anderen Worten: Wirklich wach ist nur, wer das Objekt (die Dinge) und das Prädikat (Schönheit) auseinanderhalten kann.

* * *

Und das bedeutet nun, übertragen auf den Bereich des Wissens: Nur wer in dieser Weise wach ist, nur dessen Denken (*diánoia*) kann man wirkliche Einsicht[58] (*gnṓmē*) nennen. Wer hingegen träumt, dessen Denken ist bloße Meinung (*dóxa*) – weil es sich am äußeren Schein (*dóxa*) der Dinge festmacht (*dokeín*) und, so will ich hinzufügen, den wahren Maßstab nicht kennt.

So, und nun wird es etwas kompliziert.

Sokrates unterscheidet im Bereich des Wissens nämlich drei Bereiche: erstens die wirkliche Einsicht (*gnṓmē, gnõsis,* auch *epistḗmē*); zweitens die Unwissenheit (*ágnoia*); drittens das, was dazwischen liegt: die »Meinung« (*dóxa*) – schwer zu übersetzen.

Für diese drei Bereiche soll nun gelten: Die wirkliche Einsicht erkennt das, was ist (*tò ón*, wörtlich: das Seiende). Das, was nicht ist (*tò mḕ ón*), kann man auch nicht wissen, es ist daher Gegenstand des Nichtwissens. Und was ist Gegen-

---

[58] Den Begriff Erkenntnis vermeide ich, denn nach heutigem Sprachgebrauch meint Erkenntnis gerade nicht nur die wahre, sondern auch die falsche Erkenntnis.

stand der Meinung? Vielleicht das, was sowohl ist als auch nicht ist (*eínai te kaì mè eínai*)?

Sokrates setzt ein zweites Mal an: Die »wirkliche Einsicht« (*epistḗmē*) und die »Meinung« sind jeweils eine Kraft, eine Fähigkeit (*dýnamis*). Beide sind auch etwas Verschiedenes – sonst dürfte man sie nicht verschieden benennen. Folglich ist auch das, was wirklich erkennbar ist (*gnōstós*), etwas anderes als das, was »meinbar« (*doxastós*) ist. Das »Meinbare« kann daher nicht das sein, was ist (das ist ja schon Sache der *epistḗmē*); und auch nicht das, was nicht ist (das ist Gegenstand der *ágnoia*; zudem kann man über das, was nicht ist, auch keine Meinung haben).

Hatten wir das nicht schon?

Irgendwie ja. Am Ende kommt heraus: »Meinen« (*doxázein*) bezieht sich weder allein auf das, was ist, noch allein auf das, was nicht ist. Vielmehr ist das, was zugleich ist und nicht ist (*háma ón te kaì mè ón*), das Feld der Meinung (*dóxa*). Und sie liegt dabei dergestalt zwischen wahrer Einsicht (*gnōsis*) und Unwissenheit (*ágnoia*), dass sie dunkler ist als die Einsicht und heller als das Unwissen.

Tja. Das kann man so sehen. Mir allerdings erscheint es ziemlich – dunkel!

* * *

Klar wird es erst, wenn man schaut, worauf es hinausläuft: auf den Unterschied zwischen den wahren Philosophen und den Neugierigen – Sokrates nennt sie am Ende Philodoxe, das heißt: Freunde der Meinung.

Und kommt dafür wieder auf das Schöne an sich und die vielen schönen Einzelheiten zurück. Er fragt – rhetorisch – einen dieser Neugierigen, einen dieser Schau- und Hörfreu-

digen (*philotheámenoi, philékooi*), einen, der nicht glaubt
(*hēgeísthai*), es gebe das Schöne selbst und eine Idee (*idéa*)
der Schönheit, so wie er auch nicht an das Gerechte (*díkaion*)
selbst glaubt, sondern nur die vielen Einzeldinge als schön
oder gerecht anerkennt:

»Sag einmal, ist es nicht immer so, dass dem einen etwas
schön erscheint, dem anderen aber dasselbe hässlich? Dass
der eine etwas gerecht findet, der andere ungerecht; oder
heilig und frevelhaft? Und sogar ›groß‹ und ›klein‹ sind relativ, jeweils im Vergleich zu etwas anderem?«

Klar.

Und Gegenstand all dieser Aussagen sind doch immer
Einzeldinge?

Klar.

Also wird jedes dieser Einzeldinge (*tōn pollōn*) immer
von beidem einen Anteil haben – vom Schönen und Häss-
lichen, Gerechten und Ungerechten, Großen und Kleinen.
Und man kann kaum sagen, dass sie mehr das eine »sind«,
als sie das andere »sind« – oder auch »nicht sind«!

»Aha!«, sagt Sokrates. „Damit haben wir es gefunden
(*heurēkamen*)[59]: Die vielen Einzeldinge (*tà pollá*) sind das,
was irgendwo zwischen dem, was ist, und dem, was nicht
ist, herumschwirrt (*kylíndein*) – insbesondere die vielen
Einzeldinge, die von vielen Menschen (*hoì polloí*) für schön
gehalten werden.«

Und sie sind dann natürlich auch die Gegenstände des
Meinens (*doxastós*).

Während die Kenntnis des Schönen an sich, der Schönheit selbst, wahre Einsicht (*gnōsis*) ist.

---

[59] Bekannt ist der Ausruf: *Heúrēka* – ich habe es gefunden!

* * *

Nun, und dann ist ganz klar: Denjenigen, die nur die Einzeldinge sehen, nicht aber das Schöne oder das Gerechte selbst (und sie wollen es auch gar nicht sehen!) – denen ist nur ihre »Meinung« (*dóxa*), ihr Geschmacksurteil willkommen (*aspázein*) und lieb (*philein*). Deshalb können wir sie nur Philodoxe nennen.

Die Philosophen hingegen haben ein jedes Ding (*hékaston*), das da ist (*tò ón*), selbst und als solches (*autó*) gern (*aspázein*).

Anders gewendet: Die Philodoxen, die Wissens- und Kulturkonsumenten, lieben (*philein*) die schönen Einzelheiten. Die Philosophen lieben in allem Einzelnen das Schöne (oder Gute oder Gerechte).

Es ist, was es ist, sagt die Liebe.

Sechstes Buch

Au weia! Das war aber eine schwere Geburt! Immerhin wissen wir nun, nach einem langen Weg, wer die wahren Philosophen sind und wer nicht.

»Ja«, schmeichelt Glaukon, »und kürzer wäre es auch nicht leicht gewesen.«

»Allerdings«, sagt Sokrates, »haben wir immer noch einen weiten Weg vor uns. Denn die Frage, auf die wir doch am Ende alles herunterbrechen wollen (*kathorān*), ist diese: Was unterscheidet das gerechte Leben vom ungerechten (*tí diaphérei bíos díkaios adíkou*)?«

21. Kapitel
Die Natur der wahren Philosophen –
und warum sie verkannt werden

Dialogpartner: Glaukon, Adeimantos
(die beiden Brüder Platons)
Buch VI 1 bis 4

Wir rekapitulieren: »Philosophen sind diejenigen, die fähig sind, das zu erfassen (*ephháptein*), was sich bei denselben Dingen (*katà tautá*) immer auf dieselbe Art und Weise (*hōsaútōs*) verhält. Diejenigen, die das nicht können, sondern in den vielen Wechselfällen des Lebens (*en polloîs*) ebenso wechselvoll herumirren (*planōmenoi échein*), sind eben keine Philosophen.«

Juristisch und zugleich politisch gesagt: Philosoph ist, wer in den Einzelfällen das erkennt, was ihnen gemeinsam ist – so dass man die Fälle gleich *be*handeln kann und muss.

Nicht-Philosophen hingegen halten es je nach Fall mal so, mal so, wenn man will: sie *ver*handeln in jedem Fall immer wieder neu.

Und wer von beiden sollen nun die Führer (*hēgemónes*) der Pólis sein?

Klar, die Philosophen. Das hatte Sokrates ja schon als These formuliert.

So dass jetzt nur noch nachgelegt wird: »Die Nicht-Philosophen sind doch wie Blinde! Sie haben in ihrer Seele kein hineinschimmerndes Musterbeispiel (*enargés parádeigma*)! Sie können daher nicht wie ein Maler (*grapheús*) auf das Allerwahrste (*alēthéstatos*) schauen, daher auch nicht von dorther alles beurteilen und, falls nötig, Gesetze (*nómima*) über das Schöne, das Gerechte und das Gute erlassen (*títhesthai*, wörtlich: setzen, stellen, legen) und darauf achten, dass die aufgestellten (*keímena*) Gesetze eingehalten werden.«

Also die Philosophen.

Wobei man allerdings darauf achten muss, dass sie ebensoviel Erfahrung (*empeiría*) haben müssen wie die Nicht-Philosophen. Oder genauer: Sie müssen das können, was jene Nicht-Philosophen können, und dann eben noch ein bisschen mehr. Nämlich: den Blick für das jeweils Wesentliche (*hékaston tò ón*)[60].

* * *

Deshalb fragt Sokrates nun nach der »Natur« (*phýsis*) der Philosophen. Was müssen sie an Begabung mitbringen? Nun, »sie müssen dasjenige Wissen (*máthēma*) lieben (*erān* – hier also plötzlich die erotische Liebe!), das ihnen jenes Sein

---

[60]   Wörtlich übersetzt: das jeweils Seiende.

(*ousía*) klar macht, das immer sein wird und sich nicht wandelt durch Entstehen und Vergehen (*génesis kaì phthorá*). Und dies auch wieder als Ganzes (*pãs*), ohne irgendetwas wegzulassen, das einem nicht gefällt – so wie wir es vorhin bei den Liebenden (*erōtikoí*) durchgegangen sind.«

Okay. Bitte etwas konkreter!

Nun: Die Philosophen dürfen erstens nicht verlogen sein (*apseúdeian échein*), sondern müssen die Wahrheit lieben (*stérgein* – schon wieder ein neues Wort dafür!). Denn die Wahrheit (*alētheía*) ist die nächste Verwandte der Weisheit (*sophía*), und ein Liebender liebt (*agapān*) eben auch die ganze Verwandtschaft des Geliebten.

Zweitens: Wen es allein nach der Wahrheit gelüstet, der kann für anderes Zeug (*chrēma*) nicht mehr viel vom Strom (*rheūma*) seiner Begierden (*epithymíai*) abzweigen. Er wird daher besonnen (*sōphrōn*) und keineswegs habsüchtig (*philochrēmatos*) sein. – Drittens: Wer das Ganze will (*méllein*), kann nicht kleinlich und knauserig (*aneleutherós*, wörtlich: unfrei) sein. Also ist der Philosoph großzügig (*megaloprepēs*) und schaut Sein und Zeit im Ganzen an, hält folglich das einzelne menschliche Leben nicht für etwas Großes, folglich auch den Tod (*thánatos*) nicht für furchtbar (*deinós*). Kurz: Er ist nicht feige (*deilós*) oder »unfreigiebig«. – Viertens: Wer derart in Ordnung (*kósmios*) ist, ist auch gerecht und verträglich, und darauf sollte man schon in der Jugend achten (*episkopeín* – das deutsche Wort Bischof, von *epískopos*, kommt daher).

Fünftens. Wer etwas liebt (*stérgein*), der interessiert sich wirklich dafür. Wer also die Erkenntnis liebt, hat eine gute Auffassungsgabe (*eumathēs*) und kann das Gelernte auch behalten (*sōzein*) – sonst würde er sich selbst hassen! Philosophen müssen daher von Natur aus Leute mit gutem Gedächtnis (*mnēmonikós*) sein. – Sechstens. Philosophen sind nicht maßlos (*ámetros*), ungebildet (*ámousos*) oder ungestalt (*aschḗmōn*)[61], sondern maßvoll (*émmetros*) und anmutig (*eúcharis*). Klingt etwas altertümlich? Okay, sagen wir es so: Sie haben Takt, Geschmack, Witz (im Sinn von *esprit*) und Charme.

Zusammenfassend: Die Philosophen sind gedächtnisstark (*mnḗmōn*), lernwillig (*eumathḗs*), großzügig (*megaloprepḗs*), geistvoll (*eúcharis*), sie sind Freunde und Blutsbrüder (*syngeneís*) der Wahrheit, Gerechtigkeit, Tapferkeit, Besonnenheit.

Und wenn sie dann auch noch durch Alter gereift sind, soll man ihnen – und ihnen allein – die Pólis anvertrauen.

* * *

Ist das nicht schön? Allerdings nicht gerade das, was die Mehrzahl der Bevölkerung denkt. Die dürfte nämlich meinen: Wer sein Leben lang, also nicht nur auf der Schule, einen Drang zur Philosophie (*philosophía*) hat, der ist doch völlig ungeeignet (*áchrēstos*) für die Pólis! Mehr noch, die meisten Philosophen werden mit der Zeit irgendwie seltsam und »anders« (*allókotos*), um nicht zu sagen: von Grund auf schlecht (*pampónēros*).

Ja, und mit genau diesem Einwand kommt jetzt Adeimantos.

Und Sokrates?

Sokrates gibt dem Einwand Recht!

---

[61] Zur Aussprache: a-s'chḗmōn (»s« und »ch« werden getrennt gesprochen, also kein »sch«).

Darauf Adeimantos: »Aber wie passt das zusammen? Du hast gesagt, die Póleis werden nicht eher von ihren Übeln befreit, bevor nicht die Philosophen an die Regierung kommen (*árchein*) – aber dann sollen die Philosophen ganz unbrauchbar sein?«

Darauf Sokrates: »Ich fürchte, das kann ich nur durch ein Bild, durch ein Gleichnis (*eíkōn* – daher kommt die Ikone) erklären. Also:

Stellt euch ein Schiff vor (*neós*, auch *naũs* – daher die Nautik). Der Eigner des Schiffes (*naúklēros*) ist größer und stärker als alle anderen auf dem Schiff, aber leider etwas taub und kurzsichtig, und er versteht auch nicht viel von der Seefahrt (*tà nautiká*). Die Matrosen (*naútai*) liegen miteinander in Aufruhr (*stasiázein*), weil sie darum streiten, wer das Schiff steuern (*kybernãn*) darf. Jeder will es, aber keiner hat diese Kunst (*téchnē*) wirklich gelernt, ja, sie bestreiten sogar, dass man sie lehren könne (*didaktón*), und wer das behauptet, den sind sie bereit zusammenzuschlagen (*katatémnein*). Und so »umfluten« (*pericheín*) diese Matrosen den Eigner und versuchen ihn dazu zu bringen, ihnen das Ruder anzuvertrauen – teils durch Überredung, teils durch Gewalt, teils, indem sie ihn betrunken machen, teils, indem sie Konkurrenten töten und aus dem Schiff werfen. Kurz, sie tun alles, um an die Macht zu kommen, und wer da nicht mitmacht, den nennen sie unbrauchbar (*áchrēstos*).

Und deshalb«, fährt Sokrates fort, »ist ihnen das, was ein wahrer Steuermann (*alēthinós kybernétēs*) ist, erstens völlig unbekannt und zweitens völlig Wurst. Dass man etwas über die Tages- und Jahreszeiten, über den Himmel (*ouranós*) und die Sterne (*ástra*), über die Winde (*pneúmata*) wissen muss; und dass *dies* die Kunst (*téchnē*) ist, auf die es ankommt – das ist ihnen völlig zweitrangig. Hauptsache ist, ans Ru-

der zu kommen. Daher halten sie denn auch den wahren
Steuermann für einen, nun ja, In-die-Luft-Gucker (*meteō-
roskópos*) und Schwätzer.«

Schönes Bild. Und natürlich klar, was es sagen soll:

Die wahren Philosophen, diejenigen, die wissen, worauf es ankommt, werden in der Pólis gar nicht erkannt, ge-
schweige denn geehrt (*timān*). Dies auch deshalb, weil sie
sich nicht um die Macht reißen – was man ihnen aber nicht
zum Vorwurf machen darf! Denn es wäre doch wider die
Natur, wenn der Steuermann den Schiffseigner anbettelte,
ihn einzustellen; oder wenn die Weisen bei den Reichen die
Klinken putzten, um einen Job zu bekommen (ich muss gerade an die sogenannte Drittmittelforschung denken). Nein,
es muss schon der Kranke, ob arm oder reich, zur Tür des
Arztes kommen – und ebenso diejenigen, die eine Regierung brauchen, zu denjenigen, die fähig sind (*dýnasthai*), sie
zu regieren (*árchein*).

22. Kapitel
Falsche und verdorbene Philosophen –
und die Rolle der öffentlichen Meinung
Dialogpartner: Adeimantos (ein Bruder Platons)
Buch VI 5 bis 10

Aber zurück zum schlechten Ruf der Philosophen! Wir
haben gesehen, warum die echten Philosophen im Ruf der
Untüchtigkeit stehen. Noch schädlicher sind aber diejenigen, die nur vorgeben (*pháskein*), den Beruf (*epitēdeuma*)
des Philosophen auszuüben. Wobei man unterscheiden
muss: Es gibt zwei Sorten »falscher« Philosophen: erstens
solche, die eigentlich gute Philosophen sind, aber verführt

und verdorben werden; zweitens solche, die eigentlich zu schlecht zum Philosophenberuf sind, ihn aber so gut nach-äffen (*mimeísthai*) können, dass sie in Positionen kommen, die ihnen eine Nummer zu groß sind – und dort versagen sie dann eben.

»Aber an alledem«, sagt Sokrates, »das müssen wir fest-halten, ist nicht die Philosophie schuld. Sondern es hat an-dere Gründe, dass die Masse derer, die sich mit Philosophie beschäftigen, mit Notwendigkeit böse endet (*ponēría*).«

Interessant! Die Beschäftigung mit Kultur – oder für Juristen: mit den sogenannten »Grundlagenfächern« wie Rechtsphilosophie, Rechtsgeschichte und so weiter – macht uns gerade nicht schon zu besseren Menschen! Und war es nicht Heydrich, eine der Nazi-Größen, der so gut Violine spielte?

Sondern ein wirklich guter Philosoph ist das, was wir vor-hin *kalós kaì agathós* genannt haben: »schön und gut«. Und das heißt zuvörderst: Er liebt die Wahrheit – und wie! Denn wer wirklich nach Erkenntnis strebt (*philomathḗs*), macht geradezu einen Sport daraus (*hamillásthai*) zu erforschen, wie das, was ist (*tò ón*), wirklich beschaffen (*pephykós*) ist, jenseits aller Einzelheiten. Und er lässt sich nicht entmu-tigen und lässt nicht ab von seiner Liebe (*érōs*), bis er sich mit dem, wie es wirklich ist, vermischt hat (*meígnymi* – im übertragenen Sinn auch wieder ein Wort für Geschlechts-verkehr), bis er Geist (*noús*) und Wahrheit gezeugt (*gennãn*) hat, bis er wirklich erkennt und lebt. Dann erst wird er den Geburtsschmerz (*ṓdis*) los.

Kurz und gut: Der wahre Philosoph lebt lustvoll, aber anstrengend. (Oder wie Karl Valentin sagte: Kunst ist schön. Macht aber viel Arbeit.)

* * *

Und damit sind wir bei dem Punkt, wo klar wird, warum die meisten die anstrengende Seite meiden.

Wie war er noch gleich, unser Musterphilosoph? Zuvörderst: tapfer, großzügig, mit guter Auffassungsgabe und gutem Gedächtnis. Außerdem noch: besonnen, mit guten Manieren, charmant.

Ja, und all diese Eigenschaften führen ihn nun, genau besehen, schon ganz nah ans Verderben (*ólethros*). Zumal, wenn er obendrein schön ist und reich und körperlich stark.

Wie denn das?

»Nun ja«, sagt Sokrates: »Ein Mensch, wie wir ihn eben beschrieben haben, ist selten. Wenn daher jemand schon in jungen Jahren diese Talente zeigt, dann werden ihn alle schon im Voraus umschmeicheln – um später, wenn er wirklich den Einfluss hat, den er zu haben verspricht, von ihm Nutzen zu haben (*chrêsthai*). Sie werden ihm zu Füßen liegen! Und was wird dann der junge Mensch denken? Er wird denken, er sei fähig, die ganze Welt zu managen, die der Griechen und der Barbaren! Und er wird hochmütig (*hypsêlós*) werden, strotzend von eitlem (*kénos*) Auftreten (*schêmatismós*) und Einbildung (*phrónêma*). Ohne Einsicht (*noús*), dass er vielleicht doch noch viel lernen muss; beratungsresistent gegenüber den wenigen, die sich noch trauen, ihm dies zu sagen; weil man nämlich fürchten muss, von all den Schmeichlern sofort diffamiert zu werden.«

Ja, und werden deshalb diese vielversprechenden jungen Leute scheitern?

Leider nein. Sondern sie werden zu den größten Schurken – eben weil sie eigentlich »edle«, das heißt starke Naturen sind. »Die von Natur besten (*euphyéstata*) Seelen«, sagt

Sokrates, »können, wenn sie an eine schlechte Erziehung geraten, ganz besonders schlecht (*kakós*) werden. Es ist daher letztlich Zufall, manchmal vielleicht auch göttliche Hilfe, ob eine solche Großnatur der Pólis und den Einzelnen (*idiótas*) die größten Übel antut (*ergázein*) oder Gutes.«

Die Schwachen hingegen, von denen ist nichts Großes zu erwarten, weder im Guten noch im Schlechten. Deshalb werden sie auch gern – Philosophen! (Falsche natürlich.)

* * *

Oder besser: Sie wollen es werden – weil die Philosophie immer noch das höhere Ansehen (*axíōma*) hat gegenüber den sonstigen Künsten (*téchnai*).

Und sie schaffen es sogar! Denn diejenigen, die wirklich geeignet wären, haben die Philosophie einsam (*érēmos*) und unvollendet (*atelés*) im Stich gelassen, so dass sich an sie, wie an ein Waisenkind, Unwürdige heranmachen – meist solche, die in ihren jeweiligen Künsten (*téchnai*) mit ihrer Kompetenz besonders angeben und doch nur Banausen (*bánausoi*, wörtlich: Handwerker) sind.

»So dass sie nicht besser sind als ein kleiner glatzköpfiger Schmiedegeselle, der zu Geld gekommen ist und nun, frisch gebadet und rasiert, die Tochter seines verarmten und vereinsamten Meisters heiraten will.«

Ach Sokrates: Das war mal wieder ein Tick zu viel!

* * *

Und ich muss gestehen: Ich habe den Gedankengang in diesem Kapitel ein bisschen gestrafft, denn Sokrates hatte noch einen Nebengedanken zu der Frage, wer denn die

wirklich edlen Naturen verdirbt. Der ist so schön, dass man
ihn besser separat nachträgt.

Herrschende Meinung in der Bevölkerung Athens scheint
damals nämlich gewesen zu sein: Schuld am Verderb der Jugend sind im Wesentlichen gewisse Sophisten (*sophístai*), die
als Privatlehrer arbeiten (*idiōtikós*) und den jungen Leuten
Logik und Rhetorik und Argumentationstechnik beibrin-
gen – mit der Folge, dass die jungen Leute nun mit diesen
Techniken alles in Frage stellen, vor allem »die Werte« der
Gesellschaft.

»Aber«, sagt Sokrates, »wer dies behauptet, ist selbst der
größte Sophist. Denn wer wirklich ›Werte‹ vermittelt, sind
doch diejenigen, die die öffentliche Meinung prägen – in der
Volksversammlung (*ekklēsía*), bei Gerichtsverhandlungen
(*dikastḗrion*), im Theater, bei sonstigen Massenveranstal-
tungen. Wie soll gegen den Druck, der dort ausgeübt wird,
ein kleiner Sophist gegenanstinken?

Vielmehr wird«, fährt Sokrates fort, »der kleine, für seinen Job bezahlte Sophist an ›Werten‹ doch nur die Meinungen (*dógmata*) der Massen (*hoì polloí*)[62] vermitteln. Und
zwar so, dass man mit diesen Meinungen so umgehen kann
wie mit einem großen und starken Tier, das man aufgezo-
gen hat und dessen Zorn (*orgḗ*) und Begierden (*epithymíai*)
man so gut kennt, dass man weiß, wie man es behandeln
muss. Und dieses Wissen wird dann als Weisheit verkauft!
In Wahrheit weiß aber niemand, was an jenen Meinungen
oder Begierden gut ist oder schlecht, schön oder hässlich,
gerecht oder ungerecht. Sondern man nennt das, was dem
großen Tier (*zō̷on*) gefällt (*chaírein*), gut, und was ihm miss-
fällt, schlecht.«

---

[62] Wörtlich: die vielen.

Ja, und ein solch großes Tier ist eben die öffentliche Meinung, mit ihrem Zorn (*orgḗ*) und ihren Freuden (*hedonaí*), sei es nun zum Thema Musik oder Malerei oder Politik!

Und deshalb kann, wer sich nach ihr richtet, kaum in Anspruch nehmen, Weisheit zu lehren.

* * *

Wie auch immer: An echten Philosophen bleiben offenbar nur wenige übrig – wenn die Umstände günstig sind. Sokrates denkt hier an Philosophen in der Verbannung, wenn die Verbannung zu ertragen ist; oder an eine große Seele, die in einer kleinen Pólis heranwächst und dort, weil zu klein, nichts werden will; oder an jemanden, der eine andere *téchnē* mit Recht zu verachten (*atimázein*) gelernt hat und deshalb zur Philosophie kommt.

All diesen echten Philosophen bleibt nun aber nichts anderes übrig, als Ruhe (*hēsychía*) zu bewahren und das Ihre zu tun (*tà hautoû práttein*); zuzuschauen, wie die anderen gegen die Gesetze verstoßen, aber selbst rein (*katharós*) zu bleiben von Unrecht und Frevel; und in schöner Hoffnung zu sterben.

Es sei denn, es findet sich eine Pólis mit einer Verfassung (*politeía*), die zu ihnen passt.

Erst in einer solchen Politeía nämlich würde der wahre Philosoph, wie soll man sagen, seine Erfüllung finden: sich auswachsen zu wahrer Größe und mit dem eigenen Wohl (*tá ídia*) das Gemeinwohl (*tá koiná*) retten.

23. Kapitel
Wie man die Menschen vom Wert
der wahren Philosophen überzeugt
Dialogpartner: Adeimantos (ein Bruder Platons)
Buch VI 11 bis 14

Nur: Wie findet man eine solche Verfassung (*politeía*)?

Nun, eines ist klar: Von den real existierenden Verfassungen ist keine einzige geeignet für die wahren Philosophen. Daher müssen die wenigen real existierenden wahren Philosophen überall mehr oder weniger verkümmern – wie ein fremder Same (*xenikòn spérma*) in einer ungeeigneten Erde (*en gḗi állēi*, wörtlich: anderen Erde).

Und die richtige Verfassung wäre genau die, die wir schon entworfen haben: mit »Wächtern« (*phýlakes*), das heißt einem Beamtenapparat, der sorgsam ausgebildet wurde – und bei dem es, zum Schutz vor Korruption, keine Ehe und keine Familie gibt. (Nebenbei: Auch in der katholischen Kirche gelobt der Priester im Zölibat ja nicht Keuschheit, sondern eben nur *Ehe*losigkeit.) Und mit »Oberwächtern«, die stattdessen für die richtige Zucht sorgen.

Nun muss man nur noch die restlichen Menschen von zwei Dingen überzeugen (ich greife hier ein bisschen vor): erstens, dass sie diese »Oberwächter«, das heißt die besten unter den Wächtern, als Regierung akzeptieren; und dies zweitens *weil* – nicht obwohl! – man sie zuvor zu Philosophen gemacht hat. Weshalb Sokrates zunächst, sozusagen hinten herum, prüft, wie man die Menschen dazu bringen könnte, die wahren Philosophen überhaupt zu akzeptieren.

* * *

Und da hat Sokrates zunächst einmal die Idee, die Pólis müsse die Philosophie auf andere Weise in ihre Hände nehmen (*metacheirízein*) als bisher. »Denn alles Große ist schwankend und, wie man sagt, alles Schöne schwierig (*tà kalà chalepá*).«

Deshalb sollte die Pólis nun, meint Sokrates kühn, die jetzige Reihenfolge der Beschäftigung (*epitḗdeuma*) mit Philosophie umkehren: »Diejenigen, die sich bisher damit beschäftigen, sind doch noch halbe Kinder, stehen erst vor dem Eintritt in das Berufsleben, sei es nun die Verwaltung des eigenen Vermögens (*oikonomía*) oder ein Gewerbe (*chrēmatismós*). Und doch beschäftigen sie sich schon mit dem schwersten von allem, mit dem nämlich, was sich auf die Worte bezieht (*tò perì toùs lógous*). Halten dies aber später, weil sie es ja nur in der Jugend betrieben haben, für etwas, das man nur als Nebensache (*párergon*), als Hobby betreiben (*práttein*) dürfe.«

»… was sich auf die Worte bezieht (*tò perì toùs lógous*)« – was mag das bedeuten? Ich schlage vor: begriffliche Klarheit und saubere Argumentation.

Denn Sokrates meint doch wohl: Es ist *nicht* egal, wie das, was getan (*práttein*) werden muss, sprachlich-geistig (eben durch den *lógos*) erfasst wird. Es geht *nicht* nach dem Motto: Hauptsache ist, was hinten rauskommt – diskutieren sollen die Grünschnäbel.

Sondern ganz im Gegenteil: Die wirklich wesentlichen Gedanken können und sollen sich erst diejenigen machen, die sich die Hörner schon abgestoßen haben, bei denen die Kraft nachlässt, die aus Verwaltung (*politiká*) und Krieg gewissermaßen draußen sind. Sie erst sollen sich mit Philosophie beschäftigen – und die Kinder soll man anders bespaßen.

* * *

Aber reicht dies wirklich aus, um die Masse der Menschen (*hoì polloí*) dazu zu bringen, die wahren Philosophen zu akzeptieren?

Sokrates eiert erst einmal ein bisschen herum. Die Leute hätten einen derart in Wort und Tat (*érgōi te kaì lógōi*) vollkommenen Mann halt noch nie gesehen. Einen, der das Wahre allein um der Erkenntnis willen sucht. Nicht, um zu glänzen oder besonders schlagfertig zu erscheinen oder um Recht zu behalten, sei es vor Gericht (*díkē*) oder privat.

Und eben deshalb habe er vorhin die These aufgestellt: Keine Pólis, keine Verfassung und auch kein einzelner Mensch ist wirklich gelungen (*téleos*, wörtlich: vollendet, an sein Ziel gekommen), solange nicht (a) entweder die Philosophen an die Macht kommen oder (b) die Machthaber zu Philosophen werden. Wobei sich Sokrates die erste Variante jetzt so vorstellt, dass die wahren Philosophen und ihre Pólis eher aus Einsicht in die Notwendigkeit zueinander finden (denn wahre Philosophen drängt es eben nicht zur Macht). Und bei der zweiten Variante setzt er darauf, dass sich vielleicht unter den Söhnen der jetzigen Herrscher jemand findet, den die wahre Liebe (*érōs*) zur Philosophie packt.

Aber wird die Masse der Menschen diese Thesen wirklich akzeptieren?

Jetzt sagt Sokrates einmal etwas sehr Schönes, nämlich: »Klagt mir nicht immer die Masse (*hoì polloí*) an (*katēgoreín*)!«

Die Menschen sind nämlich, auch in der Masse, gar nicht so dumm. Man kann ihnen ganz ruhig und sachlich klarmachen, dass die wahre Philosophie Opfer einer Verleumdung (*diabolḗ*) ist. Dann werden sie dem, der keinen Groll hat, nicht grollen, und den, der nicht neidisch ist, nicht beneiden. (Philosophen haben nämlich gar keine Zeit für Groll und Neid.) Derart schwierig (*chalepós*) sind nur wenige Menschen, und die Masse (*pléthos*) ist es gerade nicht.

* * *

Immer noch nicht überzeugt?

Nun, jetzt hat Sokrates eine weitere, ziemlich gute Idee. Die Philosophen sollen zeigen, was sie können! Wenn sie schon die ganze Zeit nur auf Geordnetes (*tetagména*) sehen (*horãn*) und schauen (*theásthai*)[63], wo es weder Unrechttun noch Unrechtleiden gibt und alles in Ordnung (*kósmos*) und vernünftig (*katà lógon*) ist, …

… dann sollen sie doch einmal die Gestalt (*schéma*) der Verfassung (*politeía*) in aller Pracht skizzieren (*hypográphein*)!

So wie die Maler (*zōgráphoi*, wörtlich Lebenzeichner), die dabei ein göttliches Musterbeispiel (*parádeigma*) benutzen …

So dass unsere Philosophen erst einmal die Pólis und den Charakter (*éthos*) der Menschen (*anthrṓpōn*) wie einen Malgrund (*pínax*) reinigen (*katharãn*) müssen. Danach können sie dann loslegen, wobei sie den Blick, sozusagen, immer hin- und herwandern lassen sollten: einerseits auf das, was von Natur (*phýsei*) gerecht (*díkaios*) und schön (*kalós*) und vernünftig (*sṓphrōn*) ist; andererseits auf das, was sie in die Menschen hineintun (*empoieín*) sollten. Und dann beides zusammenmischen zu etwas Menschenähnlichem (*an-*

---

[63] Daher das Theater, aber auch die Theorie.

dreíkelos). Zu einem menschlichen Charakter (*éthos*), der so gottgeliebt (*theophilés*) wie irgend möglich ist.

Doch, in etwa so lautet es wörtlich.

Und leider ist es wohl alles andere als das, was wir uns heute unter dem »Grundriss einer Staatsverfassung« (so eine Übersetzung) vorstellen: kein Grundgesetz.

Oder doch? Weil es letztlich ein *Menschenbild* ist, auf dem die Verfassung beruht? »Der Staat ist um des Menschen willen da, nicht der Mensch um des Staates willen« – so hatte Artikel 1 des Bonner Grundgesetzes ursprünglich gelautet.

Und ohne ein derart schönes Menschenbild (damit zurück zu Sokrates) ... Würden die Menschen ohne ein solches Bild dem Entwurf der Philosophen wirklich so gern, vielleicht sogar ein bisschen beschämt (*aischynthéntes*), zustimmen? Und Sokrates' Behauptung akzeptieren, eine solche Verfassung sei nicht nur Mythologie, nicht nur Wort (*lógos*), sondern könne in die Tat (*érgon*) umgesetzt werden?

* * *

Irgendwie kommt Sokrates dann noch darauf zu sprechen, es sei nicht ausgeschlossen, dass die Nachkommen der heutigen Könige oder sonstigen Herrscher ihrer Natur nach Philosophen sein könnten.

Sie seien dann zwar schwer vor dem Verderben zu retten (siehe oben Kapitel 22). Aber im Grunde könnte in diesem Fall in der Tat ein Einzelner, der eine Pólis hat, die ihm gehorcht, das Unglaubliche schaffen: Gesetze (*nómoi*) und Einrichtungen (*epítēdeúmata*), bei denen es nicht unmöglich ist, dass auch die Bürger sie hätten machen (*poieín*) wollen (*ethélein*).

24. Kapitel
Vollendung der Philosophen:
die Idee des Guten und die übrigen »Ideen«

Dialogpartner: Adeimantos, Glaukon
(die beiden Brüder Platons)
Buch VI 15 bis 21

Gut. Sokrates meint also bewiesen zu haben, dass die Bürgerinnen und Bürger der Pólis die Philosophen als solche akzeptieren könnten. Können sie aber auch die »Oberwächter« der Muster-Pólis, die er vorhin entworfen hatte, als Regierung akzeptieren? Diese Frage nach den Herrschern (*archóntes*) der Pólis war bislang nämlich offengeblieben (umso mehr hatte man über die Frauen und Kinder der Wächter nachgedacht).

Ja, und jetzt lässt Sokrates, wenn man so will, die Katze aus dem Sack: »Ich zögere sehr, lieber Freund, aber ich will es nun doch zu sagen wagen: Es ist nötig, als ›Oberwächter‹ – wörtlich: als die genauesten Wächter (*akribéstates phýlakes*) – die Philosophen einzusetzen (*kathistánai*).«[64]

Weshalb auch die Frage einleuchtet: Aus welchen Wissensgebieten (*mathḗmata*) und welchen praktischen Tätigkeiten (*epitēdeúmata*) sollen die Retter der Verfassung (*sōtḗres politeías*) stammen? Und in welchem Alter sollen sie sich damit jeweils beschäftigen?

* * *

---

[64] So übersetzt Schleiermacher. Die heutigen Übersetzungen drehen es anders herum: »Es ist nötig, die ›Oberwächter‹ zu Philosophen machen.« Vom Griechischen her geht beides (*hóti toùs akribestátous phýlakas philosóphous deī kathistánai*). Aber *kathistánai* ist wohl doch eher »einsetzen, hinstellen« als »machen zu«.

Da gibt Sokrates zunächst einmal zu bedenken: Die Philosophen müssen in sich geradezu gegensätzliche Eigenschaften und Talente vereinigen. Weshalb sie auch so selten sind.

»Denn wer eine gute Auffassungsgabe hat (*eumathḗs*) und ein gutes Gedächtnis (*mnḗmōn*), wer geistreich (*anchínoos*) und scharfsinnig (*oxýs*) ist, dazu noch jugendlich-überschwenglich (*neanikós*) und in großen Linien denkt (*megaloprepḗs tàs dianoías*), der will meist nicht wohlgeordnet (*kosmíōs*) in Ruhe (*hēsychía*) und bodenständig (*bébaios*) leben.

Die bodenständigen Charaktere (*ḗthē*) hingegen, die sich nicht leicht umwerfen lassen (*ouk eumetábolos*), auf die man sich absolut verlassen kann, weil sie sogar im Krieg unbewegt sind von Furcht – die werden auch beim Lernen (*pròs tàs mathḗseis*) unbeweglich (*dyskínetos*) und schwer von Begriff (*dysmathḗs*) sein, wie betäubt (*apomenarkōménos*) und ganz schläfrig, wenn sie sich etwas erarbeiten müssen.«

Aber genau diese Standhaftigkeit, dieses Stehvermögen war es doch auch, das die genauesten Wächter haben sollten (Kapitel 12, 14, 16): unerschütterlich in Freud (*hedonḗ*) und Leid (*lýpē*), in Furcht und Gier.

✳ ✳ ✳

Was folgt daraus nun für die Qualifikation der Philosophen (die zu »Oberwächtern« werden sollen)?

Nun, man muss sie, wie gesagt, prüfen durch Strapazen, Furcht und Verlockungen. Hinzu kommt: Es ist nötig, dass sie sich auch in vielen Wissensgebieten (*mathḗmata*) üben (*gymnázein*), um zu prüfen, ob sie sich auch für die größten Wissenschaften (*mégista mathḗmata*) eignen – oder aber vor ihnen kapitulieren wie ein Athlet, der aus Furcht davonläuft.

* * *

Aber was sind die größten Wissenschaften?

Nun, Sokrates kommt kurz zurück auf die drei Teile der Seele – Vernunft, Mut, Begehren – und die dazugehörigen drei plus vier »Tugenden« (*aretaí*): Weisheit, Besonnenheit, Tapferkeit plus Gerechtigkeit. Aber er meint, es müsse über diese und insbesondere über die Gerechtigkeit hinaus etwas noch Größeres (*meízon*) geben, das man mit allergrößter Genauigkeit untersuchen müsse – »denn nichts Unvollendetes (*atelés*) kann Maßstab (*métrion*) sein«.

Ja, und dies größte Wissen (*mégiston máthēma*) soll nun sein: die Idee des Guten (*hē toū agathoū idéa*). Erst mit ihrer Hilfe wird »das Gerechte (*díkaia*) und so weiter brauchbar (*chrésimos*) und nützlich (*ōphélimos*)« – was immer das heißen mag.

* * *

Und was ist nun die Idee des Guten?

Nun, was das Gute (*agathón*) ist, da meint die breite Masse (*hoi polloí*), es sei das Vergnügen (*hēdonē*, auch: Freude, Lust, Spaß), während die etwas Eingebildeteren (*kompsóteroi*) meinen, es sei die Einsicht (*phrónēsis*). Aber »die Einsicht« als solche kann es kaum sein, sondern nur Einsicht in … das Gute! Und was das Gute ist, muss doch erst noch geklärt werden! – Was schließlich die »Freuden« angeht: Gibt es nicht auch ganz üble Vergnügungen? So dass das Gute zugleich schlecht wäre?

»Sehr sogar (*sphódra*)«, sagt Adeimantos.

Nun gut. Was also ist das Gute?

»Nun«, sagt Sokrates, »beim Guten ist es so, dass offenbar jeder das wirklich (*tà ónta*) Gute will, während er sich beim Gerechten und Schönen mit dem begnügt, was er oder man gemeinhin dafür hält (*tà dokoũnta*). Anders gewendet: Bei dem, was gut ist, verachtet man die bloße Meinung (*dóxa*) und will es wirklich wissen.«

Weshalb eben unsere Wächter wissen müssen, ob etwas Gerechtes (*díkaia*) oder Schönes (*kalá*) auch etwas Gutes (*agathá*) ist. (Ich interpretiere: Wenn im Einzelfall die Geschmacksurteile über das, was gerecht oder schön ist, divergieren, wenn mit anderen Worten streitig ist, was schön oder gerecht ist – siehe oben Kapitel 20 –, dann müssen die Wächter wissen, was *wirklich gut* ist.)

Für Juristen ist das ganz einleuchtend: In jedem Fall, der juristisch auch nur einigermaßen interessant ist, lassen sich für beide Seiten – für Kläger wie Beklagten – gute Argumente anführen, die ihre Sache als gerecht und »schön«, das heißt wohlbegründet, erscheinen (*dokeín*) lassen. Und doch kann nur einer Recht haben, wenn man so will: das wirklich »gute Recht« – aber nach welchen Kriterien?

* * *

Zurück zu Sokrates! Für ihn ist klar: Die Wächter beziehungsweise Philosophen müssen das Gute kennen. Deshalb fragt Glaukon ihn ganz schlicht, was er, Sokrates, unter dem Guten versteht: Wissen (jetzt plötzlich: *epistémē*) oder Vergnügen (*hedonḗ*) oder etwas anderes?

Und Sokrates … weicht wieder aus. Ob es denn gerecht (*díkaion*) sei, über etwas, das man nicht weiß, so zu reden, als ob man es wüsste? – Nein, natürlich nicht. Aber er könne doch über das, was er glaubt (*oíesthai*), so sprechen, als ob er es eben glaube. – Ja, aber Meinungen (*dóxa*) ohne Wissen taugen doch nichts. – Gut, dann soll er halt beim Guten so vorgehen wie zuvor bei der Gerechtigkeit, Besonnenheit und so weiter.

»Nun«, sagt Sokrates schließlich, »dann lassen wir doch die Frage, was das Gute selbst ist (*autò mèn tí pot' estì t'agathón*), beiseite. Ich kann euch aber einen Nachkommen, einen Sprössling (*ékgonos*) des Guten zeigen. Oder, wenn man so will: Zwar kann ich die Summe selbst, die ich euch schulde, nicht zahlen; wohl aber sollt ihr die Zinsen (*tókoi*)[65] erhalten; und passt bitte auf, dass ich mich nicht aus Versehen verrechnet habe.«

Ach, immer dieses Vorgeplänkel!

✳ ✳ ✳

Denn wer ist, verdammt nochmal, dieser Sprössling, dieser Nachkomme des Guten? Auch dorthin geht es auf einem Umweg.

»Ihr erinnert euch«, sagt Sokrates: »Die vielen schönen und guten Einzeldinge – von denen sagen wir jeweils einzeln, dass sie so sind, und bestimmen sie durch das Wort (*lógos*) ›schön‹ oder ›gut‹.«– Tun wir.

»Und das Schöne selbst und das Gute selbst – da verwenden (*títhēmi*) wir diese Bezeichnungen in ihrer Beziehung zu allen Dingen zunächst so, als wären es viele ein-

---

[65] *tókos* bedeutet auch: Gebären, Geburt; das Geborene, die Nachkommenschaft, das Kind; schließlich: Gewinn, Zins, Ertrag. – Juristisch ist der Oberbegriff zu Zins »Früchte«.

zelne Bezeichnungen. Andererseits verwenden wir sie aber auch mit Bezug auf eine einzige Idee (*kat' idéan mían*), die wir auf jedes Einzelding (*hékaston*) anwenden. Und setzen dabei offenbar ganz naiv voraus, dass es eine einzige Idee ist (*hōs miās oúsēs*) – und eben gerade nicht viele. So dass wir ein jedes Einzelding (*hékaston*) mit dem benennen (*prosagoreúein*), ›was es ist (*hò estín*)‹ – nämlich ›schön‹ oder ›gut‹.«

Mit anderen Worten: Auch die Prädikate, die Eigenschaften, die wir den Dingen zusprechen, »sind etwas«, haben Realität, nämlich Realität gemäß einer Idee. Auch wenn wir diese Realität nicht anfassen können.

Sokrates fährt fort: »Die vielen einzelnen Dinge, sagen wir, können wir sehen (*horān*), aber nicht denken (*noeín*); die Ideen hingegen können wir denken, aber nicht sehen.«

Und konzentriert sich nun ganz auf die eine Seite, die des Sehens:

»Wie sieht man etwas? Nun, man braucht das Objekt, das gesehen wird, und das Sehvermögen (*ópsis*, daher die Optik). Dann aber auch noch etwas Drittes: das Licht (*phōs*, daher die Fotografie und der Phosphor).«

Und woher kommt das Licht? Nun, von der Sonne beziehungsweise vom Sonnengott – im Griechischen heißen beide Helios. Die Sonne ist gewissermaßen die Ursache (*aítion*) dessen, dass die Sehkraft oder das Auge mit Hilfe des Lichts das sehen kann, was man sehen kann.

So wie das Gute die Ursache dessen ist, dass die Denkkraft (*noūs*) mit Hilfe der Sprache das erkennen kann, was erkannt werden kann (*nooúmena*).

Und deshalb, Auflösung der Spannung: DIE SONNE ist jener »Sprössling des Guten«, den Sokrates versprochen hatte.[66]

* * *

Okay, das Gute haben wir. Und was ist nun die *Idee* des Guten?

Ach, so ganz konsequent ist Sokrates auch hier nicht. Denn eigentlich ist die Sonne wohl eher ein Sprössling der *Idee* des Guten.

Und das folgt aus Folgendem: Die *Idee* des Guten (*hè toũ agathoũ idéa*) ist nicht nur das, was dem Erkennenden (*gignõskõn*) die Kraft (*dýnamis*) zum Erkennen gibt, sondern sie verschafft auch dem zu Erkennenden (*gignõskõména*) die Wahrheit (*alêtheia*). So wie die Sonne dem Sichtbaren (*horõmena*) nicht nur die Kraft verschafft, gesehen zu werden, sondern auch Entstehung (*génesis*), Wachstum und Nahrung.

Und noch einmal anders formuliert: So wie die Idee des Guten die Ursache (*aitía*) ist von Wissen (*epistêmē*) und Wahrheit (*alêtheia*), so wie sie erkannt (*gignõskein*) werden kann, so ist die Idee des Guten Ursache davon, dass alle beide, die Erkenntnis (*gnõsis*) und die Wahrheit, schön (*kalós*) sind – weshalb sie selbst, die Idee des Guten, etwas anderes und noch schöneres sein muss. Und ebenso wie die Sonne etwas anderes ist als das Licht und das Sehvermögen, welche nur sonnenähnlich sind, so sind Erkenntnis und Wahrheit nur »gutähnlich«, aber nicht das Gute.

---

[66] Man nennt diesen Gedankengang üblicherweise das Sonnengleichnis.

Hmm. Dies spricht wieder eher dafür, dass die Sonne ein Sprössling des *Guten* ist, nicht der *Idee* des Guten … Nun ja, Sokrates ist nicht ganz konsequent, er unterscheidet nicht genau zwischen dem Guten und der Idee des Guten.

So dass wahrscheinlich das Gute eine Idee *ist* …?

Wie auch immer, am Ende heißt es, in Anlehnung daran, dass die Sonne dem Sichtbaren Entstehung, Wachstum und Nahrung verschafft: Das Gute ist den zu erkennenden Dingen nicht bloß ein Beistand (*pareínai*), dass sie erkannt werden. Sondern sogar ihr Sein (*eínai*) und Wesen (*ousía*) kommt ihnen vom Guten her zu (*proseínai*). Denn das Gute ist nicht das Wesen der Dinge, sondern ragt darüber hinaus an Vorrang (*presbeía*) und Kraft.

Was immer das heißen mag.

* * *

Und wahrscheinlich ist eben doch wieder die *Idee* des Guten gemeint, denn der nächste Anlauf versucht klarer zu machen, was es mit den Ideen auf sich hat.

Und zwar mit folgendem Bild[67] (!) – es läuft am Ende auf eine Klassifikation des menschlichen Wissens hinaus:

Man nehme eine Linie und unterteile sie in insgesamt vier Abschnitte (*tmêma*). Zunächst einmal, und zwar ungleich (*ánisos*), in zwei Hauptabschnitte, wobei der erste das Reich des mit dem Geist Erfassbaren (*noētón*) meint, der zweite das Reich des Sichtbaren (*horatón*). Beide Abschnitte werden sodann nochmals im gleichen Verhältnis unterteilt.

Dann gibt es im zweiten Hauptabschnitt, dem des Sichtbaren, zwei Unterabschnitte, sie unterscheiden sich in ihrer

---

[67] Man nennt es üblicherweise das Liniengleichnis.

Klarheit (*saphēneía*): einerseits die Bilder (*eíkona*, daher die Ikone), andererseits die Originale, also das, was diese Bilder abbilden, nämlich Lebewesen (*zõ̦a*) und alles was gepflanzt (*phyteutón*) oder sonst fabriziert (*skeuastón*) wird. Und dann entspricht, von Wahrheitsanspruch her, den Bildern das Vorstellbare (*doxastón*), den Originalen das Erkennbare (*gnōstón*).

Jetzt zum ersten Hauptabschnitt, dem des geistig Erfassbaren! Wie soll man ihn unterteilen?

Nun, auch dort hantiert die Seele in dem einen Abschnitt wie mit Bildern. Das heißt: Sie geht von bestimmten Voraussetzungen, von Prämissen[68] (*hypothéseis*) für das Weitere aus; und sie schaut dabei auf das Ergebnis (*teleutê*), das sie erreichen will, nicht aber auf den Grund (*archê*) der Prämisse. Im anderen Abschnitt geht die Seele ebenfalls von Prämissen aus, fragt aber nach einem Grund für sie, der selbst keine Prämisse mehr ist (*anhypótēton*); sie nimmt also die Prämissen nicht als Bilder, sondern als »Ideen« (*eîdos*, nicht *idéa*), als geistige Formen, als Begriffe, und macht mit ihnen ihren Weg (*méthodos*, wörtlich: Weg hin zu etwas) – den Weg zu den Gründen, versteht sich.

Alles klar? Nicht ganz?

* * *

»Nun«, sagt Sokrates, »nimm einmal die Kunst der Feldvermesser (*geōmetría*) oder die sonstige Ingenieurskunst (*logismós*)[69]. Da nehmen die Leute doch als Voraussetzung zum Beispiel die geraden und die ungeraden Zahlen, die

---

[68] Eine Prämisse ist wörtlich das Vorangeschickte.
[69] Wörtlich: Berechnungen.

geometrischen Figuren (*schếmata*) und die Trigonometrie
(*goniōn trittá*) und legen all dies ihrer Methode (*méthodos*)
zu Grunde, und zwar ohne diese Prämissen weiter zu hinterfragen. Und kommen damit zu dem praktischen Ergebnis
(*teleutãn*), das sie zu ihrer Untersuchung (*sképsis*) motiviert
(*hormãn*)[70] hat.«

»Und bei allem«, fährt Sokrates fort, »benutzen sie, sozusagen, veranschaulichte Ideen (*horōména eídota*) und machen ihre Berechnungen mit ihnen, ohne über sie nachzu-
denken (*dianoeín*). Sondern es scheint ihnen (*éoike*), als be-
rechneten sie das Viereck selbst und seine Diagonale, nicht
etwa die konkrete Zeichnung des Vierecks, die sie angefertigt haben. Und so auch im Übrigen: Die Dinge selbst, die
sie modellieren und zeichnen (*pláttein kaì gráphein*) – und
von denen es auch Schatten- und Spiegelbilder gibt –, benutzen sie wiederum wie Bilder (*eíkona*) und versuchen, in ihnen jene Ideen selbst zu sehen … was man aber in Wahrheit
nicht anders kann als mit dem Denken (*diánoia*).«

Tja. Schwere Kost. Und im Originaltext so vieldeutig,
dass ich für die Richtigkeit meiner Interpretation (ich hätte
noch andere!) nicht die Hand ins Feuer legen möchte. Wichtig scheint mir: Die Feldvermesser und so weiter – mit anderen Worten: die angewandten Wissenschaften – wissen »im
Grunde« gar nicht, was sie tun. Das ist unschädlich, solange
sie die geistigen Formen (*eídota*), mit denen sie arbeiten, nur
dazu verwenden, Modelle dessen zu basteln, was sie herstellen wollen. Gefährlich wird die Unwissenheit dann, wenn
sie diese geistigen Formen für ein Bild der wahren Welt nehmen – ein Weltbild sozusagen.

---

[70] Wörtlich: bewegen; Hormon daher ein Stoff, der etwas bewegt.

Und dann etwa auf die Idee kommen, die ganze Welt
funktioniere wie ein Uhrwerk oder wie ein Markt. Oder
dialektisch. Oder Gott ließe sich mathematisch beweisen.

* * *

Wie auch immer, Sokrates unterscheidet insgesamt vier
Abschnitte des Wissens, genauer: zwei Hauptabschnitte, die
jeweils in zwei Unterabschnitte unterteilt sind. Und er weist
ihnen, wie wir am Ende sehen werden, vier Empfindungen
(*pathémata*) der Seele (*psyché*) zu.

Der erste Hauptabschnitte ist der Bereich des Sichtbaren, darin gibt es Bilder und ihre Originale (Tiere, Pflanzen
und so weiter).

Der zweite Hauptabschnitt ist der Bereich des geistig Erfassbaren (*noētón*), darin hantiert die Seele mit gewissen Voraussetzungen (*hypothéseis*). Im ersten Unterabschnitt allerdings so, dass sie die Voraussetzungen, die »Theorien«, mit
denen sie arbeitet, nicht in Frage stellt, sondern eben anwen-
det – so in der Geometrie und den ihr verwandten »Künsten« (*téchnai*; heute übersetzt man vielleicht am besten: an-
gewandte Wissenschaften).

Erst im zweiten Unterabschnitt des geistig Erfassbaren
(*noētón*) behandelt man die Voraussetzungen, die »Theorien«, nicht als Ausgangspunkt, sondern man diskutiert sie.
Wörtlich übersetzt: Diesen Bereich berührt die Vernunft
(*lógos*) selbst mit der Kraft der vernünftigen Auseinandersetzung (*dialégesthai*).

Und so sind hier, in diesem zweiten Abschnitt, die »Theorien« nur ein erster Zugang (*epíbasis*), ein Anreiz (*hormé*),
um zu dem wahren Grund von allem (*toũ pantòs archḗ*) zu
kommen. Wobei man sich in keiner Weise auf etwas mit den

Sinnen Wahrnehmbares (*aisthētós*)[71] stützen darf, sondern allein auf die »Ideen« (*eídota*).

* * *

»Ich verstehe nicht ganz«, sagt Glaukon (und es ist bemerkenswert, dass er hier einmal richtig ausführlich zu Wort kommt). »Offenbar meinst du: Der Bereich der vernünftigen Auseinandersetzung, in dem es um das geht, was wirklich ist (*tò ón*), ist der Bereich der wahren Wissenschaft (*epistēmē*), und das dort erzeugte Wissen (*epistēmē*) ist klarer (*saphésteros*) als das Wissen der angewandten Wissenschaften (*téchnai*). Auch in den *téchnai* muss man zwar nachdenken und kann nicht alles mit den Sinnen erfassen. Aber es fehlt doch die Einsicht (*noũs*) in die größeren theoretischen Zusammenhänge. So dass man die spezifische Kompetenz (*héxis*) der Geometer und sonstigen Techniker ›Nachdenken‹ (*diánoia*) nennen sollte, als ein Mittelding zwischen ›Einsicht‹ (*noũs*) und ›Geschmacksurteil‹ (*dóxa*).« (Zur Erinnerung: Das Meinungsmäßige – *doxastón* – war im Bereich des Sichtbaren den Bildern, nicht den Originalen zugeordnet.)

»Völlig richtig«, sagt Sokrates. Und fasst noch einmal zusammen: Den vier Abschnitten des »Wissens« lassen sich vier Empfindungen (*pathēmata*) der Seele zuordnen: Einsicht (*nóēsis*) dem obersten Abschnitt, Nachdenken (*diánoia*) dem zweiten, dem dritten Überzeugung (*pístis*), dem vierten Vermuten (*eikasía*).

---

[71] Ästhetik ist also eigentlich die Lehre von der sinnlichen Wahrnehmung.

»Und ordne sie dergestalt an«, fügt er hinzu, »dass sie so an der *Klarheit* Anteil haben (*metéchein*) wie die Dinge, auf die sie sich beziehen, an der *Wahrheit* Anteil haben.«

Das ist irgendwie wieder der Tick zu viel.

Siebentes Buch

25. Kapitel
Das Höhlengleichnis – und was aus ihm für die Philosophen folgt

Dialogpartner: Glaukon (ein Bruder Platons)
Buch VII 1 bis 5

Aber wie auch immer: Sokrates veranschaulicht (!) das, was er gerade entwickelt hat, nun in einem berühmten Gleichnis, in einem fein ausgearbeiteten Bild (!!). Und das geht so:

»Stellt euch eine Höhle (*spélaion*) tief in der Erde vor. Die Höhle hat einen Ausgang zur oberirdischen Welt, der ist zwar breit,[72] aber sehr, sehr weit entfernt. So weit, dass kein Schimmer von Tageslicht hineinfällt. Stellt Euch nun weiter vor: In der Höhle sitzen Menschen (*ánthrōpoi*), mit dem Rücken zum Ausgang, wie in einem Kino. Sie sind obendrein gefesselt und können weder Kopf noch Körper umdrehen. Hinter ihnen ist eine kleine Mauer (*teichíon*), hinter der Mauer führt ein Weg (*hodós*) quer an ihr entlang, und dahinter wiederum brennt, in einiger Entfernung, ein großes Feuer (*pỹr*).

Und nun«, sagt Sokrates, »stellt Euch drittens vor: Auf dem Weg hinter der Wand, also zwischen dem Zuschauerraum und dem Feuer, laufen Leute hin und her und halten dabei Gegenstände (*skeuaí*) hoch – so hoch, dass sie über die Mauer ragen und folglich die Schatten (*skíai*) der Gegen-

---

[72] Im Original heißt es, der Ausgang sei so breit wie die Höhle selbst.

stände vom Feuer auf die Wand vor den Zuschauern projiziert werden. Und nun stellt euch viertens vor: Die Gegenstände, mit denen man den Zuschauern dieses Schattenkino vorführt, sind ihrerseits keine realen Dinge aus der oberirdischen Welt, sondern nur die Abbilder, die Nachbildungen (*eirgasména*) von solchen Dingen: von Tieren, Menschen, Gerätschaften. Was also sehen die gefesselten Menschen dort unten in der Höhle? Genau: Die Schatten von Abbildern der wirklichen Welt.«

Also nicht wirklich viel …

* * *

»Und nun«, sagt Sokrates, »stellt euch vor, es wird, auf welche Art und Weise auch immer, einer dieser Menschen von seinen Fesseln befreit. Er dreht sich um, tastet sich die Mauer entlang, findet an der Seite den Ausgang, geht hinaus – und schaut nun in das Licht (*phōs*), genauer: das Feuer. Dann wird er doch erstens ganz geblendet sein von diesem ›Licht‹ und zweitens denken: nun, heller geht es wirklich nicht.

Wenn er dann aber«, fährt Sokrates fort, »sich an das Licht des Feuers gewöhnt hat, dann wird er erkennen, dass sich noch ein weiterer Weg auftut, eben der Weg zur oberirdischen, wirklichen Welt. Wenn er den dann gegangen ist und ins Sonnenlicht tritt, was dann? Nun, dann wird er noch stärker geblendet sein als vorher! Und er wird zuerst die Schatten erkennen, dann die Spiegelbilder im Wasser, dann die Dinge, wie sie wirklich sind. Und am Ende kann er sogar in die Sonne schauen – natürlich nur für kurze Zeit, wenn er nicht erblinden will.«

* * *

»Wenn nun schließlich«, kommt Sokrates zum Ende, »jemand, der dort oben war und die Sonne gesehen hat, wenn der zurückkehrt in die Höhle, in das Schattenkino – was meint ihr, wird dann passieren? Nun, er wird dort jedenfalls zu Anfang fast gar nichts erkennen, viel weniger jedenfalls als diejenigen, die dort gefesselt sitzen und nichts anderes kennen. Er wird, sozusagen, nicht mitreden können, wenn sie sich über den Film, der dort läuft, unterhalten. Sie werden ihn daher für einen Sonderling halten und verspotten.

Wenn er dann aber auch noch die Frechheit haben sollte, ihnen zu sagen: Ihr kennt euch zwar gut aus mit den Filmen, die hier laufen, aber von den Dingen, wie sie wirklich sind, habt ihr keine Ahnung – kommt mal mit, ich zeig' euch die wahre Welt! ... dann werden sie darüber nicht sehr erfreut sein und ihn am Ende gar töten.«

* * *

Schönes Gleichnis, nicht wahr? Bis auf den Schluss vielleicht.

Aber immerhin so schön, dass Sokrates es gleich selbst erläutert (das unterscheidet ihn von Jesus):

Das Schattenkino dort unten, das ist das, was wir vorhin den Abschnitt (*tméma*) der sichtbaren Dinge (*horatón*) genannt haben. Und dem Feuer im Gleichnis entspricht in unserer Welt die Sonne – die, wie Sokrates gesagt hatte, ein Sprössling des Guten ist.

Und die oberirdische Welt im Gleichnis – ja, das muss in unserer Welt dann wohl eine *über*irdische Welt sein! Eben die Welt des Geistigen, der Abschnitt des geistig Erfassbaren (*noētón*)! Die Welt des Denkens (*phrónēsis*), das, wie Sokrates sagt, etwas Göttliches in sich hat.

Und in der als oberstes Prinzip die Idee des Guten regiert – die zu erkennen zwar mühselig (*ponērós*) ist, in deren Lichte aber erst sich das Gerechte (*díkaion*) und das Schöne (*kalón*) wirklich zeigen. »Sie, die Idee des Guten«, sagt Sokrates, »schafft in der sichtbaren Welt das Licht und die Sonne; in der Welt des geistig Erfassbaren regiert sie selbst und macht Wahrheit und Einsicht möglich. So dass jeder, der im Privaten wie im Öffentlichen vernünftig handeln will, sie einmal gesehen (*ideῖn*) haben muss.«

* * *

Das Problem ist nur: Die Welt der Theorie ist so schön, dass die meisten, ja dass gerade die Besten am liebsten für immer dort bleiben würden! Und sich nicht mehr um die Angelegenheiten der Menschen kümmern wollen.

Aber das will Sokrates ihnen gerade nicht erlauben. Denn in der Pólis, die er entworfen hat, kommt es ja auf das Glück des Ganzen an, nicht auf das Glück einer einzelnen Klasse.

Und deshalb müssen die großen Theoretiker eben wieder zurückkehren in die dunkle Höhle der gesellschaftlichen und politischen Praxis. Sie werden sich dort zwar zunächst ungeschickt anstellen, weil sie von der Theorie wie geblendet sind – gerade übrigens, wenn es um die Alltagsfragen des Rechts geht, Fragen, die mit der großen Idee der Gerechtigkeit, wie sie sie gesehen haben, auf den ersten Blick wenig zu tun zu haben scheinen. Aber auf den zweiten Blick wird sich dann doch zeigen, dass die Theoretiker am Ende klarer sehen als diejenigen, die nichts anderes kennen als ihre vorgegebenen (Rechts-)Regeln – klarer als

die »Praxis mit ihren Maulwurfsaugen«, wie Kant einmal
gesagt hat.

* * *

Ach ja, der Übergang von der Theorie zur Praxis und
umgekehrt von der Praxis zur Theorie! Der Weg aus dem
Dunklen ins Helle und aus dem Hellen ins Dunkle ... vom
fehlgeleiteten zum wirklichen Wissen und zurück.

Es ist schon hübsch, wie Sokrates betont, dass es in beiden Richtungen immer Anpassungsschwierigkeiten gibt, ja
geben muss. Und dass man darüber nicht lachen sollte.

Sondern man sollte erkennen, dass Bildung keine Ein-
bahnstraße ist. Bildung heißt nicht, hohlen Köpfen immer
mehr Wissen einzupauken – so als könnte man blinden Augen Sehkraft einpflanzen. Der Sinn von Bildung ist vielmehr
eine Art Gegenstromprinzip (übrigens ein Begriff auch aus
dem Planungsrecht): Es gibt ein Organ der Seele, mit dem
man erkennt, und das hat man immer schon. Nur blickt dieses Organ bei den Menschen zunächst immer in die falsche
Richtung, und man muss, wie beim Auge den ganzen Menschen, so hier die ganze Seele herumdrehen, damit sie in die
richtige Richtung – letztlich zum Guten hin – blickt.

Dieses Herumdrehen (*periagōgế*), sagt Sokrates, ist die
eigentliche Aufgabe der Bildung (*paideía*).

Es geht also nicht etwa darum, die Intelligenten immer
intelligenter zu machen. Sondern darum, ihnen die richtige
Richtung zu geben. Denn nichts ist schlimmer als »Intellektuelle« (*sophoí*), die ihre unbestreitbar hohe Intelligenz
in den Dienst einer schlechten Sache stellen.

* * *

Und deshalb muss man dann eben auch (Gegenstromprinzip!) die Theoretiker wieder zurück in die Produktion schicken. Es darf niemand schon zu Lebzeiten auf einer Insel der Seligen bleiben. Das wäre ungerecht, denn die Gesellschaft hat die Bildung ermöglicht, also muss sie, die Gesellschaft, davon auch wieder etwas haben – jedenfalls in der Pólis, die Sokrates entworfen hat.

»In den Póleis, wie sie jetzt sind«, kann sich Sokrates nicht verkneifen zu sagen, »mag es freilich anders sein. Wenn und weil man sich dort die Bildung auf eigene Kosten beschaffen muss, wenn man dort Philosoph aus eigener Kraft und sogar gegen den Willen der Pólis wird, dann schuldet man der Pólis auch keine Gegenleistung in Gestalt der Mitwirkung an Regierung und Verwaltung.«

* * *

Wohl aber, wie gesagt, in Sokrates' Muster-Pólis.

Dort *müssen* die Philosophen an die Macht – und paradoxerweise werden zum Regieren diejenigen am besten geeignet sein, die sich am wenigsten darum reißen. Sie sind nämlich die wahrhaft Reichen (*hoì tõ̱ ónti ploúsioi*): so reich an wahren Werten, dass sie es nicht nötig haben, wie Bettler und Habgierige um die Macht in der Pólis zu streiten. Um sich dann, wenn sie sie erlangt haben, am Gut der Pólis zu vergreifen.

Kurz: In der Muster-Pólis dürfen diejenigen, die an die Macht wollen, gerade nicht an die Macht kommen. Sonst gibt es nichts als Streit.

Und die Philosophen hätten zwar Besseres zu tun, werden aber, weil nur dies gerecht ist, ihre Pflicht erfüllen und die Pólis regieren und verwalten. Nur sie nämlich können dies in geistiger Wachheit tun – nicht benebelt wie die Träumer, die heute als Politiker herumlaufen und um die Macht kämpfen.

* * *

Tja. Das ist also das berühmte Höhlengleichnis.

Das Schöne daran ist zum einen die Konzeption von Bildung: Es geht nicht darum, die Schlauen immer schlauer zu machen, sondern darum, sie in die richtige Richtung zu bringen. Bildung und Unbildung ist, mit anderen Worten, keine Frage des Wissens, sondern der Haltung.

Zum andern ist das Gleichnis geradezu die Anwendung der eigenen Theorie auf sich selbst: Sokrates hatte uns ja, in Kapitel 24, zunächst einmal die Bereiche (»Abschnitte«) des Wissens theoretisch auseinandergedröselt. Und uns die Idee des Guten nur ganz abstrakt ahnen lassen. Nun geht er den Weg zurück in die Anschaulichkeit und liefert uns mit diesem Gleichnis, sozusagen, den Schatten eines Abbildes des Weges zur wahren Erkenntnis – wenn man so will: des Weges zur Wissenschaft.

Nicht ganz unironisch, aber wohl doch in der Hoffnung, dass der eine oder die andere den richtigen Dreh findet.

* * *

Und übrigens: Dass diese ganze Abhandlung über die Gerechtigkeit, diese ganze »Politeía« in direkter Rede verfasst ist, ist eigentlich auch ein Zeichen höchster Ironie. Hatten wir nicht bei der Erziehung der Wächter gesehen, dass sie im Literaturunterricht nicht mit »Nachahmung« behelligt werden sollten (Kapitel 10)?

Nun ja. Aber vielleicht galt das nur für die erste Stufe der Wächterausbildung, für die Zeit vor der Adoleszenz. Denn nun kommt Sokrates – ganz praktisch! – zurück auf die Frage, in welchen Wissensgebieten denn die perfekten Philosophen – die am Ende Oberwächter werden sollen – auszubilden sind. Und in welchem Alter.

Kurz: Es folgt nun Sokrates' Konzept der höheren Bildung – seine Bildungspolitik.

26. Kapitel
Der Lehrplan für die höhere Bildung (I):
Arithmetik, Geometrie, »Stereometrie«

Dialogpartner: Glaukon (ein Bruder Platons)
Buch VII 6 bis 10½

Um es noch einmal zu wiederholen: Sinn der Bildung ist eine Umkehr (*periagōgḗ*) der Seele hin zum Licht, gleichsam von der Nacht zum Tag. Oder wie es auch heißt: vom Gewordenen (*tò gignoménon*) zum Sein (*tò ón*). Was wohl heißen soll: weg von dem, was einem zufällig über den Weg läuft, hin zu dem, was bleibendes, »wesentliches« Wissen über die Strukturen der Welt vermittelt.

Und da stellt sich nun die Frage: Welche Wissensgebiete, welche Lernfächer (*mathḗmata*) sind geeignet, eine solche Umkehr zu befördern?

»Nun«, sagt Sokrates zunächst, »die Wächter haben es ja von Kindheit an mit dem Krieg (*pólemos*) zu tun. Deshalb dürfen die Fächer, die jetzt hinzukommen, zumindest nicht nutzlos für kriegerische Männer sein.« (Doch, es heißt hier Männer, obwohl auch Frauen gemeint sein müssten.)

Die Fächer müssen aber auch mehr bieten als das, was die jungen Leute schon gelernt haben, nämlich Sport (*gymnastikḗ*) und Musik/Literatur (*mousikḗ*). Beim Sport ist ohnehin klar, dass er nicht zu wesentlichem Wissen führt, sondern bloß das trainiert, was wird und auch wieder vergeht. Und der Literatur- und Musikunterricht? Der war ja nur darauf ausgerichtet, den jungen Leuten Lieder und Geschichten beizubringen, die ihnen für ihr Leben als Wächter den richtigen Halt geben: Geschichten, mit deren Helden man sich ohne Scham identifizieren kann; Musik, deren Harmonie und Rhythmus geeignet ist, die Wächter im Krieg und im Frieden in die richtige Stimmung zu bringen.

Dagegen hatte der Musikunterricht eines bislang überhaupt nicht zum Gegenstand: die Erkenntnis musiktheoretischer Zusammenhänge. Und hat daher wesentliches Wissen (*epistḗmē*) ebenfalls nicht vermittelt.

Was übrigens auch die Techniken der Handwerker (*téchnai bánausoi*) nicht tun.

* * *

Aber was ist denn nun das erste Lernfach, das die besseren der Wächter zu Philosophen machen soll?

»Nun«, sagt Sokrates, »am besten das, was man überall braucht: in jeder Technik (*téchnē*), jeder angewandten Wissenschaft (*diánoia*) und jeder theoretischen Wissenschaft (*epistḗmē*). Nämlich die Arithmetik (*arithmós kaì logismós*)[73], die Rechenkunst, die Kunst, mit Zahlen umzugehen.«

---

[73] Wörtlich: Zahl und Rechnung.

Wobei die Arithmetik, der guten Ordnung halber gesagt, auch im Krieg nützlich ist.

Allerdings ... Hier und jetzt, wo es letztlich darum geht, junge Menschen auf den Weg zu wirklicher Einsicht (*nóēsis*) zu bringen, darf man nicht bloß stupide rechnen. Sondern man muss den Umgang mit Zahlen interessant machen, genauer: man muss zeigen, dass Zahlen geeignet sind, überraschende, ja widersprüchliche Beobachtungen zu erklären – Sokrates spricht von Wahrnehmungen (*aisthēseis*), die die Einsicht (*nóēsis*) zu einer Untersuchung (*episképsis*) aufrufen.

Das Beispiel, das er bringt, ist allerdings – ganz unter uns – nicht sehr gelungen. Man betrachte drei Finger einer Hand, vom kleinen Finger bis zum Mittelfinger. Dann ist jeder dieser Finger ein Finger. Man kann sie auch zusammenzählen: eins, zwei, drei. Aber dass der eine dieser Finger zugleich klein (*mikrós*) und groß (*megás*) ist, was ja ein Widerspruch ist – das kann man erst erklären, wenn man diesen Finger mit Hilfe von Zahlen und Rechnen ins Verhältnis setzt zum jeweils größeren oder kleineren. Und so ist es auch mit anderen Wahrnehmungen, etwa, wenn etwas zugleich dick (*pachýs*) und dünn (*leptós*) oder hart (*sklērós*) und weich (*malakós*) ist.

Nun ja. Kein gutes Beispiel. Immerhin wird klar: Bloßes Rechnen ist nicht das, was Sokrates hier gelehrt haben will. Auch nicht kaufmännisches Rechnen (wobei es, wie wir gesehen haben, im Griechischen zwei Wörter gibt für Großkaufleute und den Kleinhandel: *émporos* und *kápēlos*). Sondern eine höhere Mathematik, die uns zeigt, dass hinter allem, was wir wahrnehmen, bei geeigneter Betrachtung Zahlen stehen – und dass diese Zahlen eine eigene Welt bilden, die ganz unabhängig von den Beobachtungen »gedacht« wird.

Mit anderen Worten: Mit Hilfe von Zahlen und Rechnen machen wir ganz zwanglos den ersten Übergang vom »Abschnitt« des Sichtbaren zu dem des geistig Erfassbaren (*noētón*).

Wobei es allerdings kaum etwas gibt, was dem Lernenden (*manthánōn*) mehr Mühe macht.

* * *

Zweites Fach: Geometrie (*geōmetría*).

Auch hier muss man bedenken, dass es letztlich darum geht, die Idee des Guten (*toũ agathoũ idéa*) leichter zu sehen (*kat-ideĩn*). Also sollte die Geometrie uns zwingen, das Wesen (*ousía*) anzuschauen (*theásthai*), nicht das Entstehen (*génesis*). Was wohl wieder heißen soll: Wir sollen die wesentlichen Zusammenhänge erkennen, zum Beispiel die Formel des Pythagoras, und nicht bloß lernen, wie man ein Dreieck zeichnet.

Sokrates hält es nun, trotz Einzelkritik an den Geometrikern seiner Zeit, für offensichtlich, dass auch ein richtig vermitteltes Fach »Geometrie« um der Erkenntnis willen (*gnóseōs héneka*) betrieben werden kann, gar der Erkenntnis dessen, was immer so ist, wie es ist (wörtlich: des immer Seienden – *toũ aeì óntos*).

Und es ist natürlich auch im Kriege nützlich.

* * *

Und was kommt als drittes Fach?

Glaukon schlägt vor: Sternenkunde, Astronomie (*astronomía*). Sie sei ja auch nützlich für den Krieg. Und für die Landwirtschaft und die Seefahrt.

Aber Sokrates macht sich über ihn lustig: »Ach, du bist süß (*hedýs*), wie du da versuchst, uns ja keine unnützen Lehrfächer (*áchrēsta mathēmata*) anzubieten!« Außerdem habe er übersehen, dass zwischen Geometrie und Astronomie ein weiteres Fach nötig sei: die von Sokrates so bezeichnete Stereometrie, das ist die Lehre von den Körpern, also Würfeln und so weiter. (Das Wort *stereós* bedeutet wörtlich »starr, hart, fest«; dass es im heutigen Wort »Stereo«, das sich auf die Wiedergabe von Musik bezieht, »räumlich« bedeutet, dürfte an Platon liegen.)

Im Übrigen sieht man, dass sich die Geometrie zu Sokrates' Zeiten offenbar noch nicht, wie heute, auch mit dreidimensionalen Gegenständen beschäftigte, sondern allein mit Linien und Flächen. Was historisch interessant sein mag, mehr aber auch nicht.

Am Rande interessant jedenfalls, dass Sokrates fordert: Fächer, die vernachlässigt werden, weil ihr Nutzen (noch) nicht auf der Hand liegt, müssten von der Pólis gefördert werden. Also ein Plädoyer für Grundlagenforschung.

27. Kapitel
Der Lehrplan (II):
Astronomie, Musiktheorie, Logik (»Dialektik«)
Dialogpartner: Glaukon (ein Bruder Platons)
Buch VII 10½ bis 14

Nächstes und dann also erst viertes Fach: Astronomie. Sie handelt nämlich, wieder eine Stufe höher, nicht nur von Körpern, sondern von Körpern in Bewegung (*períphoros* – wörtlich: herumgetragen).

»Außerdem«, sagt Glaukon, »liegt es bei der Astronomie auf der Hand, dass sie die Seele zwingt, nach oben (*eís tò ánō*, daher die Anode) zu schauen.«

Aber Sokrates macht ihn schon wieder nieder. »Nein, man kann durchaus auf dem Rücken liegen und zu den Sternen schauen und trotzdem geradewegs nach unten (*kátō*, daher die Katode) blicken.«

Wie das? Nun, Sokrates meint offenbar, und zwar als Kritik an der Astronomie seiner Zeit:

Man darf die bunte Vielfalt (*poíkilma, poikília*) im Himmel, auch wenn sie das Schönste und Genaueste (*akribésta-tos*) ist, was man sich im Bereich des Sichtbaren (*horatón*) vorstellen kann, nicht so nehmen, wie wir sie *sehen*, nicht, wenn ich das einmal so sagen darf, in ihrer *ästhetischen Qualität* – dies jedenfalls dann nicht, wenn man über die wirklichen Verhältnisse der Sterne zueinander und über ihre Bewegungen (*phoraí*; wörtlich: das Dahingetragenwerden) wahre Erkenntnis gewinnen will. Das wäre gerade so, als wollte man aus einem Gemälde, sagen wir: aus Leonardo da Vincis *Mona Lisa*, Geometrie lernen.[74] Vielmehr sollte man die bunte Vielfalt nur als ein Beispiel (*parádeigma*) dafür nehmen, was der Schöpfer (*dēmiourgós*) des Himmels so alles kann. Aber es gibt dann bei genauer Beobachtung so viele Unregelmäßigkeiten, etwa beim Wechsel von Tag und Nacht und bei den Jahreszeiten, Unregelmäßigkeiten, die noch unerklärt sind, dass eine echte Astronomie erst in den

---

[74] Platon nennt als Beispiel Werke des Daídalos (bekannt durch seinen Sohn Íkaros, der mit den Flügeln, die der Vater angefertigt hatte, wirklich fliegen konnte – dann aber der Sonne zu nahe kam, so dass das Wachs, mit dem die Federn befestigt waren, schmolz und Íkaros in den Tod stürzte).

Kinderschuhen steckt. Eine Astronomie, welche die Mathematik hinter den Bewegungen der Sterne aufdeckt.

Und deshalb sollte man die Astronomie im Bildungsgang der Philosophen auch nur als ein Beispiel für Probleme (*problḗmata*) nehmen – für Beobachtungen, die zum Forschen anregen. Und im Übrigen die Sterne da lassen, wo sie sind.

* * *

Die mathematischen Gesetze in den Bewegungen der Sterne – das führt gleich zum nächsten Lehrfach: zur Musiktheorie oder, wie Sokrates sagt, zur Harmonielehre (*tà perí harmonías*).

Denn wie die Astronomie das Schönste für die Augen zum Gegenstand hat, so die Musik das Schönste für die Ohren. Und wie die echte Astronomie die wirklichen Gesetzmäßigkeiten am Himmel erforschen soll, so die echte Harmonielehre die Gesetzmäßigkeiten in den Bewegungen (*phoraí*) der Töne (*phthóngoi*) und Zusammenklänge (*symphōníai*). Weshalb die Pythagoreer ja auch beide Wissenschaften (*epistḗmai*) als Schwestern ansehen (Pythagoras ist der mit der Formel $a^2 + b^2 = c^2$).

Im Übrigen übt Sokrates wieder Kritik, hier an der Musiktheorie seiner Zeit. Man scheint sich damals um Dinge wie diese gestritten zu haben: welches das kleinste hörbare Intervall ist (wohl ein Viertelton); welche Zahlenverhältnisse man bei Zusammenklängen feststellen könne (wohl, indem man die Saiten ausmaß). Aber so sehr man dabei die Saiten, Wirbel und Plektren (*plḗktra*) auch quälte, irgendwie stellte man immer die Ohren (*ōta*) über den Geist (*noũs*).

Die wirkliche Harmonielehre soll hingegen nicht nur Zahlen suchen (*arithmoús zēteín*), sondern Zusammenhänge erkennen: welche Zahlen sind zusammenklingend (*symphōnós*) – und jeweils auch: warum (*kaì dià tí hekáteroi*).

Kurz: Es geht in der Harmonielehre um die Mathematik in der Musik, um die Gesetze hinter den Tönen und dem Schönen.

* * *

Denn Astronomie und Harmonielehre sind wiederum nur ein Vorspiel (*prooímion*) zum letzten und höchsten der Lern- und Lehrfächer (*mathḗmata*) – »zum Gesetz selbst (*autòs hò nómos*), das man lernen muss«, wie Sokrates etwas kryptisch sagt.

Welches »Gesetz«? Und welches Lehrfach ist gemeint?

Das ist ganz schwer zu übersetzen. Wörtlich geht es um *dialégesthai*, das kann heißen: reden, sich unterhalten, sich mit Worten auseinandersetzen. Aber, so muss man präzisieren: mit »vernünftigen« Worten, mit dem Anspruch auf Richtigkeit dessen, was man sagt, wenn man »Worte gibt oder empfängt« (*lógon didónai kaì apodéchesthai*). Wenn man, kurz gesagt, nicht nur redet oder »diskutiert«, sondern argumentiert.

Und deshalb soll das Fach, das die Krönung von allem bilden soll – und das Sokrates Dialektik (*dialektikḗ*) nennt –, im Bereich der Worte und Gedanken (*lógos* kann beides heißen) wohl das leisten, was die Astronomie im Reich der Sterne und die Harmonielehre im Reich der Töne leisten soll: nämlich die Mathematik hinter dem Reden, hinter den Bewegungen (*phoraí*) der Worte und Gedanken aufdecken. Kurz, es geht um die Gesetze schlüssigen Argumentierens, um ein »Rechnen mit Begriffen«, das uns zur Wahrheit führt.

Es geht, mit anderen Worten, um Logik, das heißt die Lehre von der Folgerichtigkeit des Redens oder Denkens.

* * *

Wobei es die Logik, wie wir sie heute kennen, zu Sokrates' Zeiten noch gar nicht gab!

Die Gesetze der Logik hat vielmehr erst Aristoteles ausformuliert und systematisch zusammengestellt – Aristoteles, ein Schüler von Sokrates' Schüler Platon. Von Aristoteles wissen wir unter anderem, dass eine Schlussfolgerung in der Form

> Alle Menschen sind sterblich,
> Sokrates ist ein Mensch,
> also ist Sokrates sterblich,

zwingend folgerichtig ist. Das heißt: Immer dann, wenn die beiden ersten Sätze, die Prämissen, wahr sind, ist auch der dritte, das heißt die Schlussfolgerung, wahr. Hingegen ist eine Schlussfolgerung in der Form

> Alle Hühner haben zwei Beine,
> Sokrates hat zwei Beine,
> also ist Sokrates ein Huhn,

nicht zwingend richtig. (Aber man setze einmal statt Sokrates die berühmte Henne Ginger: Dann stimmen die drei Sätze!)

Wie auch immer: Zu Sokrates' Zeiten gab es noch kein Lernfach, keine Disziplin[75] »Logik«, wie man sie seit Aristoteles kennt. Nichtsdestoweniger wird man auch schon zu seiner Zeit rein »gefühlsmäßig« Gedankengänge wie

---

[75] Von lateinisch *discipulus*: der Schüler.

die gerade genannten verwendet haben, um andere in Rede und Gegenrede zu überzeugen – und es war gerade das Geschäftsmodell der so genannten Sophisten und Rhetoriklehrer, wie Thrasymachos einer ist, solche Techniken (und auch Tricks!) zu vermitteln. Was fehlte, war die theoretische Durchdringung – und offenbar ist sie es, von der Sokrates in diesem Dialog träumt, wenn er vom Fach, von der Disziplin »Dialektik« spricht.

⁕ ⁕ ⁕

Genauer gesagt: wovon Sokrates zu seiner Zeit erst träumen kann.

Wohl deshalb ist das, was er inhaltlich zur »Dialektik« zu sagen hat, eher dünn und ziemlich dunkel. Immerhin scheint er sich wirklich so etwas wie die Analyse logischer Schlussfolgerungen vorzustellen, wenn er sagt:

Die Dialektik müsse dazu führen, dass die Seele gedankliche Zusammenhänge wie mit einem geistigen Auge erblickt – und man kann ja logische Zusammenhänge in der Tat bildlich darstellen, zum Beispiel die beiden Sokrates-Schlussfolgerungen von vorhin:

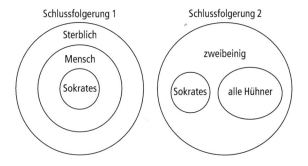

Zudem: Dieses Durchschauen des Gesetzes (*nómos*) geistiger Zusammenhänge ist es, was die Kraft (*dýnamis*) der Dialektik ausmacht, ihren, wenn man so will, »zwanglosen Zwang«: Was einem »logisch« erscheint, das kann man ernsthaft nicht mehr bestreiten. Und dies übrigens auch schon in den *téchnai*, die wir bisher behandelt hatten.

Freilich heißt es dann auch wieder: Während die angewandten Wissenschaften ihre Voraussetzungen (*hypothéseis*) »unbewegt« (*akínētos*) lassen, hebe die Dialektik diese Voraussetzungen auf (*anhaireín*) und schreite fort zum Grunde selbst (*autền tền archền*). Aber kann man das nicht auch so interpretieren, dass die Dialektik die Prämissen des Argumentierens auf eine höhere Ebene hebt (*anhaireín*), nämlich auf die Ebene der reinen Form? Dann ließe sich die erste Sokrates-Schlussfolgerung etwa wie folgt darstellen (es bedeuten: S = Subjekt, P = Prädikat, M = Mittelbegriff, a = alle sind):

$$
\begin{array}{ccc}
M & a & P \\
S & a & M \\
S & a & P \\
\end{array}
$$

Und diese *Form* wäre eben der *Grund* der logischen Schlüssigkeit des Arguments.

* * *

Wie auch immer: Was Sokrates zur Dialektik sagt, ist schwer zu übersetzen. So wie ich es interpretiere, hat er ganz zeitgebunden zunächst die Diskutierkunst vor Augen, wie sie von den antiken Rhetoriklehrern gelehrt wurde, übrigens zuerst und vor allem als Gerichtsrhetorik. Und diese Gerichtsrhetorik war nun keineswegs – das ist sehr wichtig – eine Kunst des Phrasendreschens, sondern die Kunst, einen Rechtsfall genau zu analysieren und sachlich-schlüssige Argumente zu konstruieren, um ihn zu gewinnen. Es ist sicherlich kein Zufall, dass Sokrates einmal von der *epicheirē méthodos* spricht – eine Anspielung auf das sogenannte *epicheírēma*, das ist der vollständige, nicht drei- sondern fünfgliedrige rhetorische Schluss.

Aber, und das ist ebenso wichtig: Sokrates schwebt in Gestalt der Dialektik eben noch mehr vor: eine allgemeine »Logik« oder vielleicht besser Wissenschaftstheorie, die den Schlussstein (*thrinkós*) aller Disziplinen (*mathēmata*) bildet. Wenn man so will: eine Methodenlehre, die uns überall den tieferen Durchblick verschafft.

* * *

Am Rande sei bemerkt, dass Sokrates bei dieser Gelegenheit die Gebiete des »Wissens«, gedacht als »Empfindungen der Seele« (siehe Kapitel 24 am Ende), noch einmal neu ordnet: Die Ebenen drei und vier, also Überzeugung (*pístis*) und Vermutung (*eikasía*), fasst er zusammen unter dem Begriff »Meinung« (*dóxa*), die erste und höchste Ebene des Wissens (*epistēmē*) und die zweithöchste des Herausgeknobelten (*diánoia*) unter dem Begriff der Einsicht (*nóēsis*).

Das ist im Vergleich zu früheren Einteilungen nicht ganz konsequent?

Ja. »Aber über Namen (*onómata*)«, sagt Sokrates, »muss man nicht streiten.«

28. Kapitel
Der Zeitplan für die höhere Bildung –
Geduld, Geduld, Geduld!
Dialogpartner: Glaukon (ein Bruder Platons)
Buch VII 15 bis 18

Wie auch immer: Den Fächerkatalog, den diejenigen abarbeiten müssen, die aus der Dunkelheit der Höhle ans Licht der wahren Erkenntnis zu führen sind, hat Sokrates nun festgelegt. Jetzt stellen sich aber immer noch zwei Fragen: *Wer* sollte für diesen höchsten Bildungsgang ausgewählt werden? Und auf welche Weise – was letztlich auf die Frage hinausläuft: in welchem Alter für welches Fach?

Nun, über die Eigenschaften derjenigen, die zu Philosophen und Oberwächtern werden sollen, hatte Sokrates ja schon früher gesprochen. Sie sollen standhaft und mutig sein, möglichst auch noch sehr gut aussehen (*eueidéstatos*). Und Scharfsinn (*drimýtēs*) haben und ein gutes Gedächtnis und die Bereitschaft, sich zu quälen (*philóponos*) – was in den Lerndisziplinen (*mathémata*) noch schwerer ist als im Sport (*gymnásia*). Und sie dürfen auch nicht in nur einem dieser beiden Bereiche fleißig, im anderen faul sein. »Weshalb«, sagt Sokrates, »nur die Echten und Ehrlichen (*gnésioi*, wörtlich: ehelich geborene) an die Philosophie herangeführt werden sollen, nicht – wie es jetzt üblich ist – auch Unechte (*nóthoi*, wörtlich: uneheliche).«

Komische Stelle, irgendwie. Und auch nicht besser, wenn man hinzunimmt, was Sokrates hinzufügt über die »freiwillige« und »unfreiwillige« Lüge bzw. Täuschung (*hekoúsios kaì akoúsios pseúdos*): Nur die »Echten« hassen mit Recht nicht nur die vorsätzliche Lüge, sondern auch die Selbsttäuschung (siehe Kapitel 8). Die »Unechten« hingegen wälzen sich vergnügt (*eúkolos*) und schweinisch (*hýeios*) in ihrer Ungelehrtheit (*amathía*).

Weshalb die Gerechtigkeit (*díkē*) uns nicht tadeln wird, wenn wir nur die Echten und Ehrlichen zu Freunden und Herrschern auswählen.

* * *

Nun ja.

Aber nun zum Wie! *Wie* sollen die künftigen Philosophen und Oberwächter lernen? Die Antwort: Sie sollen sich in ihrer Jugend zwar anstrengen, denn die großen und vielen Mühen sind Sache von jungen Leuten (*neoí*). Aber das Ganze darf nicht in Zwang ausarten, weil sich dies für freie Menschen nicht gehört. Deshalb sollen sie Arithmetik und Geometrie und die ganze Vorschule (*propaideía*) zur Dialektik spielerisch (*paízontes*) vermittelt bekommen.

Und zwar nach folgendem Zeitplan:

Wer Wächter werden soll, durchläuft als Kind ja die zweigleisige Erziehung in »Sport« (*gymnastiké*) und »Kultur« (*mousiké*). Dabei sollen die Kinder und Jugendlichen auch schon mit in den Krieg genommen werden und dort gleichsam, wie junge Hunde, Blut (*haíma*) lecken (*geúein*, wörtlich: kosten). Dies soll offenbar bis zum siebzehnten oder achtzehnten Lebensjahr dauern.

Danach folgen zwei oder drei Jahre, in denen allein Sport (!!) auf dem Programm steht und daneben für Geistiges kein Raum ist: Müdigkeit und Schlaf sind Feinde der Lernfächer.

Im zwanzigsten Lebensjahr werden dann die Besten ausgewählt, und man bringt ihnen das, was sie in Kindheit und Jugend unverbunden gelernt haben, noch einmal in einer Übersicht (*sýnopsis*) bei: um die Verwandtschaft der Lehrfächer untereinander deutlich zu machen – und damit auch die Natur (*phýsis*) von allem, was ist (*toũ óntos*, wörtlich: des Seienden). Das ist zugleich die schwerste Prüfung: Nur wer hier den Überblick gewinnt (*synoptikós*), ist auch geeignet zum Dialektiker (*dialektikós*).

Ja, und dieses Studium des, wie man sagen kann, Wissens in seiner ganzen Breite soll offenbar zehn Jahre dauern. Wer sich in diesen zehn Jahren in allen Fächern – und auch im Krieg und im Betragen (*álloi nómimoi*)[76] – als besonders standhaft (*mónimos*) erwiesen hat, der ist, nachdem er dreißig geworden ist, wiederum auszuwählen und für noch größere Ehren vorzuschlagen.

Nämlich für die Ausbildung in der Dialektik, die gute fünf Jahre dauern soll, also bis zum fünfunddreißigsten Lebensjahr.

Nach dieser Ausbildung geht es dann für fünfzehn Jahre in die Praxis – oder wie Sokrates sagt: zurück in die Höhle, um dort Ämter im Krieg oder in der Verwaltung zu übernehmen. Und wer sich dort dann in Werk und Wissen (*érga kaì epistêmai*) bewährt hat, der soll, mit fünfzig Jahren, Verantwortung in der Regierung übernehmen – nicht, weil das so schön (*kalón*) ist, sondern um der Pólis willen. Denn sie haben das Gute selbst (*tò agathòn autó*) gesehen und können es nun als ein Muster (*parádeigma*) gebrauchen, um die Pólis und die Einzelnen als Privatleute (*idiõtai*) und schließlich auch sich selbst schmuck und sauber zu halten (*kosmeín*).

---

[76] Eigentlich sind *nómimoi* die Sitten und Gebräuche, auch Gesetze. Hier wird das Wort wohl wegen des Gleichklangs mit *mónimos* verwendet – und ich übersetze »in den anderen Sitten« frei mit: im Betragen (so wie es im Zeugnis in den sogenannten Kopfnoten bewertet wird oder wurde).

Aber dies nur auf Zeit. Denn den größeren Teil ihrer Zeit
sollen sie auch nach dem fünfzigsten Lebensjahr der Philosophie widmen. »Und wenn sie geeignete Nachfolger heran-
gezogen haben, mögen sie sich, meinetwegen, auf die Inseln
der Seligen zurückziehen.« Sagt Sokrates.

Und betont ganz zuletzt noch einmal, dass alles, was er
gesagt hat, nicht nur für Männer als Herrscher gilt, sondern
auch für Frauen als Herrscherinnen.

* * *

Es bleibt etwas nachzutragen, nämlich die Begründung
dafür, warum Sokrates die künftigen Philosophen erst mit
dreißig an die Dialektik heranlassen will. Da verwendet er
nämlich wieder ein Gleichnis:

»Stellt euch vor«, sagt er, »jemand wächst in einer sehr
reichen und vielköpfigen Pflegefamilie auf, wo er von vielen
Schleimern und Schmeichlern (*kólakes*) umgeben ist. Dann
erfährt er, dass Vater und Mutter nicht seine richtigen Eltern sind. Wen wird er nun wohl mehr schätzen (*timãn*),
wem wird er mehr folgen – den Schmeichlern oder den Pfle-
geeltern?«

Nun, wohl den Schmeichlern, aus Enttäuschung.

»So ist es nun auch«, sagt Sokrates, mit dem Wissen aus
unserer Kindheit und Jugend – und zwar dem Wissen über
die gerechten (*tà díkaia*) und schönen (*tà kalá*) Dinge. Irgendwann werden, ja müssen wir merken, dass dieses Wissen ganz unzureichend ist – dass das, was wir für schön gehalten haben, aus einer anderen Perspektive hässlich ist; und
ebenso beim Gerechten und beim Guten.

Und dann werden wir enttäuscht sein und uns nicht nur
– was ja richtig ist – von diesem Wissen abwenden. Sondern

uns zudem irgendwelchen Schmeichlern zuwenden, die uns sagen, dass es das Schöne und das Gute und das Gerechte eben überhaupt nicht gebe. Und dann werden aus artigen, wohlgesitteten (*nómimoi*) Kindern solche, die sich dem Gesetz widersetzen (*paránomoi*).

Wenn man sie zu früh von der Dialektik kosten (*geúein*) lässt.

Dann werden sie sich nämlich wie junge Hunde nur darüber freuen, andere mit Worten zu zerrupfen. Statt dass sie mit Hilfe der Dialektik, das heißt der Kunst, beide Seiten einer Sache zu sehen und mit Argumenten zu vertreten, nach der Wahrheit suchen.

* * *

Zurück zum Bildungsgang der Philosophen und Philosophinnen, zurück zur Pólis und zur Verfassung (*politeía*), wie Sokrates sie entworfen hat!

»Eines müssen wir noch festhalten«, sagt er, nämlich: »All das, was wir gesagt haben, sind nicht nur Wünsche (*euché*), sondern es ist zwar schwer (*chalepós*), aber doch möglich (*dynatós*). Es ist möglich, dass Philosophen die Herrscher im Staat sind. Und sie werden dann all die Ehren, an denen heutigen Politikern liegt, gering achten. Stattdessen werden sie das Richtige (*tò orthón*) über alles stellen und das Gerechte (*díkaion*) für das Größte und Notwendigste halten – und es dementsprechend fördern und damit ihre Pólis schön einrichten.«

Und wie verwirklicht man diese Pólis am schnellsten?

Nun ja, man jagt alles, was älter als zehn Jahre ist, hinaus aufs Land (*eis toùs ágrous*) und behält nur die Kinder in der Stadt. Um sie so zu erziehen, wie Sokrates es lang und breit zuerst im dritten und nun im siebten Buch dieses Dialogs geschildert hat.

Ja, das ist wieder der Tick zuviel. Aber vielleicht ist er ja, wieder einmal, nicht ernst gemeint.

Achtes Buch

Das achte Buch, das nun folgt, greift den Faden wieder auf, der zum Ende des vierten und Anfang des fünften Buches losgelassen wurde. Dort hatte Sokrates behauptet, es gebe fünf Verfassungen (*politeíai*) der Pólis: eine gute und vier schlechte. Die gute hatte er Königtum oder Aristokratie genannt, je nachdem, ob einer oder mehrere regieren. Die Namen der schlechten Verfassungen wurden noch nicht genannt.

Denn Sokrates hatte, auf Intervention seiner Gesprächspartner, zuerst noch genauer ausmalen müssen, was die gerechte Pólis, die er sich vorstellt, ausmacht: angefangen von den Wächtern mit ihrer Güterlosigkeit und dem zentral verwalteten Fortpflanzungs- und Erziehungswesen, endend bei den Philosophen als Herrschern und ihrer Rekrutierung.

Wobei man nicht vergessen darf: Die Frage, wie die gerechte Pólis auszusehen hat, ist eigentlich nur ein Zwischenschritt zur Antwort auf die Frage, wie der gerechte Einzelmensch beschaffen ist. Und diese Frage wiederum wird gestellt, weil Thrasymachos, der Sophist, behauptet hatte, der ungerechte Mensch sei glücklicher als der gerechte.

All dies wird nun wieder aufgenommen und zusammengeführt: Welches sind die restlichen, die schlechten vier Verfassungen? Welches ist der Menschentyp, der ihnen entspricht? Welcher davon ist der ungerechteste? Und ist der dann glücklicher als der Mensch in der Aristokratie?

29. Kapitel
Verfassungswandel –
von der Aristokratie zur Timokratie
Dialogpartner: Glaukon, Adeimantos
(die beiden Brüder Platons)
Buch VIII 1 bis 5

Sokrates' Grundidee ist nun die, dass sich die Verfassungen auseinander heraus entwickeln – von der Aristokratie als der besten Form hin zu den immer schlechteren. Wobei Aristokratie, um es zu wiederholen, die Verfassung ist, in der diejenigen König sind, die sich im Krieg und in der Philosophie als die besten (*áristoi*) erwiesen haben.

Wie heißen nun die vier übrigen, schlechten Verfassungen? Nun, die erste nennt Sokrates Timokratie, wörtlich übersetzt: Herrschaft der Ehre (*timḗ*) – und damit der Ehrgeizigen; Beispiel sind Kreta und Sparta. Die zweite Verfassungsform nennt Sokrates Oligarchie, wörtlich: Herrschaft der Wenigen (*olígoi*) – wobei Sokrates allerdings die wenigen Reichen im Gegensatz zu den vielen Armen meint. Die dritte Verfassung ist dann die Demokratie, wörtlich: Herrschaft des Volkes (*dḗmos*) – wobei Sokrates allerdings unter dem Volk die vielen Armen versteht. Die letzte Form ist schließlich »die adlig-edle Tyrannis (*gennaía tyránnis*), die vierte und äußerste (*éschaton*) Krankheit (*nósēma*) der Pólis«. Sagt Sokrates.

Weitere Formen mag es geben, vor allem bei den Barbaren. Jedoch liegen die dann irgendwie zwischen den genannten fünf.

* * *

Ja, und dann geht Sokrates so vor, dass er zunächst bei allen vier schlechten Verfassungen zunächst die Verfassung selbst beschreibt, anschließend den Menschen, der ihr entspricht. Oder besser: Er beschreibt, wie diese Verfassungen und diese Menschen jeweils entstehen.

Wie entsteht also aus der Aristokratie die Timokratie?

* * *

Zunächst einmal: Jede Änderung einer Verfassung nimmt ihren Ausgang bei den Herrschern selbst, wenn sie nämlich uneins werden und daraus Aufruhr und Parteienkampf (*stásis*) entsteht. Solange die Herrscher einig sind, kann nichts passieren.

Aber wie soll in der Aristokratie, wo ein jeder seinen Platz hat und obendrein sogar noch weiß, dass dies sein richtiger Platz ist – wie soll da Uneinigkeit entstehen?

Nun, da gerät Sokrates derart in Verlegenheit, dass er die Musen zu Hilfe ruft und vorgibt, durch ihren Mund zu sprechen: »Allem, was geworden ist, ist der Untergang bestimmt. Daher wird sich auch diese Einrichtung (*sýstasis*) auflösen (*lýein*), und zwar so: Es gibt, so wie bei den Pflanzen und Tieren, auch bei der Seele und dem Körper Fruchtbarkeit (*phorá*) und Unfruchtbarkeit (*aphoría*). Und immer die richtigen Zeiten für die Erzeugung des Nachwuchses zu berechnen – das werden nicht einmal die Weisen an der Spitze der Aristokratie schaffen. So dass Kinder zu einer Zeit gezeugt werden, wo dies nicht sein sollte.« (Es folgt eine hochkomplizierte Demonstration, wie die Periode des göttlich Gezeugten zu berechnen ist.)

Und so haben wir eben auch einmal ein paar schlechte Jahrgänge bei den Wächterkindern.

Sie sind nicht rein, sondern eine Mischung aus Gold und Silber, Bronze (*chalkós*) und Eisen. Und diese Unregelmäßigkeit (*anōmalía*) gebiert Krieg (*pólemos*) und Hass (*échthra*) und innenpolitischen Aufruhr (*stásis*).«

So weit die Musen.

* * *

Aber wie funktioniert das genau?

»Nun«, sagt Sokrates, »diese gemischten Charaktere wird ihr goldener und silberner Anteil weiterhin zur Tugend und zu den alten Werten (*katástasis*) ziehen, der bronzene und eiserne aber zu Erwerb (*chrēmatismós*) und Besitz (*ktēsis*) und Häusern (*oikía*). Und nach einiger Gewaltanwendung untereinander werden sie sich dann in der Mitte treffen: Im Interesse der überwiegend Unedlen werden Land (*gē*) und Häuser aufgeteilt und in Privateigentum verwandelt (*idiōsasthai*); die Bevölkerung, die man zuvor als Freie, Freunde und Ernährer akzeptiert hat, wird zu Untertanen gemacht (*doulóein*) und als Landarbeiter und Hauspersonal gehalten; und zum Trost der überwiegend Edlen kümmert man sich weiterhin um den Krieg und darum, Wächter der anderen zu sein.«

Was dann in der Mitte liegt zwischen Aristokratie und Oligarchie.

* * *

Und wie wird nun diese Timokratie verwaltet (*oikéein*) werden? Nun, sie wird teils die alte Verfassung nachahmen, teils die Oligarchie. Und sie wird durchaus mit Recht fürchten, die »Weisen« (*sophoí*) an die Regierung zu bringen, weil es unter diesen kaum noch einfache (*haploũs*) und straffe (*ateneĩs*) Menschen gibt, sondern nur noch gemischte. Und von denen werden sich dann eher die aggressiven Willenstypen (*thymoeideĩs*) durchsetzen, diejenigen, die mehr zum Krieg als zum Frieden neigen.

Und die im Übrigen großes Begehren haben (*epithymētaí*) nach Geld und materiellen Gütern (*chrḗmata* kann beides bedeuten). Und insbesondere Gold und Silber wild (*agríōs*) verehren und es zu Hause im Tresor verstecken und um ihr Haus eine Mauer ziehen, damit sie dort für Frauen oder wen sie sonst wollen viel Aufwand treiben können.

Tja, die Luxusvilla mit Swimmingpool über L.A. …

Und sie werden sparsam sein mit eigenem Geld, verschwenderisch mit fremdem. Und ihre Freuden heimlich genießen und vor dem Gesetz davonlaufen wie Kinder vor dem Vater. Weil man sie nicht mit Überzeugungskraft (*peithṓ*), sondern mit Gewalt erzogen hat.

Am hellsten aber tritt hervor, dass die Timokratie einzig und allein von der Aggressivität (*thymoeidḗs*) regiert (*krateín*) wird, von Siegesfreude (*philonikía*) und Ehrgeiz (*philotimía*).

* * *

Und wie sieht nun der zu dieser Verfassung (*politeía*) passende, der timokratische Mensch aus?

»Wie Glaukon!«, ruft Adeimantos, »der will doch auch immer gewinnen!«

»Ja«, sagt Sokrates, »aber der Timokrat muss selbstgefälliger (*authadésteros*) sein als Glaukon und auch ein bisschen ungebildeter (*hypoamousóteros*) – obwohl er »Kultur« (wörtlich: die Musen) durchaus liebt. Aber er hört lieber zu, konsumiert lieber, und ist selbst kein großer Redner oder Künstler. Die Untertanen (*doúloi*) behandelt er grob, gegen die anderen Freien (*eleuthéroi*) ist er freundlich, der Regierung gegenüber unterwürfig. Und er ist selbst sehr darauf aus, zu Ämtern und Ehren zu kommen (*phílarchos kaì philótimos*) – aber nicht aufgrund seiner intellektuellen Kompetenz, sondern wegen seiner Taten im Krieg. Außerdem verachtet er das Geld in der Jugend, liebt es aber umso mehr, je älter er wird.«

Kurz, er ist von seinem besten Wächter verlassen: der Vernunft (*lógos*), vermischt mit geistiger Bildung (*mousikḗ*).

Und wie wird man ein solcher Mensch?

»Nun«, sagt Sokrates, »aus Protest gegen einen guten (*agathós*) Vater. Der Vater ist nämlich so edel, dass er in einer Pólis, die nicht gut verwaltet wird (*politeúein*), allen Ehren und Ämtern und Gerichtssachen aus dem Weg geht und lieber nachgibt als sich auf Schwierigkeiten (*prágmata*) einlässt. Dann kommt die Mutter und nennt ihn einen Versager, unmännlich und zu sanft, und diese Klagen hört auch der Sohn. Und die Diener sagen hinter vorgehaltener Hand: Er, der Sohn, solle später mehr Mann sein als der Vater und sich all dessen faule Schuldner ordentlich vorknöpfen. Und draußen hört und sieht der Sohn überall, dass man diejenigen, die sich allein um ihre eigenen Angelegenheiten kümmern (*tà autõn prátten*), für dumm hält.«

Und dann wird der junge Mann hin- und hergerissen sein: Das Vorbild des Vaters nährt das Vernünftige (*logistikón*) in seiner Seele, die Worte der anderen das Begehrende (*epithymētikón*) und das Beherzte (*thymoeidés*).[77] Am Ende bleibt er irgendwie mittendrin stehen und übergibt die

---

[77] Zu den drei Teilen der Seele Kapitel 15.

Herrschaft über sich selbst dem mittleren Teil: dem Beherzten, dem Aggressiven, dem Willen (*thymoeidés*). Und wird hochmütig und ehrgeizig (*philótimos*).

30. Kapitel
Verfassungswandel –
von der Timokratie zur Oligarchie
Dialogpartner: Adeimantos (ein Bruder Platons)
Buch VIII 6 bis 9

So weit also zur Timokratie.

Jetzt kommen wir zur Oligarchie, wörtlich: Herrschaft Weniger. Aber Sokrates versteht darunter – Adeimantos fragt nach – eine Verfassung, in der die Reichen (*ploúsioi*) regieren (*árchein*) und die Armen (*pénes*) keinen Anteil an der Regierung haben. (Andere haben diese Staatsform daher Plutokratie genannt).

Wie entsteht nun die Oligarchie?

»Nun«, sagt Sokrates, »das ist doch selbst einem Blinden klar: Die Schatzkammer, die sich jeder mit Gold gefüllt hat, verdirbt die Verfassung. Denn zuerst denken sich die Leute neuen Luxus (wörtlich: Aufwand) aus, verdrehen dann die Gesetze, die so etwas verbieten, und gehorchen ihnen nicht.«

Anmerkung: Gesetze gegen Luxus hat es in der Geschichte immer wieder gegeben. Vor allem natürlich in Preußen, wo zeitweise der Genuss von Kaffee verboten war – und amtlich bestellte Kaffeeschnüffler durch die Straßen zogen, um Verstöße aufzudecken. So dass die Sachsen, die so etwas durften, zum Namen »Kaffeesachsen« kamen.

Weil Luxus nun aber finanziert werden muss – und die Timokraten, weil ehrgeizig, auch im Luxus wetteifern –, müssen sie sich immer mehr auf den Gelderwerb konzentrieren. Dann aber erscheint ihnen auch mehr und mehr der Reichtum als solcher ehrenwert, nicht die persönliche Tüchtigkeit (*areté*) eines Menschen. »Es ist«, sagt Sokrates, »wie bei einer Waage: Je mehr der Reichtum geschätzt wird, desto weniger die Areté.«

Der entscheidende Schritt zur Oligarchie wird nun dann vollzogen, wenn Reichtum und Herrschaft durch ein Gesetz aneinander gekoppelt werden: durch ein Gesetz (*nómos*), das als Grenze (*hóros*)[78] der oligarchischen Verfassung eine bestimmte Größe des Vermögens (*chrémata*) festlegt, das heißt: Niemand, der weniger Vermögen hat, darf an den politischen Ämtern (*archaí*) teilhaben. Und dies wird notfalls mit Gewalt durchgesetzt.

* * *

»Nun«, sagt Sokrates, »es ist ganz klar, dass die oligarchische Verfassung gravierende Fehler hat.«

Der erste liegt schon in der Vermögensgrenze selbst. Denn mit dem Vermögen wird schlicht ein sachfremdes Kriterium festgelegt. Den Steuermann eines Schiffes sucht man ja auch nicht nach dem Reichtum der Bewerber aus, sondern nach ihrer Kompetenz. Warum sollte das in der Pólis anders sein?

Der zweite Fehler: Eine solche Pólis ist in Wahrheit gar nicht eine einzige, sondern zwei: eine Pólis der Reichen und

---

[78] Daher das Horoskop: der Blick über die Grenze.

eine der Armen – und beide lauern sich immer gegenseitig auf. (Natürlich ist dies die Ur-Idee des Klassenkampfes!)

Drittens. Deshalb kann die oligarchische Pólis auch nur schwer einen Krieg führen: Entweder bewaffnet man auch die Menge der Armen und fürchtet sie dann mehr als den Feind. Oder man rückt mit viel zu wenigen aus und will zudem, weil man das Geld liebt, nicht viel davon in die Rüstung stecken.

Viertens: die Vielgeschäftigkeit (*tò polypragmoneín*). Jeder ist auf zu vielen Baustellen beschäftigt, tanzt auf zu vielen Hochzeiten: Landwirtschaft, gewerbliche Wirtschaft (*chrēmatízein*), Kriegführung. Das kann man nicht gut unter einen Hut bringen.

Fünftens: die Möglichkeit, alles was man hat, zu verkaufen, so dass andere es kaufen können.[79] Dadurch entstehen die Überreichen (*hyperploútoi*) und die völlig Armen (*pantápasi pénētes*). Und wer zu denen gehört, der wohnt zwar noch in der Pólis, ist aber kein Teil mehr von ihr: weder Gewerbetreibender (*chrēmatistḗs*) noch Handwerker (*dēmiourgós*), weder Kavallerie (*híppeus*) noch Infanterie (*hoplítēs*). (Wir haben schon gesagt, dass die Bürger einer griechischen Pólis sich ihre Kriegsausrüstung selbst beschaffen mussten.) Kurz, er ist nur noch arm und bedürftig (wörtlich *áporos*, das heißt eigentlich: ausweglos; daher kommt die Aporie; und vom Wort *póros*, wie Ausweg, die Pore in der Haut[80]).

---

[79] Im deutschen Bürgerlichen Gesetzbuch (BGB) gab es bis 1999 einen § 419, der die vollständige Übernahme des Vermögens eines anderen regelte. Er wurde aufgehoben, als die neue Insolvenzordnung (InsO) in Kraft trat – mit neuen Regelungen insbesondere zur Privatinsolvenz (»Verbraucherinsolvenz«, §§ 304 ff. InsO).

[80] Und übrigens auch der Bosporos: Der Sage nach war er der

* * *

Und diese Armen und Bedürftigen entwickeln sich nun zu so etwas wie einer Krankheit (*nósēma*) der Pólis.

Wobei Sokrates aber noch ein anderes Bild bemüht: Die Armen und Bedürftigen, und vor allem diejenigen, die ihr Vermögen verschwendet haben, sind so etwas wie Drohnen (*kēphḗn*) – also männliche Bienen, die keine Arbeit verrichten und auf Kosten der anderen ernährt werden. (Dass ihr Job die Befruchtung der Königin ist, lässt Sokrates in seinem Vergleich außen vor).

Aber während es bei den Bienen nur Drohnen ohne Stachel gibt, hat bei den menschlichen Drohnen zwar die Mehrzahl ebenfalls keinen Stachel. Es gibt aber auch einige mit ganz furchtbarem (*deinón*) Stachel (*kéntron*; auch: Mittelpunkt, Zentrum – weil dort der Stachel des Zirkels eingesetzt wird).

Die Drohnen ohne Stachel nun sind die Bettler (*ptōchoí*), die Drohnen mit Stachel die Verbrecher (*kakourgoí*, wörtlich: Übeltäter). Und man kann von einer jeden Pólis sagen: Wo man Bettler sieht, da gibt es im Verborgenen auch Diebe (*kléptai*, daher die Kleptomanie), Geldbeutelabschneider (so ganz wörtlich *balantiotómoi*), Tempelräuber und weitere derartige Gesellen (*dēmiourgoí*).

Und der Pólis bleibt nichts anderes übrig, als sie mit Gewalt niederzuhalten.

* * *

Ausweg für ein Rind (*boũs*, daher *bós-poros*), genauer: für die Kuh, in die Zeus seine Geliebte Io verwandelt hatte – sie musste vor der Rache Heras, der Gattin des Zeus, fliehen.

Nun, das war die oligarchische Verfassung. Wie sieht nun der dazu passende oligarchische Mensch aus?

»Auch der oligarchische Mensch«, sagt Sokrates, »hat seinen Vater vor Augen – einen Timokraten, der aus Ehrgeiz wie an einer Klippe an der Pólis scheitert. Weil er sich und sein ganzes Gut aufs Spiel gesetzt hat, sei es als Heerführer oder in sonst einem hohen Amt, und dann wird er von Verleumdern (*sykophántai*) vor Gericht (*dikastérion*) gezogen und verliert alles.«

»Ein solcher Sohn«, fährt Sokrates fort, »ist natürlich traumatisiert. Und stürzt vom Thron seiner Seele den ganzen Ehrgeiz und alles Beherzte (*thymoeidés*) kopfüber hinab. Stattdessen konzentriert er sich, von Armut gedemütigt, ganz auf das Erwerbsleben (*chrēmatismós*) und sammelt kleinlich und fleißig Geld (*chrḗmata*) zusammen. Und setzt auf den leeren Thron der Seele das Begehrende (*epithymētikón*) und die Liebe zum Geld (*philochrḗmaton*).

Und das Vernünftige (*logistikón*) und Beherzte (*thymoeidés*) stellt er, zu Füßen des Throns, völlig in den Dienst der Aufgabe, aus wenig Geld mehr zu machen.«

* * *

So weit, so klar. Das ist der oligarchische Mensch.

Hat er aber auch Ähnlichkeit mit der oligarchischen Verfassung? Und das heißt vor allem: Hat er auch ihre Fehler?

Ja, hat er.

Er setzt das Geld an die höchste Stelle. Und, gut, er ist sparsam und arbeitsam. Aber in solchem Maß, dass er sich selbst nur die Erfüllung der notwendigsten Bedürfnisse (*epithymíai*) erlaubt und dadurch ein wenig schmutzig wirkt. Und um Bildung (*paideía*) hat er sich auch nicht gekümmert.

Und deshalb ist er auch sonst ein etwas schmutziger Charakter. Wegen seiner Unbildung wachsen in ihm drohnenhafte Begierden, also bettlerhafte und verbrecherische. Allerdings traut er sich nicht, sie offen auszuleben, weil er um seinen Ruf als ehrlicher und gerechter (*díkaios*) Mensch fürchtet. Aber da, wo es keiner sieht, schnorrt er und unterschlägt er, was immer er bekommen kann – zum Beispiel, wenn er die Vormundschaft über Waisen (*orphanoí*) erhält.

»Ein solcher Mensch«, sagt Sokrates, »ist eigentlich gar nicht ein einziger, sondern ein doppelter (so wie, siehe oben, die oligarchische Pólis eigentlich zwei Póleis ist) und mit sich selbst im Bürgerkrieg. Nur dass die besseren Begierden größtenteils die schlechteren (noch) beherrschen.«

»Was die Pólis angeht«, fügt Sokrates hinzu, »ist er übrigens ein schlechter Mitbewerber (*phaúlos antagōnístēs*) um irgendeinen Sieg oder einen anderen Wettstreit um Schönes« – mit anderen Worten: Er ist kein guter Sponsor im Sport oder in der Kultur. »Er gibt dafür zwar unter Umständen Geld aus, aber nicht viel. Und so unterliegt er und bleibt reich.«

31. Kapitel
Verfassungswandel – von der Oligarchie zur Demokratie

Dialogpartner: Adeimantos
(Bruder Glaukons und Platons)
Buch VIII 10 bis 13

So viel zur Oligarchie, das heißt zur Herrschaft der Reichen. Wie schlägt sie nun um zur Demokratie, das heißt zur Herrschaft der Armen?

»Nun«, sagt Sokrates, »dieser Umschwung hat seinen Grund wohl in einer unersättlichen Gier (*aplēstía*), in einer Sucht nach demjenigen Gut (*agathón*), dem man sich völlig hingegeben hat: nämlich möglichst reich zu werden.«

Denn weil die Regierenden wegen ihres Reichtums herrschen, haben sie kein Interesse daran, den jungen Leuten durch Gesetz zu verbieten, ihr Hab und Gut zu verschwenden und völlig durchzubringen. Sie, die Reichen, können es dann nämlich günstig aufkaufen oder es sich für einen Kredit verpfänden lassen.

Und weil es eben unmöglich ist, in einer Pólis zugleich den Reichtum zu verehren und von den Bürgern Mäßigung (*sōphrosýnē*, wörtlich: Besonnenheit) zu verlangen, wird man es in der Oligarchie unbekümmert zulassen, dass alle über ihre Verhältnisse leben (*akolasía*, wörtlich: Zügellosigkeit). Dadurch aber werden oft auch Menschen, die an sich gar nicht unedel sind, in die Armut getrieben.

Tja. Konsumentenkredite machen die Reichen reicher und die Armen ärmer.

»Und diese verarmten Menschen«, fährt Sokrates fort, »sitzen nun in der Pólis, mit Stachel und Rüstung, die einen haben Schulden, den anderen wurde das Bürgerrecht aberkannt, bei manchen auch beides – da sitzen sie nun und hassen die Besitzenden, die sich letztlich an ihnen bereichert haben, und entwickeln ein heißes Begehren (*erān*, wörtlich: lieben) nach politischer Umwälzung (*neōterismós*).

* * *

Und die Geschäftsleute (*chrēmatistaí*)? »Nun«, sagt Sokrates, »die ducken sich und tun so, als ob sie diese Verarmten nicht sehen. Und von den übrigen betören sie jeden, der nachgibt, und flößen ihm Geld (*argýrion*, wörtlich: Silber) ein, und indem sie reichlich Zinsen (*tókoi*) einstreichen, schaffen sie immer mehr Drohnen und Bettler.«

Und dagegen gäbe es zwar ein Mittel, aber das will eine solche Finanzwirtschaft gar nicht haben. Man könnte ein Gesetz (*nómos*) erlassen, das die Bürger zur Tugend (*aretḗ*) zwingt: Es würde anordnen, dass Verträge (*hekoúsia symbólaia*)[81] in der Regel auf eigene Gefahr abgeschlossen werden. Dann würden in der Pólis weniger schamlos Geschäfte gemacht, und es würden die genannten Übel weniger.

Hmm. Verträge »auf eigene Gefahr« abschließen – was mag Sokrates damit meinen? Und wen? Die Kreditgeber oder die Kreditnehmer? Wenn er die Kreditnehmer (Schuldner) meint, müsste er wohl so etwas wie Schuldknechtschaft einführen: Wer nicht mehr zahlen kann, wird zum Sklaven des Kreditgebers (Gläubigers); aber diese Einrichtung hatte in Athen schon Solon abgeschafft. Und wenn er die Kreditgeber meint? Dann müsste er wohl fordern, dass sie wirklich auf ihren »faulen« Krediten sitzenbleiben, sobald der Schuldner zahlungsunfähig wird. Sie dürfen nicht weiterhin ihre Zinsen kassieren, während die Schuldner schon auf öffentliche oder private Unterstützung angewiesen sind. Kurz: Es muss ein wirklich funktionierendes Konkursrecht[82] geben. (Und es dürfen auch

---

[81] Man kann *symbólaion* wohl am besten mit »Schuldverhältnis« übersetzen. Dann sind »freiwillige« Schuldverhältnisse die Verträge (vergleiche §§ 145 ff. BGB), »unfreiwillige« die Delikte, das heißt Schuldverhältnisse, in denen der eine den anderen ohne Absprache schädigt, z.B. die Fensterscheibe einwirft, und dafür Schadensersatz leisten muss (§§ 823 ff. BGB).

[82] Oder wie es seit 1999 heißt: Insolvenzrecht; siehe auch Fußnote 79.

nicht Banken, die sich übernommen haben, »gerettet« werden.)

* * *

Wie auch immer: Während die einen verarmen, gewöhnen sich die Reichen – und vor allem ihre Kinder – immer mehr an Luxus und werden immer weniger tauglich zu körperlicher und geistiger Arbeit.

Und das hat Konsequenzen: vor allem, dass die Armen dies merken – etwa bei gemeinsamen Sportveranstaltungen oder im Schwimmbad oder gar im Krieg. »Da steht dann«, sagt Sokrates, »ein hagerer, sonnengebräunter Unterschichtler neben einem blassen, angefetteten[83] Mann aus den höheren Kreisen und sieht, wie der in Atemnot (*ásthma*) und Bedrängnis (*aporía*) gerät. Meint ihr nicht, dass er dann denken wird: ›Hoppla, diese Leute sind nur an der Macht durch unsere Feigheit‹?«

Und so werden die Armen dann, wenn sie unter sich sind, einander sagen: »Diese verweichlichten Männer der Oberschicht taugen nichts, und wir können sie leicht in die Hand bekommen.« Ja, und dann bedarf es nur noch eines innenpolitischen oder außenpolitischen Anlasses, damit ein Bürgerkrieg ausbricht (*stasiázien*).

»Die Demokratie entsteht daher«, sagt Sokrates, »wenn die Armen siegen und einen Teil der anderen umbringen oder vertreiben. Und denen, die übrig bleiben, geben sie aus

---

[83] Auf Griechisch: *pollàs sárkas allotrías échein* – viele fremde Fleische haben. Von *sarx*, das Fleisch, kommt der Sarkophag (wörtlich: Fleischfresser, im Griechischen zunächst ein die Leichen schnell aufzehrender Kalkstein, dann auch allgemein Steinsarg).

gleichem Recht (*éx ísou*) Anteil an Verfassung (*politeía*) und Verwaltung (*archaí*), und zwar so, dass die Ämter (*archaí*) zum größten Teil durch Los (*klēros*) erworben werden.«

* * *

Gut, so entsteht die Demokratie, die Herrschaft der Armen. Wie sieht nun aber der Mensch aus, der zu dieser Verfassung passt, der demokratische Mensch?

»Nun«, sagt Sokrates, »die Menschen in der Demokratie sind frei (*eleútheros*) und bunt (*poikílos*). Es herrscht allgemeine Handlungsfreiheit (*eleuthería*) und Redefreiheit (*parrēsía*), und es gibt die unterschiedlichsten (*pantodapoí*) Leute. Und so wie Kinder und Frauen am liebsten ganz bunte Klamotten mögen, so werden viele Menschen eben wegen dieser Buntheit die Demokratie für die schönste (*kallístē*) Verfassung halten.«

Und die Demokratie hat noch andere Vorzüge. Erstens besteht hinsichtlich der Verfassung (*politeía*) eine große Gestaltungsfreiheit, man kann sich wie in einem Kaufhaus (*pantopōlion*)[84] der Verfassungen eine aussuchen. Zweitens gibt es keinerlei Zwang (*anánkē*): weder den Zwang, ein Amt zu übernehmen, obwohl man dazu geeignet ist, noch den Zwang, es nicht auszuüben, obwohl man durch Gesetz an der Mitwirkung in einem Verwaltungs- oder Gerichtsverfahren ausgeschlossen ist. Man wird auch nicht zum Kriegsdienst gezwungen und nicht dazu, Frieden zu halten, wenn man dies nicht will. Und Verurteilungen werden nicht vollstreckt, Verwaltungsbeschlüsse nicht vollzogen.

---

[84] Wörtlich: Ort, wo man alles kaufen kann; *pōlein* bedeutet verkaufen, daher das Monopol.

Kurz: Die Demokratie hat Nachsicht mit allem. »Und was wir«, sagt Sokrates, »mit großer Ehrfurcht entwickelt haben, als wir unsere Pólis einrichteten, behandelt sie mit Verachtung. Insbesondere, dass niemand ein guter Mann (*anḗr agathós*) wird, der sich nicht von Kindheit an im Spiel und in seinen Pflichten (*epitēdeúmata*) mit Schönem beschäftigt. Stattdessen schätzt man in der Demokratie jeden, der sagt, er sei der Menge wohlgesonnen.«

Fazit: »Die Demokratie ist vergnüglich (*hedeíos*, wörtlich: süß), herrschaftslos (*ánarchos*) und bunt (*poikílos*). Und sie gibt Gleichen und Ungleichen (*ísois kaì anísois*) in gleicher Weise (*homoíōs*) eine gewisse Gleichheit (*isótēs*)[85].«

Interessant. Im Griechischen gibt es zwei Wörter für »gleich«: *ísos* (wie in isotonisch, Isographen) und *hómoios*, auch *homoíos* (wie in Homosexualität). – Im Übrigen kann man an Artikel 3 Absatz 1 des deutschen Grundgesetzes denken: »Alle Menschen sind vor dem Gesetz gleich.« Das bedeutet nach ganz herrschender Meinung unter den Juristen aber auch: Das Gesetz muss »Gleiches gleich, Ungleiches ungleich« behandeln.

* * *

Aber hatten wir nicht eigentlich nach dem demokratischen *Menschen* gefragt?

Nun, Sokrates schildert, nach bekannter Methode, wie er *entsteht* – in Auseinandersetzung mit dem Vater. Der Vater, ein Oligarch, ist zwar reich, aber geizig. Also unterdrückt auch der Sohn zunächst alle Vergnügungen (*hēdonaí*), die mehr kosten als einbringen.

---

[85] Insbesondere kann *isótēs* Rechtsgleichheit heißen.

Ja, und dann macht Sokrates die Unterscheidung zwischen notwendigen (*anankaíai*) und nicht-notwendigen Begierden (*epithymíai*), zwischen Grundbedürfnissen und Luxus – im Wesentlichen am Beispiel (*parádeigma*) der Nahrung. Sie gilt aber auch für Sex (*aphrodísia*) und anderes. Und nun gerät der junge Mann, dessen Vater sich noch auf die notwendigen Begierden beschränkt hat, mehr und mehr unter den Einfluss der – wie Sokrates sie nennt – Drohnen. Die Drohnen aber werden beherrscht von den nicht-notwendigen Begierden – und eröffnen dem Sohn des Oligarchen eine bunte Welt von Luxus und Verbotenem, von »brennenden und gefährlichen Tieren«, wie Sokrates sagt.

Kein Wunder, dass am Ende die Luxusbegierden die Oberhand gewinnen. Sie erobern in den Söhnen und Töchtern der Reichen die Burg (*akrópolis*) ihrer Seele (*psychḗ*) und herrschen dort laut und angeberisch: Scham (*aidōs*) nennen sie Dummheit (*ēlithiótēs*), Besonnenheit (*sōphrosýnē*) Feigheit (*anandría*, wörtlich: Unmännlichkeit), Mäßigung (*metriótēs*) und geordnete Haushaltsführung (*kósmia dapánē*) schließlich bäuerisch (*agroikía*) und unfrei (*aneleuthería*). Auf der anderen Seite: Selbstüberschätzung und Hochmut (*hýbris*) wird Wohlerzogenheit (*eupaideusía*) genannt, Unbeherrschtheit (*anarchía*) Freiheit (*eleuthería*), Verschwendungssucht (*asōtía*) Großzügigkeit (*megaloprépeia*), Unverschämtheit (*anaídeia*) schließlich Mut (*andreía*).

Praktisch gesehen, wird der junge Mann daher mehr Geld für Luxus als für die Grundbedürfnisse ausgeben. Wenn er Glück hat und sich nicht vorher zugrunde richtet, wird er später, wenn der größte Lärm vorbei ist, in einem gewissen Gleichgewicht der Spaßfaktoren (*hēdonaí*) leben und ohne jede Prioritätensetzung dem, worauf er gerade Lust (*hēdonḗ*) hat, die Herrschaft über sich überlassen.

Das einzige, worauf er keine Lust hat, ist jemand, der ihm die Wahrheit sagt.

Und so lebt er denn in den Tag hinein und schenkt seine Gunst der Begierde, die ihm gerade zu Füßen fällt: Erst säuft er und schlemmt er, dann trinkt er nur noch Wasser und hält Diät. Manchmal treibt er eifrig Sport, dann wieder liegt er faul und träge herum. Manchmal tut er gar so, als beschäftige er sich mit Philosophie. Manchmal nimmt er aktiv an der Politik teil (*politeúein*), manchmal beneidet er die Militärs (*polemikós*), manchmal die Wirtschaftsbosse (*chrēmatistikós*) und eifert ihnen dann eine Zeitlang nach. Kurz: Es gibt in seinem Leben keine Ordnung (*táxis*, daher kommt das Wort Taktik) und keine Disziplin (*anánkē*, wörtlich: Zwang). Er aber nennt dieses Leben süß (*hēdýs*) und frei (*eleútheros*) und glücklich (*makários*).

Etwas seltsam, dass Adeimantos diesen Menschen zum Abschluss als *isonomikós* bezeichnet, wörtlich: nach Gleichberechtigung strebend.

Sokrates sagt zum Abschluss: »Er ist so schön und bunt wie seine Pólis, dieser demokratische Mensch. Und viele Männer und Frauen werden ihn beneiden, weil er so vielfältig ist, so viele Muster (*paradeígmata*) von Verfassungen (*politeíai*) in sich hat.«

Aber hat er nicht in Wahrheit *gar keine* Verfassung?

32. Kapitel
Verfassungswandel –
von der Demokratie zur Tyrannis
Dialogpartner: Adeimantos (Bruder Glaukons und Platons)
Buch VIII 14 bis 19

Wie auch immer: Es bleibt zu betrachten, wie die Demokratie in die Tyrannis umschlägt, in die (Schreckens-)
Herrschaft eines Einzigen. (Nach heutigem Sprachgebrauch
würde man eher von Diktatur sprechen.)

Sokrates sagt: »Die Demokratie geht, ganz ebenso wie
die Oligarchie, an der übermäßigen Gier (*aplēstía*, wörtlich: Unersättlichkeit) nach ihrem höchsten Gut (*agathón*)
zugrunde. Dieses höchste Gut war in der Oligarchie der
Reichtum. Hier, in der Demokratie, ist es die Freiheit«
(*eleuthería* – haben wir schon erwähnt, dass daher das Wort
»Leute« kommt?).

Aber wie funktioniert das?

Nun, die Unersättlichkeit nach Freiheit unter Vernach-
lässigung (*améleia*) alles anderen lässt das Bedürfnis nach
einer Tyrannis wie – ja, wie infolge einer Suchterkrankung
entstehen. Sokrates vergleicht nämlich diejenigen, die in der
demokratischen Pólis das Sagen haben, mit Gastgebern[86],
die den Gästen statt der damals üblichen Weinschorle un-
gemischten (*ákratos*), puren Wein einschenken – so dass
sich das Volk an der Vorstellung völliger Freiheit berauscht
und sich über jede kleine Beeinträchtigung der realen Freiheit – sagen wir: über eine Geschwindigkeitsbegrenzung auf
der Autobahn – mächtig aufregt. Infolgedessen beschimpft

---

[86] Wörtlich *oinochoós* – Mundschenk (*oînos*: der Wein; daher
die Önologie).

man diejenigen, die sich noch an Regeln halten, als Fürstenknechte (*ethelodoúloi*). Hingegen lobt man auf der einen Seite Regierungsmitglieder (*archóntes*), die sich »volksnah« geben, auf der anderen Seite Leute aus dem Volk (*archómenoi*), die sich großspurig aufführen.

Und das Muster setzt sich fort: Die Eltern versuchen, den Kindern zu gleichen, und fürchten sich am Ende vor ihnen, während die Kinder jede Freiheit in Anspruch nehmen. Die Lehrer fürchten sich vor den Schülern, nicht umgekehrt. Die Alten versuchen jünger zu sein als die Jungen. Männer und Frauen sind gleichberechtigt (*isonomía*). Und nicht einmal die Haustiere haben Respekt vor ihren Herrchen und Frauchen.[87] Kurz, alles ist voll Freiheit und, das ist nun die Hauptsache: Die Seele der Bürger wird so zartfühlend (*hapalós*), dass sie keinerlei Zwang mehr verträgt und sich weder um die geschriebenen noch die ungeschriebenen Gesetze (*nómoi*) kümmern mag – um ja keinen Herrn (*despótēs*) über sich zu haben.

* * *

»Dies«, sagt Sokrates, »ist nun der schöne und jugendliche Anfang, aus dem die Tyrannis hervorwächst.« Denn jedes Zuviel (*tò ágan*) schlägt um in sein Gegenteil, hier: ein Zuviel an Freiheit in ein Zuviel an Knechtschaft (*douleía*).

Und Grund dafür ist eine Krankheit (*nósēma*), die wir schon bei der Oligarchie bemerkt hatten (Kapitel 30): ein, wenn man so will, Befall mit Parasiten, mit den sogenannten

---

[87] Darauf beruht heute der Erfolg von Fernsehsendungen wie der »Hunde-Nanny«, in denen überforderte Hundehalter darüber aufgeklärt werden, dass ein Hund Herrschaft braucht.

»Drohnen«. »Damit meine ich«, sagt Sokrates, »diese Klasse
(*génos*) von faulen und verschwenderischen Männern, von
denen die männlicheren führen, die unmännlicheren folgen;
sozusagen Drohnen mit und ohne Stachel.«

Diese Klasse von Nichtsnutzen ist in jedem Staat schädlich, so etwas wie Schleim (*phlégma*) und Galle (*cholế*), und
sollte stets ausgemerzt werden. Erst in der Demokratie aber
führt sie völlig ins Verderben.

* * *

Denn erst in der Demokratie ist den Drohnen erlaubt, an
Ämtern und Regierung teilzuhaben. Und das tun sie denn
auch sehr erfolgreich, so dass man die demokratische Pólis
in Gedanken (*tō̦i lógō̦i*) in drei Teile gliedern kann:

Der erste Teil sind diese Drohnen. Sie bilden in der Demokratie die, wenn man so will, »politische Klasse«, die nahezu alles verwaltet (*dioikeín*). Und die Schneidigsten von
ihnen reden und handeln, die anderen sitzen auf den Rän-
gen und summen (*bómbein*) so laut, dass keine Widerrede
aufkommt.

Der zweite Teil der Pólis, der sich deutlich von der Menge
(*plếthos*) abhebt, sind die wirklich Reichen. Sie sind eigentlich die Ordentlichsten (*kosmiốtatoi*), zugleich sind sie aber
auch das bevorzugte Opfer der Drohnen, weil nur dort
reichlich Honig zu holen ist. Man nennt sie geradezu Droh-
nenfutter (*kēphếnōn botánē* – ja, *botánē* heißt Futter, vor allem Grünfutter; daher die Botanik).

Die dritte Klasse (*génos*) der demokratischen Pólis
schließlich ist das Volk (*dễmos*): alle, die selbst arbeiten
müssen (*autourgós*), wenig Zeit für anderes haben (*aprágmōn*) und nicht gerade viel Vermögen bilden können. Im-

merhin sind sie aber bei Wahlen und Abstimmungen (wörtlich: wenn man sich versammelt) in der Mehrheit und damit der Souverän (*kyriôtatos*).

* * *

So. Nun muss ich doch auf das Wörtliche zurückkommen.

Sokrates sagt nämlich: Dieses Volk wird sich nicht dauernd versammeln wollen, weil es dazu eben gar keine Zeit hat. Es wird vielmehr nur dann dazu bereit sein, wenn es etwas vom Honig (*méli*, daher *melítta*: die Biene) abbekommt. Deshalb werden die politischen Protagonisten (*proestôtes*) denjenigen, die etwas haben, das Vermögen wegnehmen, einen Teil davon an das Volk verteilen und den größten Teil selbst behalten.

Und nun kommt ein Teufelskreis in Gang: Diejenigen, die beraubt wurden, versuchen sich zu wehren – durch Wort und Tat. Dadurch aber machen sie sich verdächtig, einen Umsturz zu wünschen, gegenüber dem Volk etwas im Schilde zu führen und in Wahrheit zur Oligarchie – darf man sagen: zur Herrschaft der »Bourgeoisie«? – zurückkehren zu wollen. Und genau weil die Drohnen es verstehen, die Beraubten beim Volk in diesen Verdacht zu bringen, wollen die Reichen am Ende wirklich wieder Oligarchen werden.

Die Folge sind gegenseitige Denunziation (*eisangelía*), Untersuchungsausschüsse (*kríseis*), Gerichtsprozesse (*agônes*).

* * *

Und dann ensteht, nein, gerade nicht der Wunsch nach einem *starken* Mann. Sondern Sokrates sagt nur: »Das Volk stellt sich doch mit Vorliebe einen einzigen an seine Spitze.« Allerdings erwächst dann aus dieser eigentlich hervorragenden Wurzel (*rhíza*) der Tyrann.

Und was ist der Grund (*arché*) der Umwandlung eines Vorstehers (*prostátēs* – daher die Prostata) in einen Tyrannen?

Man kann sagen: Er wird zum Tyrannen, wenn er Blut geleckt hat. Sokrates zitiert ein Märchen, das man im Tempel des Zeus Lykaios in Arkadien erzählt (*lýkos* ist der Wolf) und das da lautet: Wer einmal Menschenfleisch isst, und sei es auch nur eine Spur, die unter anderes Fleisch geraten ist, der wird zum Wolf. (Ja, das ist die griechische Fassung des Werwolf-Motivs.)

Und so ergeht es auch dem, den sich das Volk an die Spitze gestellt hat. Wenn er das erste Mal einen Mitbürger vor Gericht (*dikastérion*) gezerrt und es erreicht hat, dass er zu Unrecht zum Tode verurteilt oder verbannt wird – dann ist der Damm gebrochen. Dann wird der *prostátēs* so weitermachen, obendrein auch noch andeuten, dem Volk Schulden zu erlassen und Land zu verteilen. So dass weitere Leute, insbesondere die Reichen, kalte Füße bekommen und er, der *prostátēs*, notwendigerweise entweder von ihnen umgebracht wird oder aber sich zum Tyrannen, zum Wolf entwickelt.

Und zwar, indem er zunächst zum Aufstand aufruft (*stasiázein*) gegen die besitzende Klasse (wörtlich: gegen diejenigen, die die großen Vermögen – *tàs ousías* – haben). Und indem er sodann, weil er nun ja gefährdet ist, von den Besitzenden getötet zu werden, das Volk um eine Leibwache bittet – damit der Helfer des Volkes selbst heil (*sōs*) bleibt. (Es ist schon unfassbar, wie stark all dies an den Nationalsozialismus erinnnert, bis hin zur Formel »Heil Hitler«.)

Und dann bleibt denjenigen, die noch Geld haben und deswegen beschuldigt werden, Volksfeinde zu sein, nur die Flucht in die Emigration. Und der *prostátēs* steht groß und breit auf dem Streitwagen der Pólis und ist völlig zum Tyrannen geworden.

* * *

»Aber wir wollen nun doch«, sagt Sokrates, »einmal sehr sorgfälig das Glück (*eudaimonía*) dieses Tyrannen und seiner Stadt betrachten.« (Dahinter steht natürlich die große Frage, wer glücklicher ist: der Gerechte oder der Ungerechte.)

Nun, der Tyrann wird in der ersten Zeit alle anlächeln und freundlich und mild zu allen sein. Er wird vieles versprechen, privat (*idíai*) und öffentlich (*dēmosíai*), etwa wieder Schuldenerlass und Landverteilung. Er wird beteuern, kein Tyrann zu sein. Aber er wird vor allem eines tun: Kriege anzetteln, damit das Volk weiterhin einen Führer (*hēgemōn*) braucht. Aber auch, damit es infolge der Steuern arm wird und aus Sorge um das tägliche Brot nicht viel gegen ihn unternehmen kann.

Folglich wird ihn das Volk mit der Weile dann doch hassen. Und es wird sich sogar unter den Leuten des Tyrannen Kritik an seiner Politik erheben, und die besseren von ihnen werden sie sogar aussprechen.

Und damit beginnt nun wieder ein Teufelskreis. Der Tyrann muss, wenn er so weitermachen will wie bisher – und er muss es ja, weil er sonst Opfer seiner Gegner wird! –, gerade die besten Leute ausschalten: die tapferen, die großzügigen,

die klugen, die reichen. Er muss sie so lange bekämpfen, bis
weder unter seinen Freunden noch seinen Feinden jemand
übrig bleibt, der etwas taugt. Kurz: Im tyrannischen Staat
gibt es so etwas wie eine negative Bestenauslese.

* * *

Und damit ist der Tyrann am Ende durch glückselige
(*makários*) Notwendigkeit gezwungen, entweder mitten
unter vielen Schlechten zu hausen, die ihn zudem hassen –
oder gar nicht mehr zu leben.

Also braucht er, zu seinem Schutz, immer mehr und immer treuere Leibwächter (*dorýphoroi*,[88] wörtlich Speerträger). Aber woher soll er sie rekrutieren? Nun, entweder
holt er sich drohnenhafte Söldner aus dem Ausland. Oder
er nimmt den Bürgern seiner Pólis Sklaven weg, befreit sie
und macht sie zu seinen Leibwächtern. Und all diese seine
Kameraden (*hetaíroi*) bewundern ihn und halten sich an
ihn. Die anständigen (*epieikeís*)[89] Leute hingegen hassen
und meiden ihn.

So glücklich ist der Tyrann! Und so weise wie die Leute,
mit denen er umgeht (frei nach Euripides)!

Anmerkung: Euripides ist der dritte große griechische
Tragödiendichter, und ich vermute sehr, dass Sokrates ihn

---

[88] Nebenbei: »Der« Dorýphoros ist eine berühmte griechische
Statue, geschaffen vom Bildhauer Polyklet (ca. 480–400 v. Chr.).
An ihm veranschaulichte Polyklet seinen berühmten »Kanon«, das
heißt eine Sammlung von Regeln für die Proportionen des menschlichen Körpers in der Bildhauerei. Seither macht erst ein solcher
»Kanon« aus einem schlichten Handwerk (*banausía*) eine Kunst
(*téchnē*).

[89] Siehe auch Fußnote 34.

hier ironisch zitiert.[90] Und es ist wohl auch nur ein Scherz, dass er ihn, zusammen mit allen anderen Tragödiendichtern, aus seiner vollkommenen Pólis verbannen will. Sollen sie sehen, dass sie andere Póleis zur Demokratie und Tyrannis herabziehen!

* * *

Pragmatischer Schlusspunkt: Wovon wird der Tyrann nun sein schönes und buntes Heer unterhalten? Nun, wenn es Tempelgüter gibt, wird er zunächst sie verwenden, damit er dem Volk geringere Steuern auferlegen muss. Am Ende aber wird das Volk ihn und seine Kumpane und Kameradinnen ernähren müssen – das Volk, das doch eigentlich sein Vater ist und ganz im Gegenteil Anspruch darauf hätte, von seinem erwachsenen Sohn ernährt zu werden!

Aber wenn das Volk nun aufbegehren sollte, etwa mit der Begründung: Wir haben dich an die Macht gebracht, um uns von den Reichen und den sogenannten Edlen (*kaloì k'agathoí*) zu befreien; und nun führst du dich so auf! Sieh zu, dass du mit deinen Leuten die Stadt verlässt …

… dann wird der Tyrann nicht zögern, gegen den Vater Gewalt anzuwenden. Und das Volk hätte das Kleid der zu großen Freiheit eingetauscht gegen das der bittersten Knechtschaft.

---

[90] Das Zitat lautet: *sophoì týrannoi tõn sophõn synousíaᵢ* – Weise sind die Tyrannen durch den Umgang mit Weisen.

Neuntes Buch

33. Kapitel
Der tyrannische Mensch
Dialogpartner: Adeimantos
(Bruder Glaukons und Platons)
Buch IX 1 bis 3

Wir erinnern uns: Bisher war Sokrates immer so vorge-gangen, dass zunächst die timokratische, oligarchische, de-mokratische *Verfassung* geschildert wurde, sodann der dazu passende *Mensch*. Genauso verfährt er nun auch hier und fragt nach dem tyrannischen Menschen: wie er sich aus dem demokratischen entwickelt, wie er beschaffen ist und wie er lebt, schließlich, ob er es mühselig (*áthlios*) hat oder glück-lich (*makários*) ist.

Aber, wieder einmal, steuert Sokrates nicht direkt darauf zu, sondern sagt: »Wir müssen uns noch etwas genauer über die Begierden (*epithymíai*) unterhalten (vergleiche schon Kapitel 31): welcher Art und wie viele es sind. Sonst ist die Untersuchung zu unklar.«

Und er behauptet sodann, es gebe unter den nicht-not-wendigen (*mè anankaíai*) Begierden einige, die obendrein abnorm (*paránomos*, wörtlich: gesetzwidrig) sind. Sie sind jedem Menschen eingepflanzt, können aber durch die bes-seren Begierden und die Vernunft im Zaum gehalten werden – beim einen mehr, beim anderen weniger.

Aber welche Begierden sind das konkret? »Nun«, sagt Sokrates, »diejenigen, die sich im Traum (*hýpnos*) zeigen, wenn der Rest der Seele schläft – insbesondere der vernünftige (*logistikón*) und sanfte (*hḗmeros*) Teil. Dann kommen, vor allem wenn man viel gegessen und getrunken hat, die tierischen (*thēriṓdes*) und wilden (*ágrioi*) Triebe hervor und wollen ohne Scham und Überlegung alles mögliche wagen: zum Beispiel mit der eigenen Mutter schlafen« – ja, natürlich ist das eine Anspielung auf den Mythos von Ödipus – »oder mit anderen Menschen oder Göttern oder Tieren. Oder sonst einen Unsinn anstellen.«

Anders als die Psychoanalytiker glaubt Sokrates allerdings nicht, dass man durch Untersuchung dieser Träume etwas Bedeutsames über sich selbst herausfinden könnte. Stattdessen rät er ganz pragmatisch zu gutem Schlaf:

»Man sollte gesund (*hygieinṓs*) und vernünftig (*sōphrónōs*) mit sich umgehen und das Vernünftige (*logístikon*) in sich selbst mit schönen Worten (*lógoi*) und Betrachtungen (*sképseis*) anregen. Das Begehrende (*epithymētikón*) soll man weder Mangel noch Überfüllung leiden lassen, damit es nicht herumlärmt, sondern dem besten Teil erlaubt, allein (*mónos*) und rein (*katharós*) das wahrzunehmen, was er noch nicht weiß« – das ist ein bisschen rätselhaft. »Schließlich muss man auch das Beherzte (*thymoeidés*) so besänftigt haben, dass kein Groll (*orgḗ*) das Herz bewegt. Dann kann man derart ruhig schlafen, dass der dritte Teil, in dem das Denken ist, ungestört von den beiden anderen die Wahrheit (*alḗtheia*) berührt (*háptesthai*).«

Tja. Den Seinen gibt's der Herr im Schlaf. Aber man muss auch etwas dafür tun. Muss sich dann aber auch nicht perverse (*paránomoi*) Traumbilder anschauen (*phantázein*).

* * *

Aber vielleicht will man das ja gerade? Denn in jedem von uns stecken, wie die Träume zeigen, eben auch furchtbare (*deinaí*), wilde (*ágriai*) und gesetzlose (*ánomai*) Begierden.

Womit wir so halbwegs die Kurve gekriegt haben: zurück zum tyrannischen Menschen.

Wie entsteht der tyrannische Mensch? Nun, auch hier erzählt Sokrates die Familiengeschichte. Der demokratische Mensch hatte ja noch, irgendwie, eine schwankende Mitte gefunden zwischen der Sparsamkeit des Vaters und dem Übermut (*hýbris*) der falschen Freunde. Hat er jedoch einen Sohn, dann gerät auch dieser unter schlechten Einfluss: an Leute, die ihn an jeglichen Frevel (*paranomía*) heranführen und den Frevel auch noch Freiheit nennen. Und während der Vater den Sohn nur eher lau zur Mäßigung anhalten kann, haben die anderen – Sokrates nennt sie schreckliche Magier und Tyrannenmacher (*deinoì mágoi te kaì tyrannopoioí*) – eine Art Wunderwaffe: eine gewisse mechanische Liebe (*érōs*),[91] die zum Chef (*prostátēs*) der faulen Begierden wird, die alles nehmen, was sie kriegen können. »Wie eine große, geflügelte Drohne.«

Interessant! Éros, die Liebe, gibt es offenbar in zwei Versionen: einmal ganz positiv bewertet als die Liebe zum Schönen (Kapitel 10); hier aber nun negativ bewertet als eine Art Antreiber aller anderen Triebe – Sokrates spricht von einem Stachel der Sehnsucht (*póthou kéntron*), den die Magier der Drohne eingebaut haben. Und Wahnsinn (*manía*) ist ihre Leibwache. So dass diese Drohne, wenn sie zum Chef der Seele (*psychḗ*) wird, alles Meinen (*dóxa*) und Begehren (*epithymía*) tötet, das nützlich und schamfähig ist.

---

[91] Wörtlich: indem sie ihm einen gewissen Eros anfertigen (*érōtá tina autō̢ mēchanōménous*).

Ja, das ist der tyrannische Mensch. »Und nennt man nicht auch«, sagt Sokrates, »seit ewigen Zeiten die Liebe (*erōs*) einen Tyrannen?«

Aber eben diese spezielle Art »Liebe« – eine Liebe, die, wie soll man sagen, zwanghaft ist, die Züge von Suchtverhalten hat.

Und überhaupt: »Ein tyrannischer Mensch«, sagt Sokrates zum Abschluss, »entsteht offenbar genau dann, wenn jemand von Natur aus (*phýsei*) oder durch seine Lebensweise (*epitḗdeuma*) oder durch beides entweder trunksüchtig (*methystikós*) oder liebessüchtig (*erōtikós*) oder depressiv (*melancholikós*) wird.«

Ganz genau.

* * *

Und wie lebt nun solch ein tyrannischer Mensch? Nun, sein Werdegang ist schnell erzählt.

Er hat viele und gewaltige (*deinaí*) Begierden. Er gibt viel Geld aus fürs Feiern, für Zech- und Schlemmgelage niedrigerer und höherer Qualität (*kōmos*, daher die Komödie; *thalía*), für teure Freundinnen (*hetaírai*). Davon gehen die Einkünfte schnell drauf. Dann kommen Schulden, und das Vermögen wird angegriffen. Trotzdem gibt der Éros keine Ruhe, die Begierden schreien nach immer mehr, und so kommt es zur Beschaffungskriminalität: Man versucht mit List oder Gewalt, anderen etwas wegzunehmen, sogar den eigenen Eltern. Und wenn die sich wehren, wird man die liebe und unentbehrliche (*anankaía*) Mutter wegen einer gar nicht unentbehrlichen Freundin misshandeln, ebenso den schon etwas hinfälligen, aber unentbehrlichen Vater wegen eines knackigen neuen Freundes. Ja, man wird Vater und

Mutter zu Dienstboten derjenigen machen, die man ihnen
ins Haus schleppt.

Und wenn das Vermögen der Eltern zur Neige geht?
Dann bleibt der Éros trotzdem Alleinherrscher (*mónar-
chos*), umgeben von lärmenden Begierden, und sie gemeinsam überwältigen die Vorstellungen von schön und häßlich,
die der tyrannische Mensch als Kind für richtig (*díkaios*) gehalten hatte, und treiben ihn in immer größere Verbrechen:
Einbruchdiebstahl, Raub, sogar Mord (*phónos*). Kurz: Der
tyrannische Mensch wird nun im Wachzustand (*hýpar*) genau das, was er früher nur im Traum (*ónar*) war.

Was nicht ganz so schädlich ist, solange es nur wenige
von seiner Art gibt und zudem irgendwo anders Diktatu-
ren und Krieg – dann nämlich können sich die tyrannischen
Menschen dort als Söldner verdingen. »Wenn sie dagegen in
der Pólis bleiben«, sagt Sokrates, »verüben sie viele kleine
Übel.« Und auf Nachfrage konkretisiert er: »Sie werden zu
Dieben, Einbrechern, Beutelschneidern, Plünderern, Tem-
pelräubern, Menschenhändlern.«

Was wiederum erst dann wirklich schlimm wird, wenn
es sehr viele sind, die obendrein Gefolge finden und sich ihrer selbst als Masse bewusst werden (*aisthánomai*)[92]. Dann
kann nämlich der Allertyrannischste unter ihnen leicht zum
Herrscher der Pólis aufsteigen.

* * *

Wobei solche Leute übrigens, bevor sie an die Macht
kommen, sich meist mit Leuten umgeben, die ihnen schmeicheln. Wenn sie hingegen selbst etwas brauchen, tun sie un-

---

[92] Vergleiche Fußnote 71.

terwürfig oder vertraulich (*oikeĩos*) – und wenn sie alles erreicht haben, sind sie einem wieder fremd.

Kurz: »In ihrem ganzen Leben haben sie niemanden zum Freund, sondern sind immer Herr (*despótēs*) oder Knecht (*doũlos*) eines anderen. Von wahrer Freiheit (*eleuthería*) und wahrer Freundschaft (*philía*) hingegen bekommt eine tyrannische Natur (*tyrannikề phýsis*) niemals auch nur die Ahnung eines Geschmacks (*ágeustos*).«

Daher sind sie nicht vertrauenswürdig (*ápistos*). Und ungerecht (*ádikos*). »Wenn wir denn«, sagt Sokrates, »vorhin über die Gerechtigkeit richtig übereingekommen sind, welcher Art sie denn ist.«

Ja, so gedrechselt ist es formuliert.

34. Kapitel
Die fünf Verfassungen – und Menschentypen – auf der Skala des Glücks (I)

Dialogpartner: Glaukon
(Bruder des Adeimantos und Platons) Buch IX 4 bis 8

Fünf Verfassungen der Pólis, fünf dazu passende Menschentypen – das Gespräch wendet sich jetzt der Frage zu, welche Pólis und welcher Typ die oder der glücklichste ist. In Bezug auf ihre *Aretḗ* (darf man sagen: Gesamtgüte?) und ihr Gesamtglück (*eudaimonía*).

Man beginnt mit den Verfassungen und ist sich schnell einig: Am glücklichsten und wertvollsten ist die königlich regierte Pólis, am unglücklichsten die tyrannisch regierte.

Und wie ist es beim dazu passenden Menschen?

»Nun«, sagt Sokrates, »das kann wohl nur derjenige richtig beurteilen, der schon einmal eine ganze Weile mit einem

Tyrannen zusammengelebt und seinen Alltag erlebt hat, sowohl zu Hause als auch in der Öffentlichkeit. Wie gut, dass das bei mir der Fall ist.«

Anmerkung: Und natürlich auch bei Platon, der, wie es überliefert ist, in Syrakus engen Kontakt zu den Tyrannen Dionysios I. und Dionysios II. hatte.

* * *

Also gut: Wie glücklich ist der tyrannische Mensch?

»Schauen wir auf die tyrannisch regierte Pólis!«, sagt Sokrates. »Ist sie frei (*eleútheros*)?« – Nein, natürlich nicht. Sondern unterdrückt (*doúlos*). – »Und die Seele (*psychē*) des tyrannischen Menschen: Ist sie nicht genauso unterdrückt, und zwar gerade die Teile, die am anständigsten (*epieikéstata*) sind, während ein kleiner Teil – der übelste und wahnsinnigste – herrscht?« – Natürlich.

Und nun kommt eine interessante Stelle: Die tyrannisierte Pólis und die tyrannisierte Seele können, sagt Sokrates, nicht tun, was sie wollen (*boúlesthai*) – man muss ergänzen: was sie *wirklich* wollen, sozusagen »mit ganzer Seele« (*hōs perì hólēs eipeīn psychēs*). Kurz: dem tyrannischen Menschen fehlt die Willensfreiheit! Und dies, obwohl er auf den ersten Blick in völliger Willkür »immer tut, was er will«! In Wahrheit aber handelt er zwanghaft und wie von einer aggressiven Stechfliege getrieben.

Weiter: Die tyrannisierte Pólis und die tyrannisierte Seele sind nicht reich, sondern arm. Und immer unbefriedigt (*áplēstos*, wörtlich: unausgefüllt). Und Pólis und Mensch sind voller Furcht (*phóbos*, daher die Phobien). Voller Wehklagen. Rasend (*maínesthai*, daher die Manie) vor Gier (*epithymía*) und Liebessucht (*erṓta*, das ist *érōs* in der Mehrzahl).

So dass die tyrannisch regierte Pólis die elendeste (*áth-lios*) von allen ist.

Und so auch der tyrannische Mensch. Sagt Glaukon.

* * *

»Nein«, sagt Sokrates, »nicht ganz. Noch elender dran ist der tyrannische Mensch, der dies nicht nur in seinem Privatleben (*idiṓtēs bíos*) ist. Sondern der das Unglück hat, in seiner Pólis selbst zum Diktator (*týrannos*) zu werden.«

»Denn«, sagt Sokrates, »seht euch einfach mal die vielen reichen Privatleute (*idiṓtai*) an, mit ihren vielen Bediensteten und Sklaven. Haben sie Angst vor denen?« – Nein. – »Aber warum nicht? Doch nur deshalb, weil ihnen für den Fall, dass die Sklaven aufmucken, die ganze Pólis zu Hilfe kommt!«

Wenn man hingegen diesen »Privatmann« mit Frau und Kindern und Sklaven in irgendeine Wüste (*erēmía*, daher der Eremit) verpflanzte, wo ihm kein anderer freier Bürger helfen kann – würde er da nicht ganz schnell Angst (*phóbos*) um sich, seine Frau und seine Kinder bekommen? Und deshalb versuchen, einige seiner Sklaven mit Schmeichelei auf seine Seite zu ziehen?

Genau.

Und in dieser Lage ist nun auch der Tyrann in der Pólis. Er lebt wie in einem Gefängnis. Und so lüstern (*líchnos*) seine Seele ist, kann er doch nichts genießen. Kann nicht einfach einmal verreisen oder ins Theater gehen (*theōreín*). Sondern muss sich in seinem Haus vergraben wie eine Frau! Und kann die anderen Bürger nur beneiden!

»So also geht es dem«, sagt Sokrates, »der es unternimmt (*epicheireín*) über andere zu herrschen (*árchein*), obwohl er sich selbst nicht beherrschen kann (*akrátōr*).«

Und so ist der wirkliche Tyrann (*ho tõi ónti týrannos*) in Wahrheit (*tẽi alētheíāi*) ein wirklicher Sklave (*tõi ónti doúlos*) – wenn man die ganze Seele (*hólē psychê*) betrachtet. Und seine Herrschaft verstärkt nur, was er schon vorher war: neidisch, treulos, ungerecht, unfreundlich (*áphilos*), skrupellos (*anhósios*, wörtlich unheilig, frevelhaft) und so weiter. Kurz, er ist ein Unglück für sich selbst und seine Nächsten (*hoí plésion hautõi*).

* * *

Was war noch gleich die Frage? Richtig: Welche der fünf Póleis und welcher der fünf dazu passenden Menschen am glücklichsten ist: Königtum (*basileía*) bzw. Aristokratie[93], Timokratie, Oligarchie, Demokratie oder Tyrannis. Sokrates fasst sie nun noch etwas genauer und fragt: Könnt ihr vielleicht sogar eine Rangfolge aufstellen, wer also an Glück die Nummer eins, Nummer zwei und so weiter ist?

»Klar«, sagt Glaukon: »Genau die Reihenfolge, wie du sie genannt hast.«

»Tärää! Tärää! Tärää!«, sagt Sokrates. »Das Preisgericht hat gesprochen! Der Beste (*áristos*) und Gerechteste (*dikaiótatos*) ist auch der Glücklichste (*eudaimōnéstatos*) – weil er über sich selbst wie ein guter König herrscht. Und der Schlechteste (*kákistos*) und Ungerechteste (*adikōtatos*)

---

[93] Siehe oben Kapitel 16 am Ende. – Nebenbei: Wenn es im Vaterunser heißt: »Dein Reich komme«, dann ist das Wort für »Reich« im griechischen Originaltext *basileía*.

ist der Elendeste (*athliṓtatos*), weil er sich selbst tyranni-
siert.« Und ebenso ist es mit den entsprechenden Póleis. Und
ganz gleich, ob es Göttern und Menschen verborgen bleibt,
wie die Leute wirklich sind.

»Aber«, sagt Sokrates, »dies war erst der erste Beweis
(*apódeixis*). Ich habe noch einen zweiten.«

Da sind wir aber nun gespannt.

* * *

»Ihr erinnert euch«, sagt Sokrates, »die Seele hat doch
drei Abteilungen (*eĩdē*), ebenso wie die Pólis. Und jede dieser Abteilungen hat ihre je eigene (*ídia*) Freude (*hēdonḗ*):
diejenige, die lernt (*manthánein*), diejenige, die Tempera-
ment hat (*thymoún*), und diejenige, für die man nur schwer
einen Namen findet, weil sie alles mögliche zum Gegenstand haben kann – Essen, Trinken, Sex (*aphrodísia*), aber
auch Geld –, daher: die begehrliche (*epithymētikón*) Abteilung.

Und dann ist doch wohl ganz klar: Der begehrende Teil
der Seele (*epithymētikón*) hat seine größte Lust an der Maxi-
mierung des Gewinns (*kérdos*) im jeweiligen Bereich. Nennen wir ihn daher gewinnliebend (*philokerdés*). Die größte
Lust des mutigen, temperamentvollen Teils der Seele (*thymoeidés*) ist: stark sein (*krateín*) und siegen (*nikãn*); so dass
man ihn siegliebend (*philónikos*) nennen kann. Der Teil
schließlich, mit dem wir lernen, ist nur auf Wissen und
Wahrheit aus (*pròs tò eidénai tền alḗtheian*), Geld und
Ruhm sind ihm weniger wichtig – nennen wir ihn also lernfreudig (*philomathḗs*) und weisheitsliebend (*philósophos*).

Nun hat bei jedem Menschen immer einer dieser Seelenteile die Oberherrschaft (*árchein*). So dass wir drei Men-

schentypen unterscheiden, wenn man so will: Philosophen, Philoniken, Philokerden. Fragt man nun jeden dieser Typen, welche der drei Arten zu leben die lustvollste
(*hḗdistos*, von *hēdýs*) ist, werden sie jeweils die eigene in den
höchsten Tönen loben und die anderen beiden für weniger
wichtig erklären. Oder gar für nutzlos. Zum Beispiel wird
der Gewinnliebende keinerlei Lust am Lernen haben, wenn
er damit nicht auch Geld (*argýrion*) machen kann.

∗ ∗ ∗

Wie soll man dann aber entscheiden, wer von den dreien
Recht hat?

»Nun«, sagt Sokrates, »ein fundiertes Urteil (*kalōs krí-
nesthai*, wörtlich: schön beurteilt werden) muss sich doch
wohl auf dreierlei stützen: Erfahrung (*empeiría*), Verstand
(*phrónēsis*) und Vernunft (*lógos*). Oder gibt es bessere Kriterien (*kritḗria*)?« – Natürlich nicht.

»Aber wer von unseren dreien hat nun wohl die meiste
Erfahrung mit den drei Freuden (*hēdonaí*), die wir herausgearbeitet haben? Fangen wir mit dem Gewinnfreudigen
und dem Philosophen an! Was meint ihr: Kann der Gewinn-
freudige sich am Lernen genauso gut freuen wie der Philosoph sich an einem guten Geschäft freuen kann? Nein,
er weiß nämlich die Freuden des Lernens überhaupt nicht
zu schätzen. Hingegen kann der Philosoph sich ohne weiteres über einen Gewinn – oder über einen Sieg – sehr wohl
freuen. Aber dann eben auch noch und obendrein am Lernen, an der Erkenntnis des Wahren, am Aha-Erlebnis, wenn
man etwas herausgefunden hat! Was den beiden anderen
Typen als solches gerade keinen Spaß macht.«

Woraus sich dann zwanglos für die Erfahrung mit den Freuden ergibt: Am größten ist die Erfahrung des Philosophen, gefolgt vom Philoniken (dem Siegesfreudigen) und vom Philokerden (Profitliebenden). Also wird auch nur er, der Philosoph, mit hinreichendem Verstand (*phrónēsis*) und mit vernünftigen Überlegungen (*lógoi*) darüber urteilen können – zumal vernünftige Überlegung nun einmal das Werkzeug (*órganon*) des Philosophen ist.[94]

Also kommt es auf das Urteil des Philosophen an.

Und also ergibt sich folgende Rangfolge: Am süßesten (*hḗdistos*) ist das Leben des Philosophen. Danach kommt der Siegliebende, der ihm immer noch näher steht als der Liebhaber des Profits. Kurz: Der Philosoph ist nicht nur am schlauesten. Sondern er hat, man glaubt es kaum, auch noch den meisten Spaß.

Was zu beweisen war.

Nun ja, eigentlich nicht. Eigentlich ging es doch um Glück, um *eudaimonía*! Wieso setzt Sokrates hier Glück plötzlich mit Spaßhaben gleich? Was doch sonst nicht seine Art ist! Nun ja, Konsequenz ist nicht immer seine Stärke.

---

[94] *phrónēsis* könnte man auch mit »Überlegung« übersetzen, *lógos* mit »Logik« oder gar, in der Mehrzahl, mit »Begriffe« (so die Übersetzung von Apelt). Wenn ich hier *phrónēsis* mit »Verstand« und *lógos* mit »Vernunft« übersetze, spielt dies nicht zuletzt auf Kant an.

35. Kapitel
Die Glücksskala (II) – Freude, Ruhe und Schmerz
Dialogpartner: Glaukon
(Bruder des Adeimantos und Platons)
Buch IX 9 bis 11

Wie auch immer: Sokrates hat zwei »Beweise« dafür angebracht, dass der aristokratische Mensch, weil am gerechtesten und obendrein Philosoph, der glücklichste ist. Er liegt also auf Platz 1 der Rangliste der Verfassungen und Persönlichkeitstypen. Und der tyrannische Mensch ist, weil ungerecht und getrieben, der unglücklichste: Platz 5. Zudem zeichnet sich das Mittelfeld ab: Auf Platz 2 steht der Timokrat, weil ehr- und siegliebend, Platz 3 geht offenbar an den Oligarchen, der den Profit liebt. Und den Demokraten hat Sokrates zwar etwas aus dem Blick verloren, trotzdem offenbar: Platz 4.

»Aber nun«, sagt Sokrates, »kommen wir, nachdem der Gerechte den Ungerechten schon zweimal besiegt hat, zur dritten Runde! Und widmen sie, wie bei den Olympischen Spielen, dem olympischen Zeus!«

Und da ist die Idee nun die folgende: Wir fragen nach der Freude (*hēdonḗ*), insbesondere nach der ganz wahren (*panalēthḗs*) und reinen (*katharós*) Freude. Und wollen zeigen, dass nur der Vernünftige (*phrónimos*) sie hat. Und um wievielmal dann, ganz mathematisch exakt, seine Freude größer ist als die des Tyrannen.

Also: Das Gegenteil von Lust und Freude (für beides: *hēdonḗ*) ist doch Schmerz (*lýpē*)? – Klar. – Aber es gibt auch etwas in der Mitte, nämlich eine gewisse Ruhe (*hēsychía*) der Seele hinsichtlich beider Extreme? – Ja. – Jetzt stellt euch jemanden vor, der krank ist und Schmerzen hat. Der wird doch sagen: »Oje, ich habe gar nicht gewusst, dass es nichts lustvolleres (*hédion*, wörtlich: süßer) gibt als Gesundheit, als schmerzfreie Ruhe«. So dass Ruhe gegenüber dem Schmerz schon die allergrößte Freude (*hédiston*) ist?« – Ja. – Andererseits, wenn jemand sich so richtig freut (*chaireín*) und glücklich ist – dann wird er, wenn diese Freude aufhört, doch die Ruhe als Schmerz empfinden? – Ja. – So dass die Ruhe beides ist, Freude und Schmerz? – Nochmals ja. – Oder auch keins von beiden? – Hmm.

Des Rätsels Lösung lautet natürlich: Die Ruhe »ist« (*estín*) nicht süß oder bitter, sie »scheint« (*phaínetai*) es nur zu sein: neben dem Schmerzlichen süß, neben dem Süßen schmerzlich.

※ ※ ※

»So«, sagt Sokrates, »und nun interessieren mich nicht die Freuden, die in der Abwesenheit von Schmerz bestehen – das sind nämlich nur Gespenster (*phantásmata*). Sondern die wahre und reine Freude (*alétheia kaì katharà hēdonḗ*), die nicht aus Leid entsteht und auch keinen Kummer hinterlässt, wenn sie geht. Zum Beispiel die Freude an einem Geruch, einem Duft (*osmḗ*).«

Ach du je! Die reinsten, insbesondere die intellektuellen Freuden – auf die alles doch wohl hinauslaufen soll – sind eine Art Parfüm??

Wie auch immer, Sokrates bringt das Argument mit der Mitte noch einmal in der Senkrechten. »Es gibt doch in der Natur immer ein Oben (*ánō*), ein Unten (*kátō*) und eine Mitte (*méson*). Wenn nun jemand nur die untere Seite kennt, sagen wir: die durch den Körper vermittelten Schmerzen und deren Nachlassen – dann wird er doch wohl die Mitte

zwischen körperlichem Schmerz und reiner Freude schon
für das wahre Oben (*tò alēthōs ánō*) halten? Weil er mit dem
wahren Oben gar keine Erfahrung hat (*mè émpeiros*)?«

Klar. Bringt aber eigentlich nichts Neues.

Und auch dies nicht: Wer nur Schwarz kennt, hält Grau
schon für Weiß.

✳ ✳ ✳

Ob das Folgende weiterführt?

Sokrates sagt: »Es gibt doch Hunger und Durst, und beides ist eine gewisse Leere des Körpers?« – Ja. – »Aber es gibt
auch eine gewisse Leere (*kenótēs*) der Seele, nämlich Unwissenheit (*ágnoia*) und Unverstand (*aphrosýnē*)?« – Meinetwegen. – »Und die Leere wird nun beim Körper aufgefüllt mit
Nahrung (*trophḗ*), bei der Seele mit Einsicht (*noũs*)?« – Klar.

Ja, und nun versucht Sokrates zu zeigen, dass die Auf-
füllung mit dem »mehr seienden« (*māllon ón*) wahrer (*alē-
thésteros*) ist als mit dem »weniger seienden« (*hētton ón*).
Und »weniger seiend« sind Brot und Wurst und Getränke.
Hingegen sind »mehr seiend«, haben mehr Anteil am reinen Sein (*katharà ousía*), alle intellektuellen »Auffüllungen«,
also Meinung (*dóxa*), Wissen (*epistḗmē*) und Einsicht (*noũs*)
– siehe oben Kapitel 24 –. Weil sie nämlich das immer Gleiche
(*tò aeì hómoion*) und Unsterbliche (*athánatos*) zum Gegenstand haben, nicht das niemals Gleiche und Sterbliche.

Nun ja. Das mag man so sehen. Und dann kann man
auch sagen: Die Pflege des Körpers (*toũ sṓmatos therapeía*)
ist weniger wertvoll als die Pflege der Seele (*tēs psychēs therapeía*) – weil sie »weniger Anteil an der Wahrheit und am
Sein hat«.

Und überhaupt: Es folgt nun eine üble Beschimpfung derjenigen, die sich immer nur auf der unteren, offenbar dem Körper zugeordneten Hälfte der Skala bewegen, zwischen dem Ganz Unten und der Mitte – die also die Befriedigung von Hunger und Durst schon für Freude halten. »Sie leben«, sagt Sokrates, »nach dem Recht des Viehs (*boskēmátōn díkē*) und tun nichts anderes als futtern (*bóskein*) und fressen (*chortázein*) und sich bespringen (*ocheúein*).«

Tja, das ist wieder der Tick zuviel.

Wie auch immer: Gemeint ist offenbar die große Menge (*hoí polloí*) der Bevölkerung, sind diejenigen, die dem begehrenden Teil der Seele (*epithymētikón*) folgen. Ihre Freuden, sagt Sokrates, sind immer gemischt mit Schmerz.

* * *

Allerdings kann dies auch denjenigen so ergehen, die dem beherzten (*thymoeidés*) Teil der Seele folgen: wenn sie nämlich aus Ehrgeiz (*philotimía*) in Neid geraten. Oder aus Siegeswillen in Gewalt, aus Unzufriedenheit (*dyskolía*) in Zorn (*thymós*). Kurz: Wenn sie ohne Überlegung (*logismós*) nach Befriedigung (*plēsmonê*) streben.

Und damit wird es nun endlich wieder schön.

Denn Sokrates kommt nun auf die drei Seelenteile zurück – und führt sie mit der Skala zusammen, an der die fünf Verfassungs- und Menschentypen gemessen werden.

Und man kann ihn wohl wie folgt interpretieren: In der oberen Hälfte der Skala sind die jeweiligen Menschen (oder Póleis) im Grunde zufrieden und satt (Sokrates spricht von *plēsmonê*: Sättigung). Von unten beginnend: In der Oligarchie gesättigt mit Nahrung und Gütern, in der Timokratie mit Sieg und Ehre. Aber erst wenn sie sich zudem der

Führung durch die Aristokraten oder durch den König anvertrauen, halten sie sich in ihren Grenzen und versuchen nicht, ihre profitliebenden (*philokerdeís*) und siegliebenden (*philónikoi*) Begierden (*epithymíai*) übermäßig zu befriedigen (zu »sättigen«) – und dadurch unglücklich zu werden. Anders gewendet: Erst wenn die ganze Seele dem weisheitsliebenden (*philósophos*) Teil folgt, gelingt es allen Teilen, das ihre zu tun und im Recht zu sein (*tà heautoū práttein kaì dikaíō̧ eínai*) und gerade diejenigen Freuden zu genießen (*karpoūn*), die speziell ihnen am besten bekommen und daher die wahrsten (*alēthéstatai*) Freuden sind.

Wenn hingegen die anderen Seelenteile stärker sind (*kratein*), können sie weder sich selbst Freude verschaffen noch den anderen Teilen, ja sie zwingen ihnen geradezu fremde und unwahre Freuden auf.

※ ※ ※

Und der untere Teil der Skala? Nun, das ist wohl der Teil, in dem der Mangel vorherrscht: am meisten in der Tyrannis, etwas weniger in der Demokratie. (Die Oligarchie steht sozusagen »auf der Kippe«.) Denn dort herrschen, jenseits von Gesetz (*nómos*) und Ordnung (*táxis*) die sexsüchtigen (*erōtikós*) und tyrannischen Begierden – und die sind nun einmal unersättlich.

»So dass der Tyrann am freudlosesten (*anhēdýstatos*) leben wird, der König (*basileús*) aber am lustvollsten (*hḗdistos*)?« – Klar.

Und nun wird es putzig.

Sokrates berechnet nämlich ganz genau, um wievielmal der Tyrann freudloser lebt als der König. Heraus kommt: 729 mal.

Denn: Es gibt drei Arten von Freude (*hēdonḗ*), eine echte und zwei unechte. Der Tyrann ist nun auf der Glücksskala, vom Oligarchen her betrachtet, der die Mitte bildet, der Dritte (zwischen ihnen der Demokrat). Gesetzt nun, der Oligarch hätte schon wirklich Freude, dann wäre die Freude des Tyrannen ihr gegenüber das dritte Schattenbild (*eídolos*) der Freude. So dass der Tyrann 3 x 3 = 9 mal freudloser ist als der Oligarch. Ebenso weit wie vom Tyrannen ist der Oligarch nun aber auch vom König entfernt (zwischen ihnen der Timokrat). Daher ist er gegenüber dem König ebenfalls 3 x 3 = 9 mal freudloser. Nimmt man dies nun zusammen, so ergibt sich: Der Tyrann lebt 9 x 9 x 9 = 729 mal freudloser als der König.

Tja. Das mag man so sehen. Richtig nachvollziehbar ist es nicht.

Aber vielleicht will Sokrates auch nur ablenken. Er hat sich nämlich schrecklich ausgiebig mit einer Quantifizierung der Freuden (*hēdonaí*) beschäftigt, obwohl er ihnen gegenüber zuvor eher skeptisch war (Kapitel 24)[95]. Und Sokrates hat auch nirgends klar gesagt, dass die *eudaimonía*, also das Glück der Pólis oder des Menschen – nach der eigentlich gefragt war (Kapitel 34) –, in Freude (*hēdonḗ*) bestünde.

Wie auch immer, er schließt nun etwas unvermittelt:

»Wenn der Gute (*agathós*) und Gerechte (*díkaios*) den Schlechten (*kakós*) und Ungerechten (*ádikos*) nun schon an Freude um so vieles besiegt (nämlich um das 729fache) – um wie unendlich viel mehr wird er ihn dann besiegen

---

[95] Dort hatte er betont, nur für die große Menge (*hoì polloí*) sei *hēdonḗ* das Gute (*agathón*).

in der Wohlgestaltetheit des Lebens (*euschēmosýnē bíou*), in Schönheit (*kállos*) und Tüchtigkeit (*aretḗ*)!«

36. Kapitel
Der gerechte Mensch – dargestellt als Fabeltier
Dialogpartner: Glaukon
(Bruder des Adeimantos und Platons)
Buch IX 12 bis 13

Und damit sind wir nun – endlich – dort angekommen, wo wir anfangs schon einmal waren (Kapitel 5): bei der Behauptung, das Unrechttun (*adikeín*) nütze ganz besonders dem vollendet Ungerechten, das heißt dem, der obendrein für gerecht gehalten wird.

Was lässt sich dem nunmehr entgegenhalten?

Ein Bild! Sokrates schlägt vor, ein Bild der Seele zu entwerfen! Und in diesem Bild entsprechen den drei Teilen der Seele drei Tiere, die dann, wie in den alten Mythen, in eines zusammengewachsen sind. So etwas also wie die berühmte Chimäre (*Chímaira*)[96], die der Gattung der Mischwesen bis heute den Namen gegeben hat. Oder wie der Höllenhund Kérberos oder die Skýlla – oder auch der »Vogel« Greif.

Nun, und das erste Tier (*thḗrion*) ist selbst wieder eine Art Gewimmel von Tieren, bunt (*poikílos*) und vielköpfig (*polyképhalos*), mit Köpfen von zahmen und wilden Tieren, obendrein in der Lage, sich zu verwandeln und aus sich selbst heraus in all diese Richtungen zu wachsen.

---

[96] Sie hatte als normalen Kopf den eines Löwen, im Nacken zudem den einer Ziege und am Ende ihres Schwanzes den Kopf einer Schlange.

Das zweite Tier ist ganz einfach: ein Löwe.

Das dritte Tier ist auch ganz einfach: ein Mensch. Der allerdings sehr viel kleiner ist als die beiden anderen.

Diese drei Tiere werden nun so zusammengefügt, dass sie irgendwie zusammengewachsen sind. Und um alles herum wird wie mit Tonerde das Bildnis (*eíkōn*) eines Einzelnen geschmiert (*periplássein*), so dass man nicht mehr ins Innere schauen kann, sondern von außen nur ein einziges Tier (*zọ̃on*) sieht, und zwar – wieder – einen Menschen.

Kurz, wir haben einen Menschen, in dem ein Mensch steckt.[97] Aber eben nicht nur!

* * *

Und nun ist natürlich ziemlich klar, worauf dies hinausläuft. »Wer sagt, Unrechttun nütze dem Menschen, während Gerechthandeln (*díkaia práttein*) ihm schade, der sagt: es sei nützlich, das vielköpfige Ungeheuer und den Löwen reichlich zu füttern und zu stärken, den inneren Menschen aber verhungern zu lassen. Oder jedenfalls so zu schwächen, dass er von den beiden anderen hin- und hergezerrt wird. Und sie nicht einander zum Freund macht, sondern zuschaut, wie sie sich gegenseitig beißen und bekämpfen«. Sagt Sokrates.

Und weiter: »Wer hingegen sagt, das Gerechte (*tà díkaia*) sei nützlich (*lysiteleín*), der sagt: man müsse im Handeln (*práttein*) und im Reden (*légein*) alles tun, damit des Menschen innerer Mensch am stärksten werde. So dass er sich um das vielköpfige Viech (*thrémma*) kümmern kann und wie ein Bauer (*geōrgós*) die zahmen Stücke aufzieht, die

---

[97] Mancher wird hier an den Film *Men in Black* denken. Nur dass dort in manchen Menschen eben keine Menschen stecken.

wilden aussortiert. Wobei er sich den Löwen zum Bundesgenossen (*sýmmachos*, wörtlich: Mitkämpfer) macht. Und
überhaupt für das Gemeinwohl (*koinḗi*) sorgt und alle untereinander, sich selbst eingeschlossen, zu Freunden macht.«
     Tja: Friede, Freude, Eierkuchen.

* * *

     »Wie auch immer«, sagt Sokrates: »Wer die Gerechtig-
keit (*tà díkaia*) lobt, sagt die Wahrheit, wer die Ungerechtigkeit (*tà ádika*) lobt, der lügt (*pseúdesthai*).« Und was das
Schöne und Hässliche angeht: Schön ist, was das Tierische
(*tà thēriṓdē*) dem Menschen oder gar dem Göttlichen unter-
tan macht; hässlich, was das Zahme dem Wilden zum Sklaven macht.
     »Daher ist es«, sagt Sokrates, »letztlich nicht zielführend
(*lysitelḗs*), wenn man ungerechtfertigterweise (*adíkōs*) Gold
annimmt und dafür den besten Teil der Seele dem schlech-
testen unterwirft. Das ist nicht anders, als wenn man für
Geld den Sohn oder die Tochter oder den Ehegatten an
wilde und böse Menschen verkaufen würde.« Nun, das ist
vielleicht doch ein bisschen dick aufgetragen.
     Wie auch immer, es folgt nun eine Liste von Verhaltens-
weisen, die man tadeln muss: ausschweifend leben (*ako-
lastaínein*), weil dadurch das schreckliche, große, vielge-
staltige Tier losgelassen wird; Selbstgefälligkeit (*athádeia*)
und mürrisches Wesen (*dyskolía*), wenn dadurch das Lö-
wenhafte und das Schlangenhafte (ja, so heißt es wirklich)
zu groß werden; Luxus und Weichlichkeit; Schmeichelei
und Unterwürfigkeit (*aneleuthería*, wörtlich: Unfreiheit),
wenn sie das Beherzte in uns dem lästigen Tier unterwerfen,
so dass man von Jugend an daran gewöhnt wird, statt ein

Löwe ein Affe zu werden. – (Ob daher die Redewendung kommt, man solle sich nicht zum Affen machen lassen?) – Schließlich: Mit Recht tadelt man niedriges Handwerk (*banausía*) und Handlangerdienste (*cheirotechnía*); was irgendwie wieder der Tick zu viel ist.

Am Ende kommt heraus: Die weniger Guten, die »Banausen«, sollten vom Besten (*béltistos*) regiert werden (*árchesthai*), und zwar zu ihrem eigenen Nutzen und damit alle einander Freund sind. Anders als Thrasymachos dies am Anfang des Gesprächs gedacht hatte. Und irgendwie nicht mehr wirklich überraschend …

* * *

Schön immerhin noch die Überlegungen: Auch das Gesetz (*nómos*), weil es so etwas will – gemeint wohl diese allseitige Freundschaft –, ist allen in der Pólis ein Bundesgenosse. Und die Kinder (*paídes*) soll man erst dann in die Mündigkeit (*eleuthería*, wörtlich: Freiheit) entlassen, wenn man in ihnen eine Verfassung (*politeía*) wie diejenige dieser Pólis etabliert hat – mit dem Besten in ihnen als Wächter und Regierung.

Ferner: Ob es wirklich nützlich ist (*lysiteleín*), wenn eine unrechte Tat (*adikeín*) verborgen bleibt und daher nicht bestraft wird (*didónai dikḗn*)? »Nein«, sagt Sokrates, »denn wenn dies so ist, wird der Missetäter nur noch schlechter. Denn er hat keinen Anlass, sich und das Tier in sich so zu bessern, dass die Seele in den von Natur besten Zustand versetzt wird, bestehend aus: Besonnenheit (*sōphrosýnē*) und Gerechtigkeit (*dikaiosýnē*) und Klugheit (*phrónēsis*).

Und dann folgt noch eine Positivliste: Wer Einsicht (*noũs*) hat, wird sich anstrengen, auf eben dieses Ziel hin

zu leben. Er wird daher folgendes tun: die Wissenschaften
(*mathémata*) ehren, mit deren Hilfe eine solche Seele herangebildet wird; sich bei Haltung und Ernährung des Körpers nicht unvernünftigen (*álogoi*) Freuden (*hēdonaí*) hin-
geben, aber auch keinem Gesundheits- oder Fitnesswahn
huldigen. Dann aber auch: Er wird in Geldangelegenheiten
(*tōn chrēmátōn ktēsis*) gut aufgestellt (*sýntaxis*) und stim-
mig (*symphōnía*) sein! Insbesondere das Geld nicht maßlos
vermehren, nur um von der Masse bewundert zu werden.

Weiter: Er, der gerechteste und glücklichste Mensch, ach-
tet auf die Verfassung (*politeía*) in sich selbst. Insbesondere
passt er auf (*phyláttein*), dass sie sich nicht ins Abseits bewegt (*parakineín*) durch ein Zuviel oder Zuwenig an Vermögen. Und mit den Ämtern und Ehren (*timaí*) hält er es
wie folgt: Er wird nur diejenigen übernehmen und genießen
(*geúein*), von denen er glaubt, dass sie ihn besser machen;
und die übrigen meiden.

* * *

Aber das ist nun wieder ein Problem! »Denn wenn er es
mit den Ämtern auf diese Weise hält«, sagt Glaukon, »wird
er eines gerade nicht wollen: Politik betreiben (*tà politikà
práttein*).«

»Beim Hund (*nề tòn kýna*)!«, sagt Sokrates (offenbar ein
beliebter Ausruf). »In seiner eigenen Pólis würde er es gar
sehr tun; nicht hingegen in seiner Vaterstadt (*patrís*). Es sei
denn durch göttliche Fügung.«

»Ich verstehe (*manthánō*)«, sagt Glaukon, »du meinst: in
der Pólis, die wir entworfen haben und die es auf der ganzen
Erde (*gē̃*) nirgends (*oudamoũ*) gibt?«

»Ja«, sagt Sokrates, »aber vielleicht im Himmel (*en ouranō*): als ein Modell (*parádeigma*) für den, der sehen (*horān*) will und sich gemäß dem, was er sieht, selbst aufbauen (*katoikízein*) will. Und es macht keinen Unterschied, ob es diese Pólis irgendwo gibt oder geben wird. Denn allein ihre Geschäfte wird er betreiben (*práttein*); und keiner anderen.«

Was vielleicht heißen soll: Nach ihr wird er sich – soll man sagen: kontrafaktisch? – auch dort richten, wo er in einer real existierenden Pólis »Realpolitik« machen muss. Sozusagen in einem tapferen »Als ob«?

Zehntes Buch

Die Pólis »im Himmel« (*en ouranō*), und man sollte so handeln, »als ob« sie schon hier unten existiere – wäre das nicht eigentlich ein schöner Abschluss gewesen? Aber Sokrates gibt keine Ruhe und macht etwas beunruhigend weiter – mit Überlegungen, die mich befürchten lassen, in seiner Pólis werde es vielleicht doch nicht gar so himmlisch sein.

37. Kapitel
Verbannung der Dichter – oder: drei Sofas, und Homer ist ein Versager

Dialogpartner: Glaukon (ein Bruder Platons)
Buch X 1 bis 4

»Und übrigens«, sagt Sokrates, »bemerke ich an Vielem, dass wir unsere Muster-Pólis richtig aufgebaut haben. Nicht zuletzt an dem, was wir über die Dichtkunst (*poíēsis*) gesagt haben. Dass wir sie nämlich nicht billigen wollen, soweit sie ›nachahmend‹ (*mimētikós*) ist.«

Wir erinnern uns: »Nachahmend« ist alles, was in direkter Rede wiedergegeben wird (Kapitel 10), so dass »rein« nachahmend die Komödie und die Tragödie sind. Aber auch im Roman oder, zu Sokrates' Zeit, im Epos gibt es reichlich direkte Rede. Deshalb wird Sokrates am Ende des nun folgenden Gedankengangs gerade den großen Homer, den Dichter der beiden größten griechischen Epen – Ilias und Odyssee – vor die Tür setzen. Obwohl er ihm von Kindheit an Liebe (*philía*) und Ehrfurcht (*aidōs*, wörtlich: Scham) entgegenbringt. Denn man soll nicht Personen über die Wahrheit stellen.

* * *

Warum aber ist nun die »Nachahmung« (*mímēsis*) ein Schimpf für den Geist (*diánoia*), sofern man kein Gegengift (*phármakon*) hat?

Nun, Sokrates beginnt nach der, wie er sagt, gewohnten Methode (*méthodos*, wörtlich: Weg hin zu etwas). »Pflegen wir nicht«, sagt er, »jeweils einen einzigen Begriff (hier: *eĩdos*) zu setzen für jeweils eine Vielzahl von Dingen (*hékasta tà pollá*), denen wir denselben Namen (*ónoma*) geben?« – Man beachte also: Der Begriff ist etwas anders als der Name, der Begriff Hund etwas anderes als das Wort Hund und auch als all die vielen, vielen Hunde.

Sokrates fährt fort: »Schauen wir nun also eine beliebige Vielzahl von Dingen an, sagen wir: Stühle und Tische.«

Nun ja, nicht ganz. Denn es heißt bei Sokrates zwar wirklich »Tische«, zuvor aber, wörtlich übersetzt, statt »Stuhl« Bett oder Liege (*klínē*, daher die Klinik). Und dies liegt daran, dass die Griechen beim Essen zu Tisch eben nicht saßen, sondern lagen. Auf Liegen, mit einer Rolle zum Aufstützen, einer Art Speisesofa. So dass ich *klínē* ab jetzt übersetzen will mit: Sofa.

Nehmen wir also eine Vielzahl von Tischen und Sofas!

»Dann«, sagt Sokrates, »gibt es für all diese Einzelteile nur diese zwei Begriffe (hier nun: *idéa*). Und mit Blick auf diese Begriffe fertigen die Handwerker (*dēmiourgoí*) ihr Zeug an, der eine Sofas, der andere Tische. Den Begriff (*idéa*) selbst aber stellt keiner der Handwerker her.«

Gut. Aber worauf will er damit hinaus?

Sehr, sehr seltsam: darauf, dass es einen Handwerker gibt, der *alles* anfertigen kann. Und auch nicht nur alle Gegenstände des Handwerks, sondern: alle Tiere, den Himmel und die Erde, Götter, gar die Unterwelt.

»Das wäre nun allerdings«, sagt Glaukon, »ein ganz bewundernswerter Meister seines Fachs (*sophistḗs*)!«

* * *

»Aber«, sagt Sokrates, »so schwer ist es auch wieder nicht. Du könntest es selbst, indem du einen Spiegel nimmst. Mit dem kannst du dann all diese Dinge anfertigen (*poieín*, auch schlicht »machen«): die Sonne, die Erde, sogar dich selbst.«

»Ja, aber doch nicht so, wie sie in Wahrheit sind, sondern wie sie scheinen!«

Sagt Glaukon. Und … »Schön«, sagt Sokrates. »hast du das gesagt. Und es geht auch genau in die richtige Richtung. Denn: Ein solcher Handwerker, der alles anfertigen kann, aber nur zum Schein, ist, wie ich glaube, der Maler (*zōgráphos*, wörtlich: Lebenzeichner).«

Wenn er zum Beispiel ein Sofa malt, ist es eben nur ein scheinbares Sofa.

Und der Tischler? Der baut zwar ein echtes Sofa, aber nicht das, was das Sofa als solches ausmacht: den Begriff (*eídos*) als das wahrhaft Seiende (*tò ón*). Hier also: das Sofa-Sein, das, was uns erlaubt zu sagen: Dies hier »ist ein Sofa«.

* * *

Somit haben wir also drei Sofas:

»Erstens«, sagt Sokrates, »das Sofa, wie es von Natur (*en tē̃i phýsei*) ist« (ich würde interpretieren, aber Sokrates sagt es gerade nicht: wie es dem Begriffe nach ist). »Dieses Sofa hat Gott gemacht.«

»Zweitens«, sagt Sokrates, »das Sofa des Tischlers (*téktōn*, daher der Architekt). Drittens das Sofa des Malers.«

Diese drei Sofas sollen nun klar machen, was ein Nachahmer (*mimētḗs*) ist.

Das erste Sofa, das »Sofa in der Natur« – oder sagen wir: das Sofa »als solches«, als Begriff, als »Ding an sich« – das hat Gott gemacht (*poieín*). Und auch nur ein einziges davon. Gott ist daher der sozusagen Naturschöpfer (*phytourgós*, von *phýsis* und *érgon*) des Sofas.

Während man den Tischler bezeichnen kann als: »Handwerker« des Sofas, hier am besten übersetzt mit »Einer-wie-wir-Schöpfer« (*dēmiourgós* ist wörtlich nämlich: der etwas dem Volk – *dēmos* – Gehörendes schafft).

Und den Maler? Nun, den kann man weder Handwerker noch sonst »Macher« (*poiētḗs*, daher der Poet) des Sofas nennen. Sondern nur: Nachahmer dessen, was die Handwerker schaffen.

* * *

Was ist somit ein Nachahmer? Nun: Jemand der, bezogen auf die Natur der Dinge, Drittrangiges schafft.

Und so ist denn auch der Tragödiendichter, der einen König auf die Bühne stellt, gegenüber dem wahren König drittrangig.

Denn: Nehmen wir noch einmal den Maler. Scheinbar kann er »alles« herstellen. Aber eben nicht so, wie es ist (*tò ón*), sondern nur so, wie es zu sein scheint (*tò phainómenon*). Beim Sofa etwa: von vorn, von der Seite, von hinten.

Und deshalb hat der Maler eben von den Dingen – oder Personen –, die er malt, eigentlich keine Ahnung. Er weiß nicht, wie man einen Tisch baut. Er weiß nicht, was ein Schuster oder Tischler weiß, auch wenn er Schuster und Tischler täuschend echt porträtieren kann. Und man wäre schon sehr blauäugig (*euéthēs*), wenn man glauben wollte, er sei allweise (*pássophos*).

Und genauso ist es mit den Dichtern.

* * *

Ja, und dann folgt die schon angekündigte lange und ausführliche Abrechnung mit Homer. Hat Homer denn wirklich Ahnung von irgendetwas gehabt? Hat er irgendetwas bewirkt?

Nein, sagt Sokrates. Und er fragt ihn ganz direkt: »Sag, Homer, hast du irgendeine Pólis besser eingerichtet als sie vorher war? Wie Lykurg mit seiner Verfassung in Sparta? Oder bei uns in Athen Solon?« Nein, hat er nicht.

Und er hat auch nicht einen Krieg durch seine Führung zu einem erfolgreichen Ende gebracht. Oder in den Ingenieurskünsten und angewandten Wissenschaften (*téchnai*) irgendwelche Erfindungen oder Entdeckungen gemacht – wie etwa Thales von Milet (ja, der mit dem Halbkreis).

Und wenn er schon im öffentlichen Leben (*dēmosíaᵢ*) keinen Erfolg hatte, hat Homer dann vielleicht für den privaten Bereich (*idíaᵢ*) etwas bewirkt, als eine Art Guru (*hēgemṓn*, wörtlich Führer) für die Erziehung (*paideía*)? So wie Pythagoras aus Abdera, der seinen Anhängern (*hetaíroi*) eine gewisse Lebensweise (*trópon toũ bíou*) »vermacht« hat – eben die pythagoreische? Oder auch ein gewisser Prodikos aus Keos? Der, wie auch Pythagoras, von seinen Anhängern wegen seiner Weisheit so geliebt (*phileín*) wurde, dass sie ihn auf den Schultern herumtrugen!

Nichts davon bei Homer! Er ist eben, wie alle Dichter, nur ein Nachahmer von Schattenbildern (*eídōlon*) der Tüchtigkeit (*areté*). Es steckt nichts dahinter, hinter den Versen (*métra*), dem Rhythmus und der Harmonie, hinter den Farben der Musik (*tēs mousikēs chrṓmata*). So dass die Werke der Dichter jungen und frischen Gesichtern gleichen, die aber nicht mehr schön sind, wenn ihre Blütezeit vorbei ist.

Tja. Wieder der Tick zuviel.

* * *

Also: Der Nachahmer versteht nichts von dem, was ist (*tò ón*), sondern nur von dem, wie es erscheint (*tò phainómenon*). Dazu ein letztes Gleichnis:

»Ein Maler«, sagt Sokrates, »kann zum Beispiel Zaum und Zügel malen.« – Okay. – »Anfertigen (*poieín*) kann sie der Schmied und der Sattler.« – Klar. – »Aber wie Zaum und Zügel am besten beschaffen sein müssen, das weiß nicht der Maler und auch nicht der Schmied oder der Sattler. Sondern allein der Reiter (*hippikós*).«

Nur er kann letztlich beurteilen, ob es wirklich »passt«.

»Und so«, sagt Sokrates, »gibt es in jedem Bereich drei Künste (*téchnai*): die gebrauchende (*chrēsoménē*), die anfertigende (*poiḗsousa*) und die nachbildende (*mimēsoménē*). Und Tüchtigkeit (*areté*), Schönheit (*kállos*) und Richtigkeit (*orthótēs*) jedes Gerätes, jedes Tieres und jeder Praxis ist zu nichts anderem da als zum Gebrauch (*chreía*). Und derjenige, der Gebrauch von den Dingen macht, ist auch der erfahrenste: Er muss dem Hersteller sagen, was gut und schlecht für den Gebrauch ist und was man verbessern könnte. Also zum Beispiel ein Flötenspieler (*aulếtēs*) dem Flötenmacher, was schwer und leicht zu spielen ist und was gut oder schlecht klingt.«

So dass allein der Flötenspieler hinsichtlich des Brauchbaren (*chrēstón*) und Schlechten (*ponērón*) ein Wissender ist (*eidōs*). Während der Instrumentenbauer insoweit nur eine richtige Überzeugung (*orthḕ pístis*) haben kann, die auf dem Wissen (*epistḗmē*) des Gebrauchenden beruht.

Und der Nachahmer? Ein Maler, der die Flöte malt? Nun, der hat weder Wissen noch auch nur eine richtige Meinung (*orthḕ dóxa*) von Schönheit oder Schlechtigkeit der Flöte.

Und so auch in der nachahmenden Dichtung (*poíēsis*). Auch hier haben die Dichter keine Ahnung von dem, was sie darstellen. Es ist Spielerei, Kinderkram (*paidía*).

38. Kapitel
Medienkritik:
Warum die Unterhaltungsindustrie schädlich ist
Dialogpartner: Glaukon (ein Bruder Platons)
Buch X 5 bis 8

Aber es ist noch schlimmer: Die nachahmende Dichtung ist nämlich schädlich.

Sie ist, wie gesagt, drittrangig gegenüber der Wahrheit. Aber worauf im Menschen wirkt dann ihre Kraft (*dýnamis*)?

Nein, jetzt kommen nicht gleich wieder die drei Seelenteile. Sondern es kommt der Rückgriff auf etwas anderes, das wir schon hatten. »Ein und dieselbe Größe«, sagt Sokrates, »kann uns doch im Vergleich zu anderen groß oder klein erscheinen?« – Ja. – »Und auf einem Gemälde kann durch Farben (*chrṓmata*) die optische Täuschung (*plánē tẽs ópseōs*, wörtlich Umherirren des Auges) hervorgerufen werden, etwas sei hohl oder rage hervor?« – Klar. – »Was doch auf eine Verwirrung der Seele (*psyché*) hinweist? So dass die perspektivische Malerei (*skiagraphía*, wörtlich Schattenzeichnerei) sozusagen einem Leiden (*páthēma*) unserer Natur (*phýsis*) ihre Zauberei aufdrückt?«

Ja. Aber was hilft dagegen? »Nun«, sagt Sokrates: »ganz einfach: messen (*métrein*), zählen (*arithmeín*) und wägen (*histánai*). Was Aufgabe (*érgon*) des vernünftigen, berechnenden, denkenden (für alles: *logistikón*) Teils der Seele ist.«

Wenn aber dieser Teil der Seele die wahre Größe von irgendetwas gemessen hat, dasselbe Ding uns aber trotzdem anders zu sein scheint, nämlich größer oder kleiner – dann muss daran wohl ein anderer Teil der Seele schuld sein?

Genau. Und weil der Teil der Seele, der dem Messen (*métron*) und Rechnen (*logismós*) glaubt, der beste Teil ist, muss das, was dazu im Widerspruch steht, wohl zu dem Schlechten (*phaũlon*) in uns gehören.

* * *

Und daher spricht die Malerei (hier: *graphiké*) und jede nachahmende Kunst das in uns an, was weitab von der Wahrheit ist. »Sie ist selbst schlecht (*phaúlē*), vereinigt sich (*syngígnesthai*) mit Schlechtem und erzeugt (*gennãn*) Schlechtes.«

Was nun zu präzisieren ist für die »nachahmende Dichtung« – was man vielleicht am besten übersetzt mit »Belletristik« (englisch *fiction*)? Oder noch besser: Unterhaltungsliteratur? Oder gar: Entertainment, einschließlich des Spielfilms?

»Die Unterhaltungsliteratur«, sagt Sokrates, »hat es doch immer mit fiktiven Menschen zu tun, die erstens entweder unter Zwang (*biaíos*) oder freiwillig (*hekoúsios*) handeln, die dieses Handeln zweitens entweder für gut (*eũ*) oder böse (*kakós*) halten und drittens über all dies entweder betrübt sind (*lypeísthai*) oder sich freuen (*chaírein*). Das sind alle denkbaren Konstellationen.«

Okay.

»Und in all diesen Konstellationen sind diese Menschen nicht in Eintracht mit sich selbst. Sondern sie und ihre Handlungen (*práxeis*) befinden sich in Aufruhr (*stasiázein*) und kämpfen (*máchein*) mit sich selbst. Wir haben von den tausend Widersprüchen der Seele schon gesprochen« (siehe Kapitel 15).

»Und nun«, sagt Sokrates, »müssen wir etwas nachtragen. Wir haben vorhin schon gesagt, dass ein anständiger Mann (*epieikḕs anḗr*) den Verlust eines Sohnes oder ähnlich Schlimmes am besten wegstecken wird« (siehe Kapitel 9). Jetzt wollen wir prüfen, ob es ihn gar nicht erst belastet (*áchthesthai*) oder ob dies zwar unmöglich (*adýnatos*) ist, er sich aber mäßigen wird (*metriázein*) im Schmerz (*lýpē*).«

Und da gibt es nun zwei Aspekte. Erstens wird man gegen den Schmerz stärker ankämpfen, wenn man unter Beobachtung steht – wenn man »von seinesgleichen gesehen wird«, sagt Sokrates – als wenn man allein in der Einsamkeit (*erēmía*) ist und dort in einer Art und Weise herumheult, derer man sich draußen schämen würde. Zweitens: Das, was einen ermuntert, Widerstand zu leisten, sind Vernunft (*lógos*) und Gesetz (*nómos*). Und was einen hin zum Schmerz zieht, ist die Leidenschaft (*páthos*, auch schlicht: das Leiden).«

Ja, so ist das wohl.

* * *

Wie auch immer: Es wirken im Fall eines solchen Unglücks zwei Kräfte. Und nur eine ist bereit, dem Gesetz zu folgen. Was aber sagt das Gesetz?

»Nun«, sagt Sokrates, »das Gesetz sagt doch: Am schönsten und besten ist es, in Unglücksfällen Ruhe (*hēsychía*) zu bewahren (*ágein*, wörtlich: tun) und nicht in Panik zu geraten (*aganakteín*). Denn es ist weder völlig klar, was an dem Unglück gut oder schlecht ist, noch bringt es einen für die Zukunft weiter, wenn man es schwer nimmt, noch ist irgendetwas Menschliches großer Mühe wert. Und schließlich verstellt das Sich-grämen (*lypeísthai*) den Weg gerade dem, was uns in dieser Lage am schnellsten zur Hilfe kommen sollte.«

»Was meinst du denn damit?«, fragt Glaukon.

»Das nüchterne Überlegen (*bouleúesthai*)«, sagt Sokrates, »über das, was geschehen ist. So wie man beim Mensch-ärgere-dich-nicht schaut, wie der Würfel (*kýbos*, im Lateinischen *cubus*) gefallen ist, und sich dann überlegt, welchen Zug die Vernunft (*lógos*) empfiehlt. Aber nicht wie die Kinder die Wunde halten und pausenlos schreien! Sondern die Seele daran gewöhnen (*ethízein*), so schnell wie möglich die Krankheit heilen zu lassen und sich wieder aufzurichten – indem man durch ärztliche Kunst die Klagelieder (*thrēnō¡día*) zum Verstummen bringt.«

Wohingegen das, was einen zum Weiterleiden und zum Jammern treibt und davon gar nicht genug bekommen kann – wollen wir das nicht unvernünftig nennen und faul und feige?

Klar.

* * *

Und nun kommt das, worum es eigentlich geht:

»Dieses In-Panik-Geraten, Sich-Aufregen, Über-Agie-ren (*agan-akteín*) – dies findet in der Unterhaltungsbranche reichlich Darstellung (wörtlich: viele und bunte Nachah-mung). Hingegen ist ein überlegter und ruhiger Charak-ter (*éthos*), der sich immer gleich bleibt, schwer darzustellen (wörtlich: nachzuahmen).« Sagt Sokrates.

Ja, und eben irgendwie auch langweilig, oder?

Aber Sokrates wendet die Dinge anders: Einen so ruhi-gen und besonnenen Charakter kann die Menge, die sich im Theater einfindet, gar nicht nachvollziehen. Sondern nur den, der sich aufregt und dadurch bunt (*poikílos*) ist. So dass der Dichter, wie auch die nachahmenden Maler, nicht gerade den besten Teil der Seele anspricht.

Und deshalb ist es nur Recht (*díkē*), die nachahmenden Dichter aus jeder Pólis zu verbannen, die gute Gesetze ha-ben (*eunomeísthai*) will. Sie füttern nämlich den weniger guten Teil der Seele, gerade so, als ließe man in der Pólis die Schurken (*mochthēroí*) an die Macht kommen und die netteren (*chariésteroi*) Bürger zugrunde richten. Und brin-gen dadurch auch jeden Einzelnen persönlich (*idíāi*) in eine schlechte Verfassung (*politeía*). So dass er dasselbe bald für groß, bald für klein hält und Kopfkino betreibt (*eídōla ei-dōlopoieín*).

* * *

Aber nun kommt das Schlimmste, die schlimmste An-klage (*katēgoría*). Nämlich: Das geht nicht nur der großen Masse so! Sondern sogar die anständigen (*epieikeís*), die bes-ten von uns mögen Tragödien und Dramen. Vor allem Ho-mer!

Aber Homer lässt seine Helden trauern und jammern! Während wir doch, in eigener Trauer, Ruhe bewahren (*hē-sychían ágein*) wollen. Wie kann man sich aber bei anderen an etwas erfreuen, über das man sich bei sich selbst schämen würde? Bei anderen, die man eigentlich einen guten Mann (*anḗr agathós*) nennt?

Nun, man kann offenbar. »Aber« sagt Sokrates, »das ist gefährlich: Denn man kann Fremdes kaum genießen, ohne dass es auf einen selbst abfärbt. Wenn man daher an fremdem Leid das Mitleiden (*tò eleeinón*) stark macht, wird man es bei eigenem Leid nicht leicht zurückhalten können.« Und in Selbstmitleid baden.

Die gleiche Gefahr hat man dann aber auch beim Lächerlichen. Wer dauernd Komödien – oder heute die sogenannten Comedians – konsumiert, mit Scherzen, über die du dich schämen würdest, wenn du sie selbst machtest, nun, der wird auf die Dauer davon angesteckt. Und wird, obwohl er diesen Ruf fürchtet, zumindest zu Hause selbst zum Komiker.

Ebenso schließlich bei Sex (*aphrodisía*) und Aggression (*thymós*, eigentlich Herz, auch Mut). Auch hier verstärkt die »dichterische Nachahmung«, die Unterhaltungsindustrie, das Schlechtere (*cheírōn*) und Erbärmliche (*áthlios*) in uns, in unserer Seele.

Tja. Auch dieser Gedanke ist also nicht neu.

* * *

Damit ist klar: Wenn jemand kommt und Homer lobt und gar sagt, dieser habe Griechenland erzogen und müsse bei der Bildung (*paideía*) und bei der eigenen Lebensgestaltung zu Grunde gelegt werden – dann sollte man ihn durch-

aus mögen (*phileín*) und gern haben (*aspázein*). Und man
sollte auch anerkennen, dass Homer der größte Dichter ist.
Aber darauf bestehen, dass in *unserer* Pólis die Dichter nur
Hymnen auf die Götter und Lobpreisungen des Guten liefern dürfen.

Würde man hingegen auch die Unterhaltungsindustrie
(*hēdysménē Moũsa*, wörtlich: die erfreuende Muse) herein-
lassen, werden Lust (*hēdonḗ*) und Schmerz (*lýpē*) der König
in der Pólis sein – statt des Gesetzes (*nómos*) und des vernünftigen Konsenses (*toũ koinē̜ aeì dóxantos eĩnai beltístou
lógou*).

Oder kurz: die Sucht nach Sensationen.

»Aber das ist«, sagt Sokrates, »natürlich ein alter Streit,
der Streit zwischen der Philosophie und der Dichtung (*poiētikḗ*). Die Dichter haben die Philosophen ihrerseits zum
Beispiel genannt: ›gegen den Herrn kläffende Hunde‹; oder
›groß im Hohle-Reden-Schwingen‹; oder ›der Superweisen
herrschender Haufe‹; oder ›die zart Grübelnden‹ und ›Hun-
gerleider‹.«

»Was wir ihnen«, sagt Sokrates, »aber nicht übelnehmen.
Und wir würden die ganze Unterhaltungsindustrie (*hē pròs
hedonèn poiētikḕ kaì hē mímēsis*) sogar in unserer mit guten
Gesetzen versehenen (*eunomouménē*) Pólis aufnehmen; und
zwar gern, weil wir sie mögen. Sie müsste uns allerdings den
Nachweis liefern, dass sie nicht nur erfreulich (*hēdýs*, wörtlich: süß) ist, sondern auch nützlich (*ōphélimos*).«

Tja, ein laues Friedensangebot.

Und natürlich setzt Sokrates noch eins drauf: »Wenn dieser Nachweis aber nicht gelingt, müssen wir es halten wie
diejenigen, die einmal geliebt haben (*erãn*), aber nun meinen, dass ihnen diese Liebe (*érōs*) nicht mehr nützlich ist.
Und sich deshalb, wenn auch mit Gewalt, von ihr trennen.

In genau dieser Weise müssen wir auch die Liebe zur Dichtung respektvoll und wohlwollend (*eúnous*) hinter uns lassen« – aha, Sokrates war also immer der, der ging! –, »damit wir nicht zurückfallen in die Liebe (*érōs*) unserer Kindheit und die Liebe der Masse (*tōn pollōn*).«

»Denn, lieber Glaukon«, sagt Sokrates: »Groß ist der Kampf, ob man brauchbar (*chrēstós*) wird oder schlecht (*kakós*). So dass man sich weder durch Ehre (*timḗ*) noch Geld (*chrḗmata*), weder durch Macht (*archḗ*) noch Literatur (*poiētikḗ*) verleiten lassen darf, die Gerechtigkeit (*dikaiosýnē*) oder die anderen Tugenden (*aretaí*) zu vernachlässigen.«

Schön.

39. Kapitel
Die Belohnung der Gerechten –
und warum die Seele unsterblich ist

Dialogpartner: Glaukon (ein Bruder Platons)
Buch X 9 bis 12

»Allerdings: Den größten Lohn (*epícheira*, wörtlich: was man auf die Hand bekommt) und den größten Kampfpreis (*āthlon*, daher der Athlet) für die Tüchtigkeit (*aretḗ*) haben wir noch gar nicht erörtert.« Sagt Sokrates.

Und als Glaukon sagt: »Das muss ja unendlich groß sein«, erwidert er kryptisch: »Was kann denn in einem kurzen Menschenleben wirklich groß werden?« Und von da aus, ja – holt er wieder weit aus: »Ist es nicht die Pflicht eines Unsterblichen, sich nicht nur um jene kurze Zeit zu kümmern, sondern um die gesamte Zeit?«

Ja, und mit diesem Unsterblichen ist die Seele gemeint.

* * *

Aber ist die Seele denn unsterblich? Sokrates bietet einen Beweis an:

»Es haben doch alle Dinge etwas, das gut (*agathós*) und das schlecht (*kakós*) für sie ist. Zum Schlechten: Die Augen (*ophtalmoí*) haben die Augenentzündung (*ophtalmía*), der gesamte Körper die Krankheit (*nósos*), Holz (*xýlon*) die Fäulnis, Eisen den Rost. Undsoweiter.«

Okay.

»Und die Dinge gehen denn auch an diesem jeweiligen, ihnen angeborenen (*sýmphytos*) Übel – und an keinem anderen – zugrunde?« – Nun, meiner Meinung nach kann Holz auch verbrennen, aber Glaukon stimmt zu (es ist ja auch schon spät).

»Wenn wir daher«, sagt Sokrates, »ein Etwas finden, dem ein Übel zukommt, das ihm zwar schadet, es aber nicht völlig zerstören kann – dann hat dieses Etwas keinen Tod (*ólethros*, eigentlich Untergang).«

Nun, da sind wir gespannt.

Hat die Seele etwas Spezielles, das sie schlecht macht? – Klar: Ungerechtigkeit (*adikía*), Zügellosigkeit (*akolasía*), Feigheit (*deilía*), Dummheit (*amathía*). – Zerstört irgendetwas davon die Seele völlig? So wie eine Krankheit den Körper völlig zerstört? – Nein, denn sie lebt ja weiter. – Und wir hatten doch gesagt: Jedes Ding kann nur an seiner eigenen Schlechtigkeit zugrundegehen, nicht an einer fremden? – Ja. (Meine Bedenken hatte ich schon angemeldet.) – So dass der Körper nicht, zum Beispiel, an der Schlechtigeit (*ponēría*) des Getreides stirbt, nicht an Schimmel und Fäulnis (*saprótēs*, daher die Saprophyten). Sondern an den davon hervorgerufenen Krankheiten? – Okay. – So kann dann auch die

Seele nicht an einem fremden Übel sterben? – Klar. – Insbesondere nicht durch den Tod des Leibes? – Ja.

Die Seele also wird weder durch Fieber (*pyretós*) zerstört noch durch eine andere Krankheit, auch nicht durch Abschlachten (*sphagé*) oder wenn man den ganzen Körper in kleinste Stücke schneidet.

Andererseits wird aber der Sterbende durch den Tod auch nicht schlechter oder ungerechter, so dass man sagen könnte: »Ha! Die Seele stirbt an ihren eigenen Gebrechen!« Und selbst wenn dem so wäre: Dann müsste im Gegenzug Ungerechtigkeit für den Körper tödlich sein – was sie aber allem Anschein nach nicht ist. (»Schade eigentlich«, sagt Glaukon.)

Fazit: Die Seele geht nicht an fremden Übeln zugrunde, sie kann aber auch nicht an eigenen Übeln zugrunde gehen. Deshalb ist sie etwas, das ewig ist (*aeì ón*, wörtlich: immer seiend), folglich unsterblich.

Was zu beweisen war. Mir aber doch nicht ganz einleuchtet.

* * *

Folgerung? Klar: Es muss immer gleich viele Seelen geben! Denn würden es weniger, wären die verlorengegangenen sterblich. Und würden es mehr, müssten die neuen zuvor sterblich gewesen sein – so dass am Ende alles unsterblich wäre.

Außerdem: Die Seele ist ihrer wahrsten Natur nach (*alēthestátēi phýsei*) nicht zusammengesetzt (*synthetón*), nicht voller Buntheit (*poikilía*), Uneinheitlichkeit, Verschiedenheit. So etwas könnte schwerlich ewig (*aídios*) sein. Sagt Sokrates.

Aber wie ist sie dann? »Nun«, sagt Sokrates, »die unsterbliche Seele dürfen wir nicht so betrachten wie bisher,
nicht in ihrer Verbundenheit mit dem Körper (*sōma*) und
den anderen Übeln. Sondern so, wie sie ist, wenn sie ganz
rein (*katharós*) geworden ist, so muss man sie mit der Vernunft (*logismós*) ganz genau betrachten. Dann wird man sie
viel schöner finden und deutlicher Gerechtigkeit und Ungerechtigkeit sehen. Denn so, wie wir sie vorhin gesehen haben, ähnelt sie dem Meergott Glaukos: die Körperteile teils
zerbrochen, teils überwachsen mit Muscheln und Tang und
Steinen (*pétra*), so dass er mehr wie ein Tier wirkt. So wirkt
auch die Seele, wenn sie von Zehntausenden (*myríōn*, daher
die Myriade) von Übeln überwuchert ist.«

Aber was sieht man, wenn man sie in ihrer Reinheit betrachtet?

»Ihre Liebe zur Weisheit (*philosophía*)«, sagt Sokrates.
Das also ist es, was übrig bleibt, wenn man die Seele vom
Körper und all dem, was ihr in ihrem irdischen Leben an-
gewachsen ist, befreit hat.

* * *

Nun ja.

Und was ist das höchste Gut (*áriston*) der Seele? Wir
hatte gesehen: nicht Belohnungen, wie Homer und Hesiod
gemeint haben (siehe Kapitel 6). Sondern die Gerechtigkeit
selbst (*autò dikaiosýnē*). So dass sie gerecht handeln muss
(*poiēteòn díkaia*), ob sie nun den Ring des Gyges hat oder
nicht (siehe Kapitel 5).

Und erst jetzt, da wir wissen, dass die Seele eigentlich gar
keine Belohnung braucht – erst jetzt dürfen wir damit herausrücken, dass die Gerechtigkeit und die anderen Tüchtig-

keiten (*aretaí*) ihr, der Seele, jede Menge an Belohnung (*misthoí*) von Seiten der Menschen und der Götter verschaffen!

Und damit wird das Feld, wie soll man sagen, noch einmal von hinten aufgerollt:

Denn Sokrates fragt: »Gebt ihr mir nun zurück, was ihr gewissermaßen als Gedanken (*en tõi lógõi*) ausgeliehen habt?«

Gemeint ist das Zugeständnis, der Gerechte könne ungerecht erscheinen und der Ungerechte gerecht. Dies müsse, sagt Sokrates, nun zurückgenommen werden. Denn: »Vor den Göttern, das müsst ihr als erstes zurückgeben, können beide, der Gerechte und der Ungerechte, nicht verbergen, wie sie sind.«

Dann aber ist klar, dass der Gerechte gottgeliebt (*theophilḗs*) ist, der Ungerechte den Göttern verhasst. Und dann werden die Götter schon dafür sorgen, dass jeder bekommt, was er verdient – der Gerechte also das Beste, es sei denn, er hat wegen früherer Fehler (*protérai hamartíai*) noch ein notweniges Übel (*anankaĩon kakón*) abzubüßen. Und wenn ein Gerechter in Armut gerät oder Krankheit oder andere Übel, dann wird das doch im Guten enden, zu seinen Lebzeiten oder nach dem Tod. Denn die Götter lassen den, der wirklich gerecht sein will (*ethélein*), nicht im Stich. Und für die Ungerechten gilt das Gegenteil.

* * *

Und bei den Menschen? Ach, da kommt ein schönes Gleichnis:

»Bei den Menschen«, sagt Sokrates, »machen es die Schrecklichen (*deinoí*) und Ungerechten (*ádikoi*) wie die Läufer im Stadion, die auf der Strecke hin zur Wendemarke (*kátō*, wörtlich nach unten) gut rennen, zurück von dort (*ánō*, wörtlich nach oben) aber nicht.« – Anmerkung: Bei den Griechen war die Laufstrecke im Sportstadion kein volles Oval, sondern man lief, wie bei einer Regatta, von der Grundlinie zu einer Wendemarke und wieder zurück. Die Läufer liefen also zweimal dieselbe Strecke. Und die Strecke betrug? Genau: 1 Stadie (*stádion*, in Olympia 192 Meter, in Athen 177 Meter).

Kurz und gut, die Ungerechten verausgaben sich durch ihr anfangs scharfes (*oxýs*) Tempo und werden am Ende, »mit den Ohren auf den Schultern«, wie Sokrates sagt, ausgelacht. Während die wahren Läufer gut ans Ziel (*télos*) kommen. Und so werden meistens (!) auch die Gerechten Beifall finden wegen des Endes, des Ausgangs (beides: *télos*) jeder ihrer Handlungen (*práxeis*), jedes Zusammentreffens (*homilía*), ja ihres ganzen Lebens (*bíos*). Gerechtigkeit zahlt sich also, kann man sagen, buchstäblich *in the long run* aus.[98]

Daher liegen die Dinge genau anders herum als anfangs (Kapitel 5 am Ende) gesagt: Nicht die Ungerechten – genauer, die Ungerechten, die als gerecht erscheinen –, sondern die Gerechten, wenn sie älter geworden sind, bekleiden in der Pólis, sofern sie es wollen, die politischen Ämter. Sie heiraten »von woher (*hopóthen*) sie wollen« (das heißt: können eine Frau aus jedem guten Hause bekommen). Und verheiraten ihre Kinder, wohin sie wollen. Während die Ungerechten, auch wenn sie in der Jugend unbemerkt bleiben, am Ende ihres Laufes geschnappt und ausgelacht werden. Und sie werden ausgepeitscht, gefoltert, geblendet.

---

[98] Nebenbei: Der amerikanische Philosoph Charles Sanders Peirce (1839–1914) hat *Wahrheit* als das definiert, was sich in einem fairen Forschungsprozess in *the long run* durchsetzen wird.

»Ganz gewiss«, sagt Glaukon, »denn du hast Recht (*díkaia légeis*).«

Nun ja. Schön, wenn's so wäre.

40. Kapitel
Auf ein Neues!
Die Seelenwanderung zwischen Gericht und Los
Dialogpartner: Glaukon (ein Bruder Platons)
Buch X 13 bis 16

Ist es aber nicht. Oder jedenfalls nicht immer.

Und deshalb geht es wie folgt weiter. Sokrates sagt: »Dies also sind die Preise, der Lohn und die Geschenke, die der Gerechte schon zu Lebzeiten (*zōnti*) von Göttern und Menschen bekommt – über all das Gute hinaus, das ihm die Gerechtigkeit (*dikaisýnē*) selbst schon vermittelt. Das ist aber noch gar nichts im Vergleich zu dem, was jeder nach dem Tode erhält. Auch das muss man hören.«

Und so hält Sokrates am Ende dieses langen Gesprächs, dieses langen *Dia*logs mit seinen Freunden, einen langen, langen *Mono*log. In dem es darum geht, dass Gerechtigkeit – gesetzt, die Seelen sind unsterblich –, in jedem Leben immer wieder neu errungen werden muss, aber auch verspielt werden kann. Und dass dabei Zufall und Dummheit eine große Rolle spielen. Und sich, im wahrsten Sinne, nicht alle ihr Los ganz frei aussuchen können.

* * *

Dies also ist der Mythos, mit dem das Buch endet:

»Es ist die Geschichte eines tapferen (*alkímos*) Mannes namens Ēr – mit langem E –, Sohn des Armenios, aus
Pamphylien. Dieser Ēr war im Krieg gefallen. Als man nun
am zehnten Tag die schon verwesten Leichen (*nekroí*) auf-
sammelt, war er noch ganz unversehrt (*hygiés*, wörtlich gesund). Und als man ihn dann am zwölften Tag verbrennen
wollte, kam er auf dem Scheiterhaufen zurück ins Leben
und erzählte, was er dort (*ekeī*, gemeint natürlich: im Jenseits) gesehen habe.

Nun, sagt Ēr: Nachdem seine Seele ihn verlassen habe,
sei sie mit vielen anderen an einen wunderbaren Ort (*tópos
daimónios*) gekommen, wo es in der Erde nebeneinander
zwei tiefe Spalten (*chásmata*) gab; und am Himmel gegenüber genau das Gleiche. Zwischen diesen vier Spalten saßen
Richter (*dikastaí*, Einzahl: *dikastēs*). Diese Richter befahlen
nun, nachdem sie entsprechend geurteilt hatten, den gerechten Seelen, in der rechten Spalte nach oben in den Himmel
zu wandern; wobei sie ihnen auf die Vorderseite ein Zeichen
(*sēmaion*, daher die Semiotik) anhefteten für das, was ihnen
zuerkannt (*dikázein*) wurde. Die ungerechten schickten sie
hingegen in die linke Spalte nach unten, mit einem Zeichen
für alle ihre Taten auf der Rückseite.

Als nun Ēr, der Erzähler, an die Reihe kam, habe man
ihm gesagt, er solle zu einem Boten (*ángelos*, daher der En-
gel) für die Menschen werden, sich also alles genau anhören
und anschauen.

Nun, da habe er dann gesehen, dass aus den beiden anderen Spalten andere Seelen wieder herauskamen: rechts unten, aus der Erde, voller Schmutz und Staub; links oben, aus
dem Himmel, ganz sauber (*katharós*). Alle wirkten, als seien
sie lange unterwegs gewesen, und sie setzten sich nun auf die
Wiese und fragten einander, was sie dort oben oder unten

jeweils erlebt hätten. Ja, und da erzählten sie sich nun von ihrer jeweiligen, übrigens tausendjährigen (*chiliétēs*) Wanderung. Und die Hauptsache (*tò kephálaion*) daran war: Für jedes Unrecht, das jemand getan hatten (*adikeín*), wurde ihm als Strafe das Zehnfache auferlegt, und jede Strafe wird hundert Jahre lang verbüßt (weil dies die Maximaldauer des menschlichen Lebens ist). Für jeden ermordeten oder versklavten Menschen also hundert Jahre lang die zehnfache Qual (*algēdōn*). Und bei den guten Taten entsprechend den zehnfachen Lohn (*axía*).

So dass es bei den ganz großen Schurken auch einmal vorkommen kann, dass einer fragt: »Hat jemand von euch den Ardiaios gesehen?« (Ardiaios hatte Vater und Bruder getötet und auch sonst vieles verbrochen). »Ja, aber der kommt da nie wieder raus.«

* * *

Ja, und dann werden die Schrecken unter der Erde noch ein wenig ausgemalt. Die Hauptinsassen dieser Unterwelt sind ehemalige Tyrannen. Wenn diese oder andere üble Seelen vorzeitig zu entweichen versuchen, kommen brutale Männer (*ándres ágrioi*), feurig anzusehen, und fesseln sie, schlagen sie, ziehen ihnen die Haut ab, zerkratzen sie an Dornensträuchern – nicht ohne freilich die Vorübergehenden darauf hinzuweisen (*sēmaínein*), warum dies geschieht; und dass die Betroffenen nun in den Tartaros – ja, das ist die griechische Hölle – abgeführt werden.

Dieses Verfahren bei Fluchtversuchen ist offenbar der schrecklichste aller Schrecken dort unten.

* * *

Die Seelen haben auf der Wiese offenbar sieben Tage Verschnaufpause. Dann müssen sie aufbrechen und kommen am vierten Tag an eine Stelle, wo man eine Lichtsäule sieht, die sich gerade durch Himmel und Erde nach unten zieht. Am nächsten Tag schließlich erreichen sie dieses Licht (*phõs*) und sehen nun: Es ist das Band des Himmels, das ganz oben mit Bändern befestigt ist und alle Bewegungen des Himmels zusammenhält.

Ja, und ganz dort oben ist dann auch die Spindel der Notwendigkeit (*Anánkēs átraktos*) befestigt, mit der der Himmel gedreht wird: genauer: die verschiedenen Sphären gedreht werden, aus denen der Himmel, wie die Griechen glaubten, besteht.

Die Spindel der Notwendigkeit ... Ēr, der Erzähler, beschreibt sie überaus genau, ich will es etwas abkürzen:

Was eine Spindel ist, kann man heute ja kaum noch wissen. Nun, eine Spindel ist ein Holzstab von etwa 40 Zentimer Länge mit einem tellerartigen Gewicht am unteren Ende. Mit seiner Hilfe spinnt man Wolle zu einem Faden. Dies geschieht so: Die rohe Wolle, die ja flockig wie Watte ist, wird oben an der Spindel an einer Kerbe befestigt. Dann zupft man von dem Haufen Rohwolle ein längliches Stück ab und lässt daran die Spindel senkrecht baumeln. Ja, und dann versetzt man die Spindel in eine kontrollierte Drehung, so dass ein gedrehter Faden entsteht, und man gibt weiter Wolle nach, bis die Spindel am Boden ist. Und dann geht es wieder von vorne los. Dass die Drehung kontrollierbar ist, liegt an jener tellerartigen Schwungmasse, die unten am Stab befestigt ist. Die Schwungmasse nennt man Wirtel, den Stab selbst – meist ist er bauchig beschaffen – den Schaft.

Bei der Spindel der Notwendigkeit besteht nun der Schaft aus Stahl (*adámās*). Der Wirtel hingegen besteht nicht aus einem einzigen Stück, sondern aus acht ringförmigen Scheiben, die zentriert ineinander stecken. Die Stücke sind teils aus Stahl, teils aus anderem Material. Ihre Breite ist unterschiedlich, ebenso ihre Farbe. Die gesamte Spindel dreht sich im Uhrzeigersinn (so heißt es bei Platon natürlich noch nicht), von den Ringen des Wirtels jedoch nur der äußerste. Die inneren Ringe bewegen sich in entgegengesetzer Richtung, jedoch unterschiedlich schnell. Auf allen acht Ringen sitzt zudem eine Sirene (*Seirēna*), das heißt eine singende Frau. Jede Sirene singt nur einen einzigen Ton, aber alle acht zusammen bringen eine einzige Harmonie (*harmonía*) hervor.

Nun gut. Und wo dreht sich die Spindel? Im Schoß (*tà gónata*) der Notwendigkeit, wie es heißt – *Anánkē* groß geschrieben, also als personifizierte Göttin der Notwendigkeit.

Denn um die Spindel herum sitzen auf Thronen die drei Töchter der Anánkē: die Schicksalsgöttinnen Láchesis, Klotho und Átropos (zusammen nennt man sie auch die Moiren, lateinisch Parzen). Von diesen dreien ist Láchesis zuständig für die Vergangenheit, Klotho für die Gegenwart, Átropos für die Zukunft. Alle drei drehen am Wirtel, Klotho am äußeren Ring, Átropos an den inneren, Láchesis mal hier mal dort.

* * *

Zu diesen drei Moiren gehen nun die Seelen, damit sie dort ihr nächstes Leben zugeteilt bekommen. Und das geht so:

Eine Art Veranstaltungsleiter (*prophétēs*) stellt die Seelen schön auf in Reih' und Glied. Dann nimmt er aus dem

Schoß der Láchesis zum einen Lose (*klēroi*), zum anderen Lebensmodelle (*bíōn paradeígmata*). Und sagt zu den ordentlich aufgestellten Seelen:

»Liebe Seelen, euch steht ein neuer Umlauf (*períodos*, daher die Periode) unter den Sterblichen bevor. Dazu bekommt ihr alle einen Dämon (*daímōn*). Aber es wird nicht so sein, dass euch ein Dämon vorgeschrieben wird, sondern ihr werdet euch euren Dämon selbst wählen. Wer das Los mit der Nummer eins hat, wählt sich als erster eines von den Lebensmodellen aus. Dann kommen die folgenden Nummern. Tugend (*aretē̂*) wird übrigens nicht mitverlost, davon wird jeder je nachdem, wie er sie schätzt, mehr oder weniger haben. Im Übrigen gilt: Schuld (*aitía*) hat der Wählende, Gott ist unschuldig.«

Na schön. Was gibt es also für Lebensmodelle? Jedenfalls sehr viel mehr, als Seelen davorstehen. Und der Art nach alles, was man sich denken kann: Tiere und Menschen, Tyrannen, Arme und Reiche, früh und spät Sterbende. Auch Modelle von Leuten, die berühmt werden wegen ihrer Schönheit oder Stärke oder Herkunft oder was auch immer.

Was es in diesen Modellen gemeinerweise nicht gibt, ist eine vorgefertigte »Ordnung für die Seele« (*psychēs táxis*), weil, wenn man ein anderes Leben als das frühere wählt, man auch anders werden wird. Mit anderen Worten: Wie sich die Seele mit dem neuen Leben arrangiert, bleibt ganz allein ihre Leistung.

»Und das ist die Gefahr, lieber Glaukon«, sagt Sokrates. Denn woran erkennt man in dieser Situation, welches der Modelle für einen selbst in einem neuen Leben das beste ist? Welche Kombination einem gut passt oder aber Gefahr bringt, zum Beispiel: Schönheit gemischt mit Armut oder Reichtum; schönes Privatleben (*idiōteía*) oder beruflicher Erfolg; schwach und gelehrt oder stark und ungebildet. Das muss man alles bedenken, aber am Ende zählt nur eine Frage: Was wird die Seele zu einem besseren (*ameínōn*), was zu einem schlechteren (*cheírōn*) Leben führen? Wobei schlechter alles ist, was die Seele zum Ungerechten führt, besser alles, was sie zum Gerechten führt. Diese Überzeugung (*dóxa*) muss so stahlhart (*adamantínos*) in der Seele sitzen, dass sie sich nicht verleiten lässt, etwa wegen des Reichtums ein tyrannisches Leben zu wählen. Sondern man wähle am besten etwas in der Mitte, dort wird man am glücklichsten (*eudaimonéstatos*).

* * *

Aber ist das nicht unfair, wenn die ersten die größte Auswahl haben?

»Nein«, sagt der Veranstaltungsleiter (*prophḗtēs*), »auch für den letzten, wenn er mit Vernunft (*noũs*) wählt und diszipliniert (*sýntonos*) lebt (*zeín*), liegt ein liebenswertes (*agapētós*) Leben (*bíos*) bereit, kein schlechtes. Daher: Weder wähle, wer anfängt, sorglos, noch, wer am Ende, mutlos!«

Und schon passiert es: Der erste wählt … die größte Tyrannis! Aus Unüberlegtheit (*aphrosýnē*) und Gefräßigkeit (*laimargía*). Sieht dann zu spät, dass man seine Kinder umbringen wird! Und so reut es ihn sehr, aber er gibt nicht sich die Schuld, sondern dem Schicksal (*týchē*) und den Dämonen und überhaupt allem anderen außer sich selbst.

»Er war übrigens einer, der aus dem Himmel gekommen war«, sagt Sokrates. »Und um die Wahrheit zu sagen: Nicht wenige der vom Himmel kommenden Seelen tappen auf diese Weise blauäugig in die Falle. Denn sie sind in Mühsal (*pónos*) ungeübt (*agýmnastos*). Während die meisten Seelen, die aus der Erde kommen, Kummer gewohnt sind und daher nicht überstürzt wählen.«

Dadurch also geschieht den meisten Seelen ein dauernder Wechsel (*metabolḗ*) von Gutem und Schlechtem – und natürlich auch durch den Zufall des Loses (*klḗros*).

* * *

So. Und jetzt kommt wieder Ēr, der Erzähler, zu Wort.

Es ist wirklich sehenswert, sagt er, wie die Seelen jeweils ihr neues Leben wählen. Die meisten lassen sich von ihrem früheren Leben beeinflussen. Orpheus zum Beispiel, der berühmte Sänger, wählte das Leben eines Schwans. Weil er nämlich von wütenden Frauen umgebracht worden war, wollte er nicht wieder von einer Frau geboren werden. Ein ehemaliger Schwan suchte sich hingegen ein musisches menschliches Leben aus. Der wilde Aias und der verbitterte Agamemnon, beide berühmt im Trojanischen Krieg, wählten das Leben eines Löwen und eines Adlers. Atalante, eine große Jägerin, kam am Leben eines großen Sportlers nicht vorbei. Epeios, der Erbauer des Trojanischen Pferdes (nach dem heute die »Trojaner« im Computer benannt sind) wollte nun lieber eine kunstfertige Frau (*technikḗ gýnax*) sein. Und so weiter.

Zufällig als letzte kam die Seele des Odysseus an die Reihe – ja, der mit der langen Odyssee (zehn Jahre, bis er von Troja aus wieder zu Hause auf Ithaka war).

Ja, und diese Seele des Odysseus hatte die früheren Mühen noch gut im Gedächtnis und jeden Ehrgeiz hinter sich gelassen. Und so ging sie lange herum und suchte das Leben eines geschäftlich wenig geforderten (*aprágmōn*) Privatmanns (*idiṓtēs*). Und fand es schließlich unbeachtet irgendwo versteckt unter den anderen Modellen. Und nahm es und sagte: Dies hätte ich auch genommen, wenn ich als erste der Seelen dran gewesen wäre.

* * *

Nun, nachdem die Seelen gewählt hatten, gingen sie der Reihe nach zu Láchesis. Láchesis gab ihnen jeweils den Dämon, den sie gewählt hatten: als Wächter und Vollstrecker ihres Lebens. Die Dämonen führen ihre Seelen dann zu Klotho und Átropos, und irgendwie werden sie und ihre Seelen dann von den beiden Göttinnen mit Hilfe der Spindel durch den Thron (*thrónos*) der Ananke (Notwendigkeit) hindurchgewirbelt – und kommen heraus auf der Ebene der Lethe (*Léthē*, wörtlich: Vergessen, hier als Göttin personifiziert). Dort ist es heiß, und es wächst nicht Baum noch Strauch. Schließlich lagern alle Seelen und Dämonen am Flusse Sorglos (*Amelés*).

Und sie trinken alle von seinem Wasser (*hýdōr*, daher der Hydrant und das Dehydrieren) – alle außer dem Erzähler Ēr. Und so vergessen alle außer ihm, was sie im Jenseits gesehen haben. Und um Mitternacht gibt es Donner (*brontế*) und Beben (*seismós*), und sie werden von dort, die eine Seele hierhin, die andere dorthin, plötzlich emporgetragen zur Geburt (*génesis*). »Fortstürzend wie Sterne (*ástra*)« – was immer das heißen mag.

Nur er, der Erzähler Ēr selbst, macht morgens die Augen auf dem Scheiterhaufen auf und weiß nicht, wie er dorthin gekommen ist.

* * *

»Ja, lieber Glaukon«, sagt Sokrates, »so ist uns dieser Mythos gerettet worden. Und uns wird er retten, wenn wir ihm gehorchen, und so werden wir den Fluss Lethe gut überschreiten und die Seele nicht beschmutzen.«

»Aber wenn wir *mir* gehorchen«, fährt Sokrates fort, »werden wir die Seele für unsterblich halten (*nomízein*) und für fähig, alles Schlechte und alles Gute auszuhalten. Und in diesem Glauben werden wir uns immer an den Weg nach oben halten, und wir werden die Gerechtigkeit, verbunden mit Überlegung, auf jede Weise zu unserem Lebensinhalt machen (*epitēdeúein*). Und zwar, damit wir uns selbst und den Göttern freund (*philós*) werden, auch schon solange wir hier unten (*entháde*) verweilen. Und damit wir, wenn wir die Siegespreise (*āthla*) der Gerechtigkeit erhalten und sie wie echte Sieger (*nikophóroi*) rundum einsammeln, sowohl hier unten als auch auch auf der tausendjährigen Wanderung, die wir beschrieben haben – damit es uns dann gut gehen darf (*eũ práttein*)[99].«

Sagt Sokrates.

---

[99] Dies sind wirklich die beiden letzten Worte des Buches: *eũ práttōmen*.

Epilog

Wie spät mag es unterdessen geworden sein?

Nun, gewiss werden Sokrates und seine Mitstreiter den abendlichen Fackel-Staffellauf zu Pferd (und zu Ehren der Göttin Bendis) verpasst haben.

Wahrscheinlich ist es schon früher Morgen, und die rosenfingrige Éōs – die Göttin der Morgenröte – steigt im Osten aus dem Meer auf.

Platon, der dieses Buch geschrieben hat, dieses Buch, das ich nacherzählt habe – Platon selbst sagt nichts über das Ende dieses Abends, dieser Nacht. Und genau genommen war er ja auch gar nicht selbst dabei.

* * *

Platon. Er hat gelebt von 427 bis 347 vor Christus, ist also 80 Jahre alt geworden. Er hat außer diesem Buch eine ganze Reihe weiterer Bücher geschrieben, und es ist eigentlich ein Wunder, dass wir so viel aus so alter Zeit heute noch lesen können – fast 2500 Jahre später.

Sokrates wurde 70 Jahre alt, geboren 469, gestorben 399 vor Christus durch den sogenannten Schierlingsbecher – das war im alten Athen eine Hinrichtungsmethode: ein Gift, das der Verurteilte trinkt und das dann den Körper nach und nach lähmt. (Der Schierling ist eine Pflanze, genauer ein Doldenblütler.) Der Tod tritt ein durch Atemlähmung.

Was hatte Sokrates verbrochen? Nun, er hatte Gespräche wie diese geführt, er hatte die Dinge subversiv hinterfragt. Deshalb klagte man ihn an wegen Gotteslästerung und Verführung der Jugend. Die Rede, mit der er sich vor dem großen Volksgericht verteidigte, ist bis heute erhalten, Platon hat auch sie aufgeschrieben. Bekannt ist sie unter dem Namen Apologie des Sokrates (*apología*, daher das englische Wort *to apologize*).

Nach der Verurteilung hätte Sokrates die Möglichkeit zur Flucht aus dem Gefängnis gehabt – seine Freunde hatten dafür gesorgt. Aber er hat dies abgelehnt – aus Achtung vor den Gesetzen seiner Stadt, aus Rechtsgehorsam.

* * *

Der Typ, von dem wir anfangs gesprochen hatten, der mit dem Espresso vor sich und um sich herum fünf, sechs junge Leute – worüber würde er heute mit ihnen sprechen? Oder vielleicht besser: *Wie* würde er heute mit ihnen über Recht und Gerechtigkeit und die gute Verfassung der Seele (»Psyche«) sprechen?

Nun, vielleicht würde es wieder steile Thesen geben. Etwa die, dass Recht immer ungerecht ist (was stimmt, denn wer einen Prozess verliert, den er ernsthaft geführt hat, fühlt sich immer ungerecht behandelt). Oder: Recht sei immer nur die zweitbeste Lösung. Besser wäre es doch, wenn alle wüssten, was sich gehört, und sich von selbst daran hielten. Oder wenn wir uns gar alle lieb hätten. Dann aber könnte man weiterführend überlegen, ob eine zweitbeste Lösung auf lange Sicht nicht die bessere sein könnte – so wie die Ehe besser als die Liebe. (Platon selbst hat übrigens nach der »Politeía« noch ein weiteres Buch über die Gerechtigkeit geschrieben, es heißt »Nómoi«, auf Deutsch: »Gesetze« – und es geht durchaus in diese Richtung.)

Aber was würde der Typ dort heute über die »Seele« sagen? Über ihre Verfassung?

Vielleicht sollte er uns heute sagen: Es ist nicht so wichtig, ob es uns »psychisch gut geht«, nicht so wichtig, ob wir glücklich sind. Sondern es ist wichtig, dass man sich mit der »ganzen Person« – vielleicht ist das heute die beste Übersetzung für *psyché* – dass man sich also mit der ganzen Person anstrengt, gut und gerecht und anständig zu sein. Ob dies allerdings gelingt, das liegt nicht allein in unserer Hand.

∗ ∗ ∗

Wozu dann aber die Anstrengung? Warum sollte man sich Mühe geben?

Nun: Es ist schön (*kalón*), sich Mühe zu geben. Dabei ist mir egal, ob jemand dies tut, wenn er an Motorrädern schraubt oder wenn er Musik macht. Ob er Häuser baut oder einen Mandanten vor Gericht vertritt, ob er segelt oder Berge besteigt, ob er sich politisch engagiert oder für die Familie da ist. Wichtig ist nur, dass man irgendetwas mit Leidenschaft, mit wirklichem Interesse, mit Liebe betreibt. So dass man sich selbst um etwas anderen willen vergisst.

Anders lässt sich nicht erfahren, was wirkliches Wissen ist – und dass es nicht ohne Mühe zu haben ist.

Am unglücklichsten sind vielleicht diejenigen, die nichts, was sie tun, mit wirklichem Interesse tun.